本书为国家社会科学基金项目“法院审查专利有效性的制度设计研究”
（项目编号：19BFX145）成果

天大法学文库

孙佑海 主编

专利诉讼
前沿判例精解

管荣齐 管萃竹 —— 著

法律出版社 | LAW PRESS

总　序

作为中国第一所现代化大学，天津大学已经走过了一百二十余载的风雨历程，其前身北洋大学是中国教育史乃至整个近现代史的一座伟大丰碑。如今，当人们谈起这座位于渤海之滨的学术殿堂时，首先想到的或许是其工科特色。的确，天津大学的建筑、精密仪器等学科远近闻名。然而，天津大学不仅有严谨、担当的工科，还有深厚的法科底蕴。在北洋大学创办之初，法科（律例学门）就位列各学科之首，开创了中国现代高等法学教育的先河。作为中国的第一所现代化大学，天津大学颁发出我国第一张大学文凭不足为奇，巧合的是，第一张大学文凭的获得者恰恰是法科学生——王宠惠，这不仅是天大法学人的骄傲，更是值得中国法学界铭记的历史时刻。

北洋法学有着辉煌的历史，曾培养出张太雷、王宠惠、徐谟、王正廷等杰出校友。张太雷同志是杰出的无产阶级革命家，著名的政治活动家、宣传家，中国共产党和人民军队早期重要领导人之一，为中国革命做出卓越贡献。王宠惠先生曾将德文版《德国民法典》译成英文作为英美法系国家的法学教材，并赢得法学界的广泛赞誉，他还代表中国参加《开罗宣言》的起草，代表中国参加《联合国宪章》的签署，为维护中国国家利益进行不懈斗争。徐谟先生学贯中西，国际法功底深厚，担任国际法院大法官。王正廷先生是著名的国际法学家，为废除不平等条约做出重要贡献，还积极推动奥林匹克运动在中国的发展，被誉为“中国奥运之父”。

由于种种原因，天津大学的法科教育一度中断。直到 1994 年设立经济法专业，1997 年成立法学系。2015 年是天大法学的重要时刻，在党和国家领导人与学校的大力支持下，天津大学正式复建法学院。自学院复建以来，在全体教师共同努力和社会各界支持下，天津大学法学在教书育人、高水平论文、科研项目、国际化、新法科建设等方面都取得重要突破。2019 年，在社会各界的大力支持下，天津大学获批法学一级学科博士学位授予权，这既是对天津大学法学的肯定，也是对我们的鞭策。

“天大法学文库”旨在继承和发扬前辈艰苦奋斗、勇于创新的精神，鼓励和促进天津大学法学院教师探索学术前沿、勇攀科学高峰，展示天大法学人的研究成果，加强与学界同人的交流与合作，为中国的法治事业略尽绵薄之力。

孙佑海

2019 年 12 月

前　言

随着新科技革命和产业变革加速演进，我国进入高质量发展的新时代，创新特别是科技创新成为主要发展动力，专利等知识产权的价值日益凸显，其诉讼案件的数量不断攀升，新的问题也随之大量涌现。

在专利民事诉讼中，面临侵权认定、举证责任、损害赔偿、责任竞合、行为保全、程序中止、技术特征界定、现有技术抗辩、合法来源抗辩等问题。在专利行政诉讼中，面临"三性"（新颖性、创造性、实用性）判断、违反公序良俗、说明书充分公开、权利要求以说明书为依据、专利文件修改超范围、马库什权利要求、补充实验数据、医疗方法专利、商业模式专利、植物新品种专利等问题。在专利刑事诉讼、专利诉讼程序中，面临假冒犯罪认定、权利边界厘清、有效性判决、当事人撤诉等问题。

针对专利民事、行政、刑事诉讼及其程序中出现和面临的新问题，本书以中国法院十大知识产权案件和50件典型知识产权案例、最高人民法院知识产权案件年度报告、最高人民法院指导案例为主要案例来源，从最高裁判机关的视角精选中国专利诉讼前沿判例进行评释，从理论和实践两个层面探寻中国专利诉讼及其程序中前沿问题分析和解决之道，以期对将来类似的专利诉讼案件审判发挥参考甚至指导作用。

本书内容共分三章，第一章为专利民事诉讼前沿判例精解，主要分析和解决发明、实用新型、外观设计专利民事诉讼中出现和面临的新问题；第二章为专利行政诉讼前沿判例精解，主要分析和解决专利复审、无效、侵权行政诉讼中出现和面临的新问题；第三章为其他专利诉讼前沿判例精解，主要分析和解决专利刑事诉讼、专利诉讼程序中出现和面临的新问题。

本书主要面向法律工作者，法律职业资格、专利代理资格考试考生，知识产权法专业方向本科生、研究生，错漏和不当之处敬请批评指正。

目录

第一章　专利民事诉讼前沿判例精解 / 1

第一节　发明专利民事诉讼前沿判例精解 / 1

一、专利侵权认定中禁止反悔原则的适用限制——“鲨鱼鳍式天线”发明专利侵权案 / 1

二、专利侵权的举证责任——“自粘膜止回空气包装材料C型袋及其制造方法”发明专利侵权案 / 8

三、专利侵权行为保全措施的适用——“机动车刮水器”发明专利侵权案 / 16

四、以技术分摊规则核算专利侵权损害赔偿数额——“小型车辆座下方收纳盒的支承结构”发明专利侵权案 / 23

五、专利侵权民事诉讼程序的中止——“小型车辆座下方收纳盒的支承结构”发明专利侵权案 / 30

第二节　实用新型专利民事诉讼前沿判例精解 / 37

一、专利侵权与授权确权中技术特征的界定——“吸纳式充电装置”实用新型专利侵权案 / 37

二、功能性特征的除外情形和限缩性解释——“太阳能灯及其包装盒”实用新型专利侵权案 / 46

三、现有技术抗辩的适用——“全密封式地漏排水器”实用新型专利侵权案 / 52
四、现有技术抗辩与无效宣告抗辩的竞合——“液压摇臂裁断机直联式液压控制装置”实用新型专利侵权案 / 58
五、专利侵权的合法来源抗辩——“防粘连自动排气阀”实用新型专利侵权案 / 64
六、专利侵权责任与违约责任的竞合——“前轮定位装置”实用新型专利侵权案 / 71
七、专利侵权行政投诉构成侵权警告的认定——“复合件自动接头装置”实用新型专利侵权案 / 77
第三节　外观设计专利民事诉讼前沿判例精解 / 84
外观设计专利的保护范围——“电动收缩门”外观设计专利侵权案 / 84

第二章　专利行政诉讼前沿判例精解 / 93

第一节　专利复审行政诉讼前沿判例精解 / 93
一、违反公序良俗的专利审查——“防暴注射器”发明专利驳回复审案 / 93
二、发明专利创造性的判断——“加热器”发明专利驳回复审案 / 100
三、专利实用性的判断——“磁悬浮磁能动力机”发明专利驳回复审案 / 109
四、药品专利申请补充实验数据的审查——“作为抗肿瘤剂的 5 – 取代的喹唑酮衍生物”发明专利驳回复审案 / 116
五、医疗方法的可专利性——“利用基因组测序诊断胎儿染色体非整倍性”发明专利驳回复审案 / 124
六、商业模式的可专利性——“‘专利银行’式的专利管理方法”发明专利驳回复审案 / 131
第二节　专利无效行政诉讼前沿判例精解 / 138
一、外观设计创造性的判断——“陆风越野车”外观设计专利无效案 / 138
二、化学发明专利的马库什权利要求——“用于治疗或预防高血压症的药物组合物的制备方法”发明专利无效案 / 146
三、专利权利要求以说明书为依据的认定——“电子货品监视用标识器”发明

专利无效案 / 154
四、专利说明书充分公开的判断——沃尔尼·朗伯公司发明专利无效案 / 164
五、植物新品种的可专利性——“杂交稻培育方法”发明专利无效案 / 171
六、专利文件修改超范围的审查——“爆破作业智能管理系统”发明专利无效案 / 177
第三节　专利侵权行政诉讼前沿判例精解 / 185
专利侵权纠纷的行政处理和司法审判之间的竞合——“含 1 – N – 乙基庆大霉素 Cla 或其盐的药用制剂及制备方法”发明专利侵权案 / 185

第三章　其他专利诉讼前沿判例精解 / 192
一、专利保护的法律边界——“QQ 企鹅”因恶意提起知识产权诉讼损害责任纠纷案 / 192
二、专利有效性行政判决对侵权认定的作用——“凝汽器真空维持系统”实用新型专利侵权案 / 199
三、专利确权行政诉讼二审期间当事人撤回起诉的审查——三星发明专利无效案 / 205
四、假冒专利行为和专利侵权行为的区分——周某波假冒专利罪案 / 214

参考文献 / 221

第一章　专利民事诉讼前沿判例精解

第一节　发明专利民事诉讼前沿判例精解

一、专利侵权认定中禁止反悔原则的适用限制——“鲨鱼鳍式天线”发明专利侵权案①

禁止反悔原则的适用存在诸多限制，包括被“明确否定”的限缩性修改或意见陈述，权利要求、说明书修改或意见陈述以外的内容和形式，不是被明示放弃的技术方案等。其中，“明确否定”的判断应当全面考察专利授权阶段和专利确权阶段相关技术特征，其标准是专利权人作出的限缩性修改或意见陈述被“未予认可”且未导致专利授权或维持。

(一)案件事实

X(一审原告、二审被上诉人、再审申请人)为“鲨鱼鳍式天线”发明专利(以下简称涉案专利)的专利权人，Y(一审被告、二审上诉人、再审被申请人)为被诉侵权产品(汽车天线产品)的制造者、销售者和许诺销售者。

---

① 最高人民法院民事裁定书(2017)最高法民申1826号。

涉案专利的申请日是2007年1月23日，专利号是200710019425.7，授权公告日是2012年5月23日。涉案专利实质审查程序中，国家知识产权局于2010年9月29日向X发出《第一次审查意见通知书》，指出涉案专利公开文本权利要求1不具备新颖性、创造性。X于2010年12月10日提交意见陈述书，主张涉案专利与现有技术相比在无线电接收天线以及天线信号输出连接方式等方面存在不同，同时申请将权利要求2、4并入权利要求1。国家知识产权局于2011年12月23日发出《第二次审查意见通知书》，指出涉案专利权利要求1~5不具备创造性，并否定了X所主张的涉案专利的信号输出连接方式与对比文件不同等陈述意见。X在2012年1月9日的答复意见中，申请将原说明书和附图中记载并能毫无疑义地导出的“所述无线电接收天线为AM/FM共用天线”补充入权利要求1，以消除其创造性缺陷。①

Y分别于2014年8月4日和2014年10月10日向国家知识产权局专利复审委员会(以下简称专利复审委)请求宣告涉案专利无效，专利复审委于2015年4月15日作出第25637号无效宣告请求审查决定(以下简称第25637号专利无效行政决定)，维持涉案专利有效。② Y对第25637号专利无效行政决定不服，向北京知识产权法院(以下简称北京知产法院)提起行政诉讼，北京知产法院一审判决驳回Y的诉讼请求。③ Y对北京知产法院一审判决不服一审判决，向北京市高级人民法院(以下简称北京高院)提起上诉，北京高院二审判决驳回Y的上诉，维持北京知产法院一审判决。④ Y对北京高院二审判决不服，向最高人民法院申请再审。最高人民法院再审认定，第25637号专利无效行政决定关于涉案专利权利要求1具备创造性的认定错误，遂于2019年12月30日判决撤销北京高院二审判决、北京知产法院一审判决、第25637号专利无效行政决定，责令专利复审委对涉案专利重新作出无效宣告请求审查决定。⑤

---

① 中国发明专利“鲨鱼鳍式天线”(200710019425.7)审查信息。

② 国家知识产权局专利复审委员会第25637号无效宣告请求审查决定书。

③ 北京知识产权法院行政判决书(2015)京知行初字第2699号。

④ 北京市高级人民法院行政判决书(2018)京行终6295号。

⑤ 最高人民法院行政判决书(2019)最高法行再268号。

X于2014年以Y侵害涉案专利权为由向江苏省南京市中级人民法院(以下简称南京中院)提起民事诉讼,请求判令Y停止侵权、赔偿损失。南京中院一审判决认定Y构成专利侵权,责令Y停止侵权、赔偿损失。① Y对南京中院一审判决不服,向江苏省高级人民法院(以下简称江苏高院)提起上诉。江苏高院二审认定,第25637号专利无效行政决定对X作出的关于涉案专利权利要求的限缩性陈述没有明确评价,不符合《最高人民法院关于审理侵犯专利权纠纷案件应用法律若干问题的解释(二)》(以下简称《专利侵权司法解释二》)第13条规定的"明确否定"要求,因而应当适用《最高人民法院关于审理侵犯专利权纠纷案件应用法律若干问题的解释》(以下简称《专利侵权司法解释一》)第6条规定的禁止反悔原则。因此,江苏高院二审判决驳回Y的上诉,维持南京中院一审判决。②

Y对江苏高院二审判决,向最高人民法院申请再审。Y等申请再审的理由主要有:(1)X在涉案专利授权确权阶段作出的限缩性陈述,不属于法律意义上技术方案的放弃,在涉案专利侵权诉讼程序中不应当适用禁止反悔原则;(2)仅依据第25637号专利无效行政决定形式上没有明确否定X作出的限缩性陈述而适用禁止反悔原则过于机械和僵化,对《专利侵权司法解释二》第13条中"明确否定"的认定存在错误。③

(二)法院判旨

最高人民法院再审裁定指令江苏高院再审本案。最高人民法院再审认定,江苏高院二审判决脱离涉案专利获得授权的具体审查事实,忽略X作出的限缩性陈述已在专利授权阶段被"明确否定"的事实,割裂了专利授权确权程序中对技术特征认定的连续性,仅注意到专利确权阶段对X作出的限缩性陈述未予评述,进而得出不符合《专利侵权司法解释二》第13条规定的"明确否定"要求和适用禁止反悔原则的错误结论。

《专利侵权司法解释二》第13条规定,在专利授权确权程序中,专利权人

---

① 江苏省南京市中级人民法院民事判决书(2014)宁知民初字第135号。

② 江苏省高级人民法院民事判决书(2016)苏民终161号。

③ 最高人民法院民事裁定书(2017)最高法民申1826号。

对专利权利要求书、说明书及附图作出的限缩性修改或意见陈述，证明已被明确否定的，则不导致技术方案的放弃，不适用禁止反悔原则，即以专利权人作出的限缩性修改或意见陈述是否被“明确否定”，作为禁止反悔原则适用的例外情形或限制条件。由于专利授权确权程序中对于技术特征的认定具有连续性，判断专利权人作出的限缩性修改或意见陈述是否被“明确否定”，应当客观全面地考察专利授权阶段和专利确权阶段对技术特征的审查，重点是专利权人作出的限缩性修改或意见陈述是否被“未予认可”，是否由此直接导致专利获得授权或维持。

本案中，在涉案专利授权阶段，国家知识产权局专利审查部门对X作出的限缩性陈述持有明确否定意见，且涉案专利获得授权并非基于X作出的限缩性陈述；在后续的涉案专利无效（确权）阶段，对于涉案专利授权阶段X作出的限缩性陈述所持的明确否定意见，第25637号专利无效行政决定并未将之推翻，只是在评价涉案专利创造性时罗列了X作出的限缩性陈述的技术特征，亦未影响专利复审委对涉案专利具有创造性的认定和作出维持涉案专利有效的第25637号专利无效行政决定。

正是因为X作出的限缩性陈述在专利授权阶段已被明确否定，在后续的涉案专利无效（确权）阶段并未推翻该明确否定意见而得出相反结论的情况下，所以本案中应当认定X作出的限缩性陈述已被明确否定的事实。这既与X作出的限缩性陈述并未带来专利权获得或维持的事实相符，又与禁止反悔原则防止专利权人“两头得利”的目的不相悖。因此，根据《专利侵权司法解释二》第13条和《专利侵权司法解释一》第6条规定，X作出的限缩性陈述不发生技术方案放弃的法律效果，本案侵权判定不应适用禁止反悔原则。①

本案被最高人民法院指令江苏高院再审后，江苏高院另行组成合议庭进行了审理。江苏高院再审认定，第25637号专利无效行政决定虽然维持涉案专利权有效，但被最高人民法院作出的再审行政判决撤销，其主要理由是涉案专利权利要求1不具备创造性；相对于《专利侵权司法解释二》第2条规定的“先

---

① 最高人民法院民事裁定书（2017）最高法民申1826号。

行裁驳、另行起诉”制度，涉案专利权利要求1被认定无效的主体不是专利复审委而是最高人民法院，但该制度适用情形与本案情形并无本质差异，本案参照适用该制度符合其本义及精神。因此，江苏高院再审判决撤销南京中院一审判决、江苏高院二审判决，并驳回Y的起诉。[①]

（三）选出理由

本案是专利侵权认定中禁止反悔原则适用限制的典型案例，是《最高人民法院知识产权案件年度报告（2017）》从最高人民法院2017年审结的知识产权案件中精选的33件典型案件之一。[②] 本案的典型意义主要在于，作为禁止反悔原则适用的例外情形或限制条件，专利权人作出的限缩性修改或意见陈述被“明确否定”，其判断要素有三：（1）全面考察专利授权阶段和专利确权阶段相关技术特征审查；（2）专利权人作出的限缩性修改或意见陈述被“未予认可”；（3）专利权人作出的限缩性修改或意见陈述直接导致专利授权或维持。

根据《专利侵权司法解释二》第13条，专利权人作出的限缩性修改或意见陈述被“明确否定”，其发生时段包括专利授权阶段和专利确权阶段。再由于专利授权阶段和专利确权阶段对于技术特征的认定具有连续性，因而判断专利权人作出的限缩性修改或意见陈述是否被“明确否定”，应当全面考察专利授权阶段和专利确权阶段的相关事实。本案中，江苏高院二审判决对于X作出的限缩性陈述，忽略其已在涉案专利授权阶段被“明确否定”的事实，仅注意到专利确权阶段对其未予评述，从而得出适用禁止反悔原则的错误结论。

对于专利权人作出的限缩性修改或意见陈述被“明确否定”，《专利侵权司法解释二》第13条要求专利权人证明但未规定如何证明。如果要求专利权人举证证明，无疑在专利权人举证难的基础上，又给其增加了新的举证负担，有损专利保护质效提升，不符合加强和严格保护知识产权大势。为此，最高人民法院在本案再审裁定中确立“明确否定”判断的基本标准是，专利权人作出的限缩性修改或意见陈述被“未予认可”。从字面理解，“明确否定”需要明示作

---

① 江苏省高级人民法院民事裁定书（2018）苏民再47号。

② 《最高人民法院知识产权案件年度报告（2017年）摘要》，载《人民法院报》2018年4月25日，第3版。

出、必须评述，"未予认可"可以默示作出包括未予评述。由此，将"明确否定"转换为"未予认可"，实质上降低了对专利权人的相应证明要求，进一步缩小了禁止反悔原则的适用范围。①

在专利授权（申请、审查）或确权（无效）过程中，如果专利权人作出的限缩性修改或意见陈述直接导致专利授权或维持，即使专利权人作出的限缩性修改或意见陈述被"未予认可"，由于专利授权或维持行为表明专利权人作出的限缩性修改或意见陈述被"肯定"或"认可"，也应当认定为专利权人作出的限缩性修改或意见陈述没有被"明确否定"，因而对相关权利要求仍应适用禁止反悔原则予以否定。这实质上是对"明确否定"判断的基本标准，即"未予认可"实质降低专利权人的相应证明要求所作出的补充或修正。

由此可见，最高人民法院在本案再审裁定中确立的"明确否定"判断三要素，既能够全面客观地考察专利授权阶段和专利确权阶段相关技术特征审查，又能够有效保护专利权人利益和实质减轻专利权人的相应证明负担，还能够弥补或兼顾专利权人以外的人特别是被诉侵权人利益，不失一项提升专利保护质效、加强和严格保护知识产权的重要举措，对将来类似案件裁判具有指导意义。

（四）案件评释

专利侵权认定中禁止反悔原则适用的例外情形或限制条件，除了《专利侵权司法解释二》第13条明确规定的"明确否定"以外，《专利侵权司法解释一》第6条中也隐含着至少两个条件：（1）禁止反悔原则的适用限于专利权人对权利要求、说明书作出的修改或意见陈述，即禁止反悔原则不适用于权利要求、说明书以外的专利文件，不适用于专利权人对权利要求、说明书修改或意见陈述以外的形式；（2）禁止反悔原则的适用限于专利权人放弃的技术方案，即禁止反悔原则不适用于专利权人没有放弃的技术方案。

对于《专利侵权司法解释一》第6条隐含的禁止反悔原则适用限制条件，最高人民法院在"一种舵机"实用新型专利侵权案再审判决中作了比较全面的

---

①　参见阎涵：《"意见陈述"导致禁止反悔的限制条件》，载《中国发明与专利》2018年第9期。

阐释。一般情况下,只有权利要求、说明书修改或者意见陈述两种形式,才有可能产生技术方案的放弃,进而导致禁止反悔原则的适用。在专利授权确权程序中,专利权人为了获得专利授权或维持,往往主动或应审查员的要求而放弃部分技术方案,包括通过增加技术特征对某权利要求所确定的保护范围进行限制,通过意见陈述对某权利要求进行限缩性解释。但是,如果专利复审委认定独立权利要求无效、在其从属权利要求的基础上维持专利有效,且该从属权利要求中的附加技术特征未被该独立权利要求所概括,则因专利权人未曾自我放弃技术方案,故不能推定该附加技术特征之外的技术方案已被全部放弃。[①]

对于《专利侵权司法解释一》第6条隐含的禁止反悔原则适用限制条件,北京高院专利侵权判定指南作出了比较具体的规定。专利权人限制或部分放弃的专利保护范围,应当基于克服缺乏新颖性或创造性、缺少必要技术特征、权利要求得不到说明书支持、说明书未充分公开等专利实质性缺陷;专利权人不能说明其修改专利文件原因的,可以推定其修改是为了克服专利实质性缺陷。专利权人对权利要求保护范围所作的限缩性修改或意见陈述必须是明示的,而且已经被记录在书面陈述、专利审查档案、生效的法律文书中。禁止反悔原则的适用以被诉侵权人提出请求为前提,并由被诉侵权人提供专利权人反悔的相应证据。[②] 由此,为满足专利形式缺陷而做出的修改或意见陈述,如更正译文、笔误等则不宜适用禁止反悔原则。

对于北京高院专利侵权判定指南关于禁止反悔原则适用限制条件的规定,尤其是限缩性修改或意见陈述必须针对专利实质性缺陷有一些批评意见,包括:导致权利要求限缩的"形式修改"被排除在禁止反悔原则适用范围之外,基于专利审查档案的社会公众信赖利益保护可能被忽略,专利侵权管辖法院面临对专利实质性条件进行审查的境地。为此,判断专利权人的修改或意见陈述是否导致技术方案放弃,重点放在判断其是否对专利保护范围产生限缩性影响,具体从其本身的语义语法并结合所属技术领域普通技术人员对其内容的理解进行分析,

---

① 最高人民法院民事判决书(2011)民提字第306号。

② 北京市高级人民法院《专利侵权判定指南》(2013)第58～60条。

而不必细究其目的是克服专利实质性缺陷还是专利形式缺陷。①

禁止反悔原则的适用限制源于其本身存在的诸多问题或争议。禁止反悔原则在各国的差异性非常大,美国、日本、我国都比较重视禁止反悔原则的作用,而德国基本不承认禁止反悔原则,英国则介于美国和德国之间。美国最先在专利侵权认定中适用禁止反悔原则,出现的问题或争议主要有:是否考虑修改或意见陈述的目的,是否考虑被审查员接受或否定,是完全适用还是弹性适用等。英国既承认禁止反悔原则,又对其适用情形作了严格限制,相对于美国、我国要少得多,如英国 Eli Lilly 案中应审查员要求将原权利要求中用语进行限制性修改的情形。根据我国《专利侵权司法解释一》第 6 条和《专利侵权司法解释二》第 13 条规定,包括在原用语范围内但未包括在专利授权范围内的技术方案,就视为专利权人已经放弃而应适用禁止反悔原则。②

二、专利侵权的举证责任——"自粘膜止回空气包装材料 C 型袋及其制造方法"发明专利侵权案③

专利侵权诉讼中专利权人面临诸多举证困难,即便新产品制造方法举证责任倒置。为了系统性破解专利权人举证难问题,有必要建立证据开示制度、文书提出命令制度和举证妨碍制度,赋予被诉侵权人和第三人提供相关证据的义务,明确其无正当理由拒不提供相关证据的法律后果。

(一)案件事实

X(一审原告、二审被上诉人、再审被申请人)为"自粘膜止回空气包装材料 C 型袋及其制造方法"发明专利(以下简称涉案专利)的专利权人,Y(一审被告、二审上诉人、再审申请人)为被诉侵权产品(8 柱 24 高气柱袋瓶装酒发货防碎用气泡袋保健品防破空气柱、玻璃瓶装食品气柱袋老干妈海产品包装气泡柱)的制造者、销售者和许诺销售者,以及涉案专利方法的使用者和依照涉案专利方法直接获得的产品销售者、许诺销售者。

---

① 参见宋健、张晓阳:《关于专利侵权诉讼中适用禁止反悔原则的几个问题》,载《法律适用》2018 年第 8 期。

② 参见闫文军、罗治成:《英国专利侵权判断中的等同原则和禁止反悔原则》,载《科技与法律》2017 年第 3 期。

③ 最高人民法院民事裁定书(2018)最高法民申 4149 号。

涉案专利的申请日是2005年7月29日，专利号是200510028292.0，授权公告日是2009年6月10日。涉案专利权利要求1～2是产品权利要求，其中权利要求2是权利要求1的从属权利要求；权利要求3～6是方法权利要求，其中权利要求4是权利要求3的从属权利要求，权利要求5～6是权利要求4的从属权利要求。X于2016年以Y等侵害涉案专利权为由向上海知识产权法院（以下简称上海知产法院）提起民事诉讼，请求判令Y停止生产、销售、许诺销售被诉侵权产品，停止使用涉案专利方法，停止使用、销售、许诺销售依照涉案专利方法直接获得的产品，并销毁被诉侵权产品及其生产模具，赔偿X经济损失、律师费合计20万元。

上海知产法院一审认定，被诉侵权产品落入涉案专利权利要求1、2的保护范围；依照涉案专利权利要求3～5制造的产品可对应于权利要求1的专利产品，在权利要求1已得到授权且无相反证据的情况下认定其对应的产品系新产品，因Y不能提供其产品制造方法区别于涉案权利要求3～5所限定的专利方法，进而认定被诉侵权产品的制造方法落入涉案专利权利要求3～5的保护范围；Y制造、销售、许诺销售被诉侵权产品，使用涉案专利方法，以及许诺销售、销售依照涉案专利方法直接获得的产品，构成专利侵权，应承担停止侵权、赔偿损失的民事责任。因此，上海知产法院一审判决Y立即停止对涉案专利权的侵害，赔偿X经济损失及合理费用共计10万元。①

Y等对上海知产法院一审判决不服，向上海市高级人民法院（以下简称上海高院）提起上诉。上海高院二审认定，根据涉案专利权利要求3～5的专利方法获得的产品，包含涉案专利权利要求1的全部技术特征和权利要求2的部分技术特征，由于涉案专利权利要求1已得到授权且无相反证据，可以认定权利要求3～5为新产品制造方法；而被诉侵权产品包含涉案专利权利要求1、2的全部技术特征，可以认定其与根据权利要求3～5的专利方法获得的新产品为同样产品，故应当由贝Y举证证明其产品制造方法不同于涉案专利方法。因此，上海高院二审判决驳回Y等的上诉，维持上海知产法院一

① 上海知识产权法院民事判决书（2016）沪73民初841号。

审判决。①

Y 等对上海高院二审判决不服,向最高人民法院申请再审。Y 等申请再审的理由主要有:(1)涉案专利权利要求保护的范围不清楚,“自粘膜”并非本领域专业术语,无法确定涉案专利保护范围,没有证据证明被诉侵权产品包含“自粘膜”这一技术特征;(2)涉案专利权利要求 1 为封闭式权利要求,而被诉侵权产品还包含有权利要求 1 以外的其他技术特征;(3)涉案专利权利要求 3 ~5 不属于新产品的制造方法,对被诉侵权产品制造方法的侵权认定不能适用举证责任倒置。②

(二)法院判旨

最高人民法院再审裁定驳回 Y 等的再审申请,维持上海高院二审判决和上海知产法院一审判决。最高人民法院再审认定,被诉侵权产品落入涉案专利权利要求 1、2 的保护范围,但被诉侵权产品的制造方法未落入涉案专利权利要求 3 ~5 的保护范围,两审法院关于举证责任分配尤其是适用举证责任倒置存在错误。具体如下:

1. 被诉侵权产品落入涉案专利的保护范围

根据我国专利审查指南的有关规定,封闭式的权利要求一般为化学领域发明专利权利要求所采取的撰写方式,宜采用“由……组成”的表达方式,其一般解释为不含有该权利要求所述以外的结构组成部分或方法步骤。③ 而涉案专利权利要求 1 所使用的措辞是“其特征在于”,应当理解为没有排除未指出的结构组成部分,故其不属于封闭式权利要求。

根据国家知识产权局专利复审委员会对涉案专利所作出的无效宣告请求审查决定,具有自粘性的聚乙烯薄膜是涉案专利申请日之前的公知常识,所属领域普通技术人员能够实现涉案专利塑料薄膜 2a、2b 的“自粘吸附的性能”。④被诉侵权产品的两个内层塑料薄膜在未充气状态下粘附在一起,具有相互吸

① 上海市高级人民法院民事判决书(2018)沪民终 8 号。

② 最高人民法院民事裁定书(2018)最高法民申 4149 号。

③ 国家知识产权局《专利审查指南》(2010),第 2 部分第 2 章第 3.3 条,第 2 部分第 10 章第 4.2.1、5.2 条。

④ 国家知识产权局专利复审委员会第 36489 号无效宣告请求审查决定书。

附的自粘性能,故其具备自粘膜有关技术特征。

因此,关于被诉侵权产品落入涉案专利权利要求1、2保护范围的认定正确无误。在被诉侵权产品落入涉案专利权利要求1、2保护范围的情况下,不论被诉侵权产品的制造方法是否落入涉案专利权利要求3～5的保护范围,都足以认定被诉侵权产品落入涉案专利保护范围,Y构成专利侵权而应承担停止侵权、赔偿损失的民事责任。

2. 两审法院关于举证责任的分配存在错误

根据我国《专利法》(2008)第61条和有关司法解释的规定,在涉及新产品制造方法的发明专利侵权诉讼中,被诉侵权人应当承担产品制造方法不同于专利方法的证明责任,亦即举证责任倒置。其中,新产品是指在国内外第一次生产出的产品,其与专利申请日之前已有的同类产品相比,在产品的组份、结构或者其质量、性能、功能方面有明显区别;产品或者制造产品的技术方案在专利申请日前为国内外公众所知悉的,则该产品不属于新产品。①

因为新产品或者新产品的制造方法在专利申请日前不为国内外公众所知悉,所以制造同样产品的单位或者个人使用相应专利方法的可能性较大;而与制造相关的证据主要由被诉侵权人掌握,如果按照民事侵权"谁主张,谁举证"的原则分配举证责任则显失公平,故由被诉侵权人承担举证责任。

但是,举证责任倒置属于民事侵权中"谁主张,谁举证"一般原则的例外,对于涉案专利产品是否属于新产品仍应由专利权人(包括专利权人的利害关系人,下同)举证证明。专利权人提交初步证据证明涉案专利产品属于新产品,就已尽到举证义务。该初步证据应当能够证明涉案专利产品与专利申请日前已有的同类产品相比,在产品的组份、结构或者其质量、性能、功能方面有明显区别。

两审法院在未查明涉案专利权利要求3～5是否属于制造新产品方法的情形下,即通过适用举证责任倒置的方式推定被诉侵权产品的制造方法落入涉

---

① 《中华人民共和国专利法》(2008)第61条;《最高人民法院关于审理侵犯专利权纠纷案件应用法律若干问题的解释》(2009)第17条。

案专利权利要求 3 ~ 5 的保护范围，属于认定事实不清、适用法律错误。[①]

（三）选出理由

本案是专利侵权举证责任的典型案例，是《最高人民法院知识产权案件年度报告（2018）》从最高人民法院 2018 年审结的知识产权案件中精选的 28 件典型案件之一。本案的典型意义主要在于，专利权人主张适用新产品制造方法专利举证责任倒置时，应当对方法专利直接获得的产品为新产品承担举证责任。

我国《专利法》（2008）第 61 条规定："专利侵权纠纷涉及新产品制造方法的发明专利的，制造同样产品的单位或者个人应当提供其产品制造方法不同于专利方法的证明。"据此，新产品制造方法专利侵权的举证责任倒置，即被诉侵权产品制造方法不同于涉案专利方法的举证责任由被诉侵权人承担。但是，对于依据涉案专利方法制造的产品属于新产品，按照我国《民事诉讼法》所规定的"谁主张，谁举证"原则，其举证责任仍然由专利权人承担。[②] 鉴于方法专利侵权证据主要控制在被诉侵权人手中，为了减轻专利权人的举证负担，北京市高级人民法院《专利侵权判定指南（2017）》第 112 条第 3 款规定，专利权人提交初步证据证明涉案专利产品属于新产品即尽到举证责任。

但是，何为"新产品"及其"初步证据"，直接关系到专利权人的举证负担轻重。根据《专利侵权司法解释一》第 17 条规定，新产品是指产品本身或其制造方法在专利申请日以前不为国内外公众所知的产品。进一步的问题是，何为"不为国内外公众所知"？其与专利新颖性、商业秘密的非公知性有何异同？根据《最高人民法院关于审理专利侵权纠纷案件若干问题的规定（讨论意见稿）》第 63 条第 1 款、北京市高级人民法院《专利侵权判定指南（2013）》第 102 条第 1 款规定，新产品是指在国内外第一次生产出的产品，其与涉案专利申请日前已有的同类产品相比，在产品的组份、结构或者其质量、性能、功能方面有明显区别。由此，专利权人为证明涉案专利产品属于新产品所应提交的初步证据，必须能够证明涉案专利产品或其制造方法在涉案专利申请日以前不为

---

① 最高人民法院民事裁定书（2018）最高法民申 4149 号。

② 《中华人民共和国民事诉讼法》（2017）第 64 条。

国内外公众所知，或者涉案专利产品在国内外第一次生产出，其与专利申请日前已有的同类产品相比，在产品的组份、结构或者其质量、性能、功能方面有明显区别。只可惜这两个规范性文件，前一个没有实际出台，后一个效力仅限于北京市。

本案作为最高人民法院2018年审结的知识产权案件中精选的28件典型案件之一，最高人民法院在本案再审判决中关于"新产品"及其"初步证据"的阐释，很好地弥补了最高人民法院关于审理专利侵权纠纷案件若干问题的规定(讨论意见稿)没有实际出台、北京市高级人民法院专利侵权判定指南不能适用于全国之憾。最高人民法院对本案的再审判决明确指出，新产品是指在国内外第一次生产出的产品，其与专利申请日前已有的同类产品相比，在产品的组份、结构或者其质量、性能、功能方面有明显区别；新产品制造方法专利侵权的举证责任倒置属于民事侵权中"谁主张，谁举证"原则的例外，关于专利产品是否属于新产品仍应由专利权人提交初步证据证明，仅通过专利产品获得专利授权并不能推定其属于"新产品"；关于专利产品是否属于新产品的初步证据，应当能够证明涉案产品与专利申请日之前已有的同类产品相比，在产品的组份、结构或者其质量、性能、功能方面有明显区别。①

(四)案件评释

无论从最高人民法院关于审理专利侵权纠纷案件若干问题的规定(讨论意见稿)、北京市高级人民法院专利侵权判定指南，还是从最高人民法院对本案的再审判决来看，专利权人对于依据涉案专利方法制造的产品属于新产品的举证责任并不轻松，其举证难的问题在方法专利侵权诉讼中依然很突出。

我国关于方法专利侵权举证责任的有关规定，相对于《与贸易有关的知识产权协定》(Agreement on Trade-Related Aspects of Intellectual Property Rights，以下简称TRIPs协议)尚有较大差距。根据TRIPs协议第34条规定，对于一项产品制造方法专利而言，法院有权责令被诉侵权人举证证明被诉侵权产品的制造方法不同于该专利方法，尤其是在两种情况之一发生时：(1)依照该专利

① 最高人民法院民事裁定书(2018)最高法民申4149号。

方法制造的产品属于新产品;(2)被诉侵权产品极有可能是依照该专利方法制造的,而专利权人不能通过合理的努力确定被诉侵权产品的制造方法。[①] 由此,方法专利侵权举证责任倒置不仅适用于新产品的制造方法,还适用于不是已知产品的制造方法,只要专利权人能够证明被诉侵权产品具有较大的可能性是依照该专利方法制造的,且专利权人确定被诉侵权产品的制造方法确实存在较大难度。

正是基于专利权人对新产品制造方法举证困难和 TRIPs 协议第 34 条,国家知识产权局《专利行政执法证据规则指引(征求意见稿)》第 2 章第 1 节明确规定,专利权人完成对其专利产品属于新产品的初步举证形式可以是,例如提供专利产品在某一国家被授权的证明、提供相关部门出具的检索报告等;对于已知产品的制造方法专利,如果被请求人存在侵权行为具有较大的可能性,并且被请求人以外的人获得侵权证据确实存在较大难度,则管理专利工作的部门可以依职权调取,或者要求被请求人提供资料证明"其产品制造方法不同于专利方法"。但依然可惜和遗憾的是,国家知识产权局《专利行政执法证据规则指引(征求意见稿)》修改为《专利行政执法证据规则(试行)》印发,删除了上述规定的内容。

新产品制造方法只是专利侵权诉讼中专利权人难以举证的冰山一角,比较突出的问题至少还有:(1)对于已知产品的制造方法专利,当专利权人难以取得被诉侵权人的侵权证据时,在专利权人提供初步证据并充分说明无法自行调查取证的客观理由的情况下,法院是否可以对被诉侵权产品的制造方法依职权调查取证,是否可以责令被诉侵权人提供资料以证明其产品制造方法不同于专利方法? (2)当专利权人依据被诉侵权人往年的经营状况、经营规模或者广告宣告、新闻报道等中所称的被诉侵权产品的生产、销售额等确定侵权获利额时,法院是否可以要求被诉侵权人提供其财务账册? (3)对于法律法规未明确规定的专利侵权举证责任,法院是否可以根据举证能力、证据控制方、事实发生可能性等因素,在专利权人和被诉侵权人之间进行适当调整? (4)为

---

① WTO. Agreement on Trade-Related Aspects of Intellectual Property Rights(1994). Art. 34 – 1, 2.

了在专利权人和被诉侵权人之间合理分配举证责任并保证举证义务的履行，对于无正当理由拒不提供证据的专利权人或被诉侵权人，是否可以责令其承担不利的法律后果甚至予以严厉制裁？[①]

为了系统性破解专利权人举证难问题，有必要建立证据开示制度、文书提出命令制度和举证妨碍制度，赋予被诉侵权人和第三人披露相关证据、提供相关文书的义务，明确其无正当理由拒不提供相关证据包括相关文书的法律后果。[②] 证据开示制度源于英美法系，在专利侵权诉讼中，专利权人可以要求被诉侵权人或第三人披露其所掌握的相关证据，被诉侵权人或第三人也有义务主动向专利权人披露这些证据。文书提出命令制度源于大陆法系，在专利侵权诉讼中，法院可以根据专利权人的申请或者依职权，责令被诉侵权人或第三人提供其所掌握的相关文书，如技术文件、会计账簿。[③] 举证妨碍制度是证据开示制度、文书提出命令制度的实施保证制度，在专利侵权诉讼中，如果被诉侵权人或第三人不披露、不提供其所掌握的相关证据、文书，法院可以降低专利权人待证事实的证明标准、推定对被诉侵权人或第三人不利主张成立，还可以对被诉侵权人或第三人课以罚款、拘留甚至追究刑事责任。[④] 我国第四次《专利法》修订草案送审稿给出了一个解决方案，即赋予知识产权行政执法机关对涉嫌侵权行为调查取证的权力，这虽然能够在一定程度上缓解知识产权权利人"举证难"的问题，但会带来公权力侵犯私权利、行政执法标准偏离司法审判标准等新问题。[⑤]

---

① 参见管荣齐：《新形势下知识产权司法保护体系改革研究》，载《天津大学学报》（社会科学版）2017年第6期。

② 参见陶凯元：《充分发挥司法保护知识产权的主导作用》，载《求是》2016年第1期。

③ 参见熊跃敏：《日本民事诉讼的文书提出命令制度及其对我国的启示》，载陈光中、江伟主编：《诉讼法论丛》（第7卷），法律出版社2002年版，第452～468页。

④ 参见汤维建、许尚豪：《建立举证妨碍制度，完善证据立法》，载《证据学论坛》2004年第2期。

⑤ 参见李明德：《关于〈专利法修订草案（送审稿）〉的几点思考》，载《知识产权》2013年第9期。

三、专利侵权行为保全措施的适用——“机动车刮水器”发明专利侵权案①

行为保全与先行判决均能及时定分止争、避免造成难以弥补的损害，但前者具有即时强制执行力，后者作出后未必立即生效。我国行为保全的立法不清、适用有碍，建议量化适用条件，完善裁定程序，规范担保金收取，依法应对拒绝履行裁定行为。

（一）案件事实

X（一审原告、二审被上诉人）为“机动车辆的刮水器的连接器及相应的连接装置”发明专利（以下简称涉案专利）的专利权人，Y（一审被告、二审上诉人）为被诉侵权产品（S850、S851、S950 三个型号的机动车辆刮水器）的制造者、销售者和许诺销售者。

涉案专利的申请日是 2002 年 10 月 2 日，专利号是 200610160549.2，优先权日是 2001 年 10 月 15 日，授权公告日是 2011 年 1 月 12 日。X 于 2016 年以 Y 等侵害涉案专利权为由向上海知识产权法院（以下简称上海知产法院）提起民事诉讼，请求判令 Y 等停止制造、销售、许诺销售被诉侵权产品，销毁被诉侵权产品及其制造设备、模具、图纸等，赔偿损失及制止侵权的合理开支合计 600 万元；并且请求在确认被诉侵权产品落入涉案专利保护范围的基础上，先行判决 Y 等立即停止对涉案专利权的侵害；同时申请采取行为保全（临时禁令）措施，请求裁定 Y 等立即停止对涉案专利权的侵害。

上海知产法院一审就被诉侵权产品是否落入涉案专利保护范围、Y 等是否立即停止对涉案专利权的侵害先行作出认定和判决。上海知产法院一审认定，涉案专利有 10 个权利要求，除了各方确认被诉侵权产品具备权利要求 2～3、6～10 的技术特征以外，被诉侵权产品还具备权利要求 1 所述连接方式（使用环境）、弹性元件的技术特征以及与安全搭扣的功能性特征等同的技术特征，因而被诉侵权产品落入涉案专利权利要求 1～3、6～10 的保护范围，Y 等制造、销售、许诺销售被诉侵权产品构成对涉案专利权的侵害，因此，上海知产法院一审判决 Y 等立即停止对涉案专利权的侵害，但未对 X 的行为保全（临时禁

① 最高人民法院民事判决书（2019）最高法知民终 2 号。

令)申请进行处理。[1]

Y等对上海知产法院一审判决不服,向最高人民法院知识产权法庭(以下简称最高院知产法庭)提起上诉,其主要上诉理由是被诉侵权产品没有落入涉案专利权利要求1的保护范围,具体包括:(1)两者连接方式(使用环境)的技术特征不相同,被诉侵权产品可以用于非标准的刮水器臂,且其刮水器臂与刮水器刷体部件之间未直接接触;(2)两者弹性元件的技术特征不相同,被诉侵权产品的弹性元件并不能"锁定",而只能把连接器"定位"在刮水器臂前端部中的嵌入位置;(3)两者安全搭扣的功能性特征不等同,涉案专利权利要求1的安全搭扣整体面对锁定元件、局部平行延伸锁定,而被诉侵权产品的安全搭扣整体封闭和包容锁定元件、局部垂直延伸锁定。

(二)法院判旨

最高院知产法庭二审判决驳回Y等的上诉,维持上海知产法院一审判决。最高院知产法庭二审认定,被诉侵权产品落入涉案专利权利要求1的保护范围,Y等的行为侵害了涉案专利权;本案当庭判决已经发生法律效力,不必另行作出责令停止侵权的行为保全(临时禁令)裁定。

1. 被诉侵权产品落入涉案专利权利要求1的保护范围

首先,被诉侵权产品具备涉案专利权利要求1所述连接方式(使用环境)的技术特征。从涉案专利权利要求1的文字记载、说明书及其附图的相应内容来看,涉案专利权利要求1所述连接方式属于使用环境特征,没有限定刮水器臂和刮水器刷体部件之间直接接触,也没有排除连接非标准的刮水器臂。被诉侵权产品通过连接器实现刮水器臂与刮水器刷体部件之间连接与铰接,即便其刮水器臂与刮水器刷体部件之间没有直接接触、其刮水器臂可以是非标准的,但与涉案专利说明书及其附图所公开的连接、铰接关系相比也无不同。

其次,被诉侵权产品具备涉案专利权利要求1所述弹性元件的技术特征。基于涉案专利所要解决的技术问题是减少或防止刮水器的连接器在外力作用下意外脱出,因而涉案专利权利要求1所述弹性元件在刮水器臂的前端部中的

---

[1] 上海知识产权法院民事判决书(2016)沪73民初859号。

嵌入位置上对连接器的"锁定",对所属领域普通技术人员来说只是起到一定的封锁、限定作用而非意味着完全锁住固定。被诉侵权产品的弹性元件能够把连接器封锁、限定(锁定)在与其宽度相适配的刮水器臂前端部中的嵌入位置上,鉴于与其弹性元件端部宽度不相适配的刮水器臂不可能投入实际应用,故其具备涉案专利权利要求1所述弹性元件的技术特征。

最后,被诉侵权产品具备涉案专利权利要求1所述安全搭扣的技术特征。涉案专利权利要求1所述安全搭扣既限定了安全搭扣与锁定元件之间的方位和结构,又限定了安全搭扣在该方位和结构中所起到的功能,属于"方位或者结构+功能性描述"的技术特征,本质上仍是方位或者结构特征而非功能性特征。被诉侵权产品的安全搭扣处于关闭位置时,两侧壁内表面垂直于侧壁的凸起朝向弹性元件的外表面,属于涉案专利权利要求1所述安全搭扣面对锁定元件延伸的一种形式。因此,被诉侵权产品具备与涉案专利权利要求1所述安全搭扣的技术特征相同的技术特征。

2. 停止侵权判决已生效而不必另行作出行为保全裁定

上海知产法院一审已作出责令停止侵害涉案专利权的先行判决,但因Y等向最高院知产法庭提起上诉而尚未生效,X在最高院知产法庭二审期间继续坚持其在上海知产法院一审中的行为保全申请。责令停止侵害的行为保全措施虽与相应判决之间在内容、功能或效果上存在重叠,但其在特定情况下仍具有独特价值。我国民事诉讼法律中尚没有未生效判决的临时执行制度,当发生行为保全申请人利益被侵害的紧急情况,责令停止侵害的判决因处于上诉状态而还未发生效力时,则相应行为保全措施可以起到及时制止侵害的法律效果,能够尽快明确各方当事人之间的法律关系状态,有效提高相应纠纷解决效率。

对于二审期间继续坚持的停止侵害的行为保全申请,二审法院可以根据情况分别作出处理:(1)如果二审法院无法在行为保全申请处理期限内作出终审判决,则应当对行为保全申请单独处理。由于一审判决已经认定侵权成立,二审法院应当根据案情对行为保全申请及时进行审查、作出裁定、采取措施,且不要求必须提供担保。(2)如果二审法院能够在行为保全申请处理期限内作出终审判决，则应当及时作出判决并驳回行为保全申请。本案中，X在二审期间坚持其责令Y等停止侵害涉案专利权的行为保全申请，但其所提交的证据并不足以证明发生了给其造成损害的紧急情况，且最高院知产法庭当庭作出的二审判决已经发生法律效力，因而另行作出责令停止侵害的行为保全裁定已无必要。①

（三）选出理由

本案是专利侵权行为保全（临时禁令）措施适用的典型案例，位居2019年中国法院十大知识产权案件之首，也是《最高人民法院知识产权案件年度报告（2019）》从最高人民法院2019年审结的知识产权案件中精选的60件典型案件之一，还是最高人民法院指导案例115号。自本案起最高人民法院知识产权法庭开始敲响法槌，标志着技术类知识产权案件统一上诉审理机制正式启动。本案的典型意义主要在于两个方面：一是对于专利侵权行为，允许先行作出部分判决并提起上诉；二是关于专利侵权的行为保全措施，认定其在责令停止侵害的判决尚未生效时具有独特价值。

1. 就专利侵权允许先行作出部分判决并提起上诉

本案是知识产权先行判决第一案。专利等知识产权侵权民事案件，由于涉及技术等专门性问题，还可能引发专利等知识产权确权纠纷，再加上侵权及其获利的主要证据掌握在被诉侵权人手中，因而其事实复杂、取证困难、程序冗长，整体判决需要经历漫长的时间；但权利人请求被诉侵权人停止侵权的需求可能是急迫的，渴望先行认定侵权成立和判决立即停止侵权，②以及时制止正在或即将实施的侵权行为，使权利人的合法权益避免受到难以弥补的损害。根据我国《民事诉讼法》第153条，在案件的整体事实尚未完全清楚的情况下，如其一部分事实已经清楚，则可以就该部分作出先行判决。

本案中，上海知产法院一审根据X的诉讼请求，在确认被诉侵权产品落入涉案专利保护范围的基础上，先行判决Y等立即停止对涉案专利权的侵害；而

① 最高人民法院民事判决书（2019）最高法知民终2号。

② 参见王小君、高鹏友：《知识产权侵权诉讼中预防性措施强制执行的适用——以停止侵权判决、先行判决强制执行及行为保全之制度比较为视角》，载《中国律师》2019年第10期。

对X的销毁被诉侵权产品、赔偿损失及合理开支等其他诉讼请求,再后续审理和另行作出判决。Y等对上海知产法院一审先行判决不服提出上诉,最高院知产法庭二审判决驳回Y等的上诉,维持上海知产法院一审先行判决。本案两审法院就认定和停止侵权作出先行判决,充分发挥了其及时制止侵权、避免造成难以弥补损害的作用;虽是部分判决,但时效提前了,程序上更有利于对权利的保护,如果在审限内做好对剩余部分的处理,则不会影响整体判决进程和效力。①

2. 责令停止侵害判决尚未生效时行为保全的适用

行为保全亦称为临时禁令,是指在判决、裁定或者仲裁裁决生效前,法院依一方当事人申请,裁定另一方当事人为或不为一定行为的民事强制措施。行为保全的申请和裁定,可以发生在提起诉讼或者申请仲裁前(统称为"诉前行为保全"),也可以发生在诉讼或者仲裁过程中(统称为"诉中行为保全")。行为保全的目的或作用与先行判决的基本一致,即及时定分止争、避免造成难以弥补的损害(包括将来作出的判决、裁定或者仲裁裁决难以执行)。但行为保全与相应先行判决相比,前者自裁定准许后即有强制执行力,能够更加充分地保护申请方当事人的合法权益;而后者作出后未必立即产生法律效力,如是一审判决至少等到上诉期满后才生效,更别说即时强制执行力了。

在同一案件中,一方当事人既申请行为保全,又请求先行判决,法院如何处理呢?这既要区分诉前和诉中行为保全,又要区分先行判决生效与否,还要区分行为保全和先行判决的先后。当事人申请诉前行为保全除了其合法权益受到"难以弥补的损害"以外,还应当符合"情况紧急"等条件;②如果诉前行为保全符合条件而被法院裁定准予执行,因已及时制止对方当事人的损害行为,则该当事人起诉时请求的先行判决已无必要;如果诉前行为保全不符合条件而未被法院裁定准许,则对该当事人起诉时提出的先行判决请求及时审查和作出裁判。对于当事人提出的诉中行为保全申请,如果相应先行判决尚未作出或生效,则应予及时审查和裁定准予执行;如果先行判决已经作出且生效,

① 参见罗素云:《技术类民事案件适用先行判决的正当性思辨与规则构建》,载《知识产权》2020年第5期。

② 《中华人民共和国民事诉讼法》(2017)第101条。

其执行后能够及时制止对方当事人的损害行为，则该诉中行为保全的裁定和执行已无必要。①

（四）案件评释

我国行为保全制度首先确立于我国2000年《专利法》，随后我国2001年《商标法》《著作权法》也增加了类似规定，虽然仅限于依申请的诉前行为保全。我国2012年《民事诉讼法》正式引入行为保全制度，并且扩展到依申请和依职权的诉中行为保全。② 行为保全具有迅速制止损害行为的制度功能，能够震慑和促使损害行为人主动谋求解决纠纷，有利于恢复正常权利状态、节省司法资源和提高诉讼效率。但2018年《最高人民法院关于审查知识产权纠纷行为保全案件适用法律若干问题的规定》将美国联邦最高法院2006年*eBay*案确立的四要素作为行为保全必要条件，③对行为保全措施的审查、裁定和执行过于谨慎，不能满足权利人及时制止侵权、有效保护权利的正当需求，影响了知识产权司法保护的效率和效果。分析其中的原因，主要在于以下两个方面。

（1）行为保全的立法不够清晰。①行为保全的措施不够明确。以停止侵害、防止损害进一步发生的行为保全为例，应当作出何种行为保全措施，行为保全以何种形式作出，如何衡量保全是否到位等，都有待于进一步明确。②行为保全的救济措施不够明确。行为保全措施的实质是通过限制一方行为来保护另一方的利益，因而在保障申请人权益的同时也应当注意保障被申请人的利益，赋予被申请人切实可行的救济渠道显得尤为必要。③行为保全的担保方式不够明确。由于行为保全的对象是当事人的行为，因无法量化衡量而难以确定明确的担保标准和提供担保的方式。④行为保全裁定错误缺少相应制裁。造成行为保全错误的原因不外乎两个方面，一个是当事人申请不当，另一个则是法院作为不当。对于前者，理应由错误申请人进行赔偿是；对于后者，则也理应由国家进行赔偿。但目前我国《国家赔偿法》尚无对民事诉讼中因法

① 最高人民法院民事判决书(2019)最高法知民终2号。

② 《中华人民共和国专利法》(2000)第61条，《中华人民共和国商标法》(2001)第57条，《中华人民共和国著作权法》(2001)第49条，《中华人民共和国民事诉讼法》(2012)第100~101条。

③ 参见李扬：《中国需要什么样的知识产权行为保全规则》，载《知识产权》2019年第5期。

院的不当行为给其相对人造成的损害而进行赔偿的规定。

(2)行为保全的适用存在障碍。①办案理念不统一。不同法院对于行为保全适用条件的理解、操作不一致,采取行为保全的案件数量存在明显差异。②文书说理不充分。a. 行为保全的适用条件在实践中存在两种不同的意见,一种意见认为应当强调胜诉可能性,另一种意见则认为应当强调存在实质性争议。b. 行为保全的裁定程序存在民事诉讼法允许当事人申请和法院依职权启动,而专利法、商标法、著作权法仅允许当事人申请的矛盾,且在48小时内难以完成询问、合议、汇报、担保、制作和送达裁定等工作。c. 当事人对行为保全的了解不充分、运用不熟练、提出的很少,同时法院认为适用该制度有较大的风险,尽量不去适用。③执行力度不到位,影响行为保全效果。行为保全的执行在法院内部分工不明确,执行庭往往不承担行为保全的执行,而由业务庭负责执行,由于人员少、执行经验不足、执行成本高,导致相当一部分行为保全案件执行力度不到位。

为了充分发挥行为保全的制度效能,依法满足权利人及时制止侵权、有效保护权利的正当需求,建议量化行为保全的适用条件,综合考虑侵权可能性、难以弥补的损害、双方利益平衡和社会公共利益等因素,[①]其判断公式为:$P \times Hp > (1-P) \times Hd$,其中P是侵权可能性,Hp和Hd分别是申请人损失和被申请人损失,并包含第三人损失或社会公共利益损失;[②]完善行为保全的裁定程序,在我国专利法、商标法、著作权法中增加法院依职权启动诉中行为保全的规定,并允许诉前行为保全在48小时内实施完成但免于询问,诉中行为保全在询问后48小时内实施完成;规范收取行为保全担保金,要求与行为保全可能产生的风险相当,对行为保全的行使进行必要制约以避免滥用;依法应对拒绝履行裁定行为,送达行为保全裁定时做好测量和拍照,一旦发现被申请人不履行裁定及时向法院报告,对于情节严重的适用刑法中拒不执行法院判决、裁定罪的规定。

---

① 参见宋鱼水等:《知识产权行为保全制度研究》,载《知识产权》2014年第11期。

② American Hospital Supply Corp. v. Hospital Products Ltd., 780 F. 2d 589, 593 (7th cir. 1986).

四、以技术分摊规则核算专利侵权损害赔偿数额——“小型车辆座下方收纳盒的支承结构”发明专利侵权案①

专利侵权损害赔偿数额的核算规则主要有技术分摊规则和全部市场价值规则，其中技术分摊规则考量专利技术在整体产品中所占价值比重因而更具合理性。我国法院建立技术分摊规则始于 2009 年，但仅用于核算和确定专利侵权人的获利，主要考量两个因素：一是涉案产品本身的价值，涉及其所包含专利的类别、技术含量、市场价值，需要运用市场假定法、可比价格法、行业平均法等经济分析方法；二是涉案产品在实现整体产品利润中的作用，应当深入贯彻专利保护的比例原则，实现专利的保护范围、强度与其价值、贡献相适应。

（一）案件事实

X（第一原告）是一家日本公司，为“小型车辆座下方收纳盒的支承结构”发明专利的专利权人；Y（第一被告）是一家国内公司，为被诉专利侵权产品（涉案 LF125T－2D 型 125ml 摩托车）的制造（生产）商。

Y 确认涉案六辆 LF125T－2D 型 125ml 摩托车 LF12088、LF12092、LF1394、LF3199、LF1196、LF1226，其座下方收纳盒的支承结构包含了 X 的发明专利独立权利要求所记载的全部技术特征，并承认其中后三辆摩托车 LF3199、LF1196、LF1226 系其制造（生产），但不承认其中前三辆摩托车 LF12088、LF12092、LF1394 由其制造（生产），理由是前三辆摩托车在质量、配件以及外观方面，与其制造（生产）的摩托车存在明显区别。

由中国汽车技术研究中心和中国汽车工业协会发布的《中国汽车工业年鉴》记载：Y 生产 125ml 摩托车的产量：2001 年为 92，638 辆，2002 年为 159，935 辆，2003 年为 225，182 辆，2004 年为 328，860 辆，2005 年为 423，842 辆，2006 年为 556，004 辆。Y 对这些数据予以确认，但同时辩称在 2007 年 11 月 16 日前通过国家机动车合格证数据中心的网站查询到，其自 2005 年 7 月 1 日至 2007 年 11 月 16 日，共生产 LF125T－2D 型 125ml 摩托车仅为 4424 辆。

X 提供了一份 Y 所生产的摩托车产品宣传册，其中载明 125ml 摩托车有

---

① 上海市第二中级人民法院民事判决书（2004）沪二中民五（知）初字第 89 号。

44种。而Y辩称,自2001年至2006年,其生产的125ml摩托车的产品共有418种。法院要求Y提供其自2001年至2006年各年度生产的125ml摩托车的种类,但Y表示无法提供。

X提供了其摩托车在日本市场的利润率,还根据中国汽车工业协会制作的《中国汽车工业(摩托车部分)综合信息》中记载的Y在各个年度的销售收入和利润总额,计算出Y自2000年到2007年各年度的利润率分别为4.7%、1.7%、1.9%、2.7%、3.0%、2.9%、2.4%、3.0%。法院要求Y提供其生产销售LF125T－2D型125ml摩托车的财务账册,但Y亦表示无法提供。

上海市第二中级人民法院(2003)沪二中民五(知)初字第225号X诉Y等侵害外观设计专利权纠纷一案判决认定,涉案LF125T－2D型125ml摩托车LF12088(车架号LF3TCJ2D51C012088)、LF12092(车架号LF3TCJ2D71C012092)、LF1394(车架号LF3TCJ2DX2C001394)均由Y生产。[①]

(二)法院判旨

判令Y立即停止侵犯X的发明专利权,并向X赔偿包括合理费用在内的经济损失人民币61.26万元。其主要理由如下:

涉案六辆LF125T－2D型125ml摩托车LF12088、LF12092、LF1394、LF3199、LF1196、LF1226,其座下方收纳盒的支承结构包含了X的发明专利独立权利要求所记载的全部技术特征,落入X的发明专利保护范围。

涉案六辆LF125T－2D型125ml摩托车皆由Y生产,其生产年份分别为2001年、2002年、2005年、2007年。鉴于国家机械工业局于2000年5月就已公布Y的LF125T－2D型125ml摩托车,因而认定Y生产LF125T－2D型125ml摩托车的起始时间为2000年5月。又因涉讼Y于2004年停产,从而认定Y侵害X专利权的期间为2000年5月至2003年12月、2005年1月至2007年11月。

根据《中国汽车工业年鉴》的记载,Y于2001年生产的所有125ml摩托车总数为92,638辆,以此除以Y所生产的摩托车产品宣传册中记载的125ml摩

---

① 上海市第二中级人民法院民事判决书(2003)沪二中民五(知)初字第225号。

托车种类(44 种),推定 Y 自 2000 年 5 月到 2003 年 12 月生产 LF125T－2D 型 125ml 摩托车数量为 12,262 辆。再根据数据中心的数据记载,Y 从 2005 年 7 月到 2007 年 11 月生产 LF125T－2D 型 125ml 摩托车共 4424 辆。至于 LF125T－2D 型 125ml 摩托车 2000 年的产量,参考 2001 年的数据;2005 年 1 月到 6 月的产量,以 2005 年 7 月之后的产量标准推定为 931 辆。由此计算,Y 在侵权期间内生产的 LF125T－2D 型 125ml 摩托车数量为 17,617 辆。

被诉专利侵权产品(涉案 LF125T－2D 型 125ml 摩托车)的利润核算以本国市场的相关信息为依据,不予考虑 X 的摩托车在日本市场的利润率。参考《中国汽车工业(摩托车部分)综合信息》中记载的有关数据,并综合考虑 Y 的生产规模、主营业务、涉案摩托车的特点等因素,酌定涉案 LF125T－2D 型 125ml 摩托车平均润率为 3%。

涉案 LF125T－2D 型 125ml 摩托车的市场销售价 2005 年至 2007 年为人民币 4000 元左右,2001 年至 2003 年为人民币 6000～7000 元。考虑市场因素,酌定 Y 销售涉案 LF125T－2D 型 125ml 摩托车平均售价为人民币 4000 元。据此,计算出 Y 生产销售涉案 LF125T－2D 型 125ml 摩托车所获利润为人民币 211.4 万元。

在(2003)沪二中民五(知)初字第 225 号案件中,法院在确定赔偿数额时,考虑了涉案外观设计专利在整个产品中的价值比重,因而 X 获得的侵权损害赔偿仅为 Y 销售 LF125T－2D 型 125ml 摩托车所获利润的一部分。现 X 就其发明专利提出索赔,同样应当根据涉案专利的价值比重,来确定 Y 的侵权获利和赔偿数额。根据涉案专利的类别、技术含量、市场价值、对整车的贡献度等因素,酌情确定涉案专利的价值比重为 1/5。据此,计算出 Y 因侵犯 X 专利而获得的利润为人民币 42.28 万元。①

(三)选出理由

本案是 2009 年《专利侵权司法解释一》颁行之前,引入“技术分摊规则”(Technical Apportionment Rule)核算专利侵权损害赔偿数额的典型案例。其典

① 上海市第二中级人民法院民事判决书(2004)沪二中民五(知)初字第 89 号。

型性还在于第一原告是一家日本公司，而在日本的专利保护司法实践中，法院适用“技术分摊规则”比较普遍。①

在2009年《专利侵权司法解释一》颁行之前，关于专利侵权损害赔偿数额的核算主要依据“全部市场价值规则”（Entire Market Value Rule），体现在1992年《最高人民法院关于审理专利纠纷案件若干问题的解答》第4条第2款和2001年《最高人民法院关于审理专利纠纷案件适用法律问题的若干规定》第20条。所谓“全部市场价值规则”，是指以包含专利技术的产品的全部市场价值为基础，核算和确定专利侵权损害赔偿数额。②

1992年《最高人民法院关于审理专利纠纷案件若干问题的解答》第4条第2款规定了以“全部市场价值规则”确定专利侵权损害赔偿数额的核算方法。因侵害专利权的产品（包括侵害产品专利和方法专利的产品）在市场上销售，专利权人应当获得的专利侵权损害赔偿数额可以从三个方面来核算：(1)以专利权人所遭受的实际经济损失作为专利侵权损害赔偿数额，其中专利权人所遭受的实际经济损失 = 专利产品（包括使用方法专利制造的产品）销售量减少的总数 × 每件专利产品的利润；(2)以侵权人所获得的全部利润作为专利侵权损害赔偿数额，其中侵权人所获得的全部利润 = 侵害专利权的产品（专利侵权产品）在市场上销售的总数 × 每件专利侵权产品获得的利润；(3)以不低于专利许可使用费的合理数额作为专利侵权损害赔偿数额。③ 由于产品利润因核算口径、行业特点、市场地位等有所不同，再加上专利产品销售量减少以专利实施为前提，④因而上述规定难以得到充分、有效地适用。该解答现已废止和失效，被2001年《最高人民法院关于审理专利纠纷案件适用法律问题的若干规定》所代替。

2001年《最高人民法院关于审理专利纠纷案件适用法律问题的若干规定》

① 日本法院比较普遍地采用“寄与率”核算和确定专利侵权损害赔偿数额。参见飯村敏明 = 設樂隆一：『知的財産関係訴訟』（青林書院，2008）。

② 参见和育东：《专利侵权赔偿中的技术分摊难题——从美国废除专利侵权“非法获利”赔偿说起》，载《法律科学》2009年第3期。

③ 《最高人民法院关于审理专利纠纷案件若干问题的解答》（1992）第4条第2款。

④ 参见冯晓青：《专利侵权损害赔偿额初探》，载《律师世界》1997年第11期。

第20条对以“全部市场价值规则”确定专利侵权损害赔偿数额的核算方法作了进一步完善。因侵权人侵害专利权的行为，专利权人所遭受的损失或者侵权人所获得的利益作为专利侵权损害赔偿数额，其具体核算方法分别为：(1)专利权人所遭受的损失＝专利产品(包括使用方法专利制造的产品)销售量减少的总数×每件专利产品的合理利润，其中专利产品销售量减少的总数难以确定时，以侵害专利权的产品(专利侵权产品)在市场上销售的总数代替；(2)侵权人所获得的利益＝专利侵权产品(包括侵害产品专利和方法专利的产品)在市场上销售的总数×每件专利侵权产品的合理利润，其中每件专利侵权产品的合理利润一般以侵权人单位产品的营业利润为准，但对完全以侵害他人专利权为业的侵权人而言，则以其单位产品的销售利润为准。[①] 该规定同1992年《最高人民法院关于审理专利纠纷案件若干问题的解答》第4条第2款相比，以专利侵权产品销售总数代替专利产品销售量减少的总数，将产品利润限定为合理利润并进一步明确为营业利润，有利于其得到充分、有效地适用。

但若专利产品(或者侵权产品)系另一整体产品的零部件或者包装物，按照上述核算方法确定的权利人损失或者侵权人获利都是对整体产品而言的，无法就专利产品(或者侵权产品)本身单独统计核算怎么办？本案判决给出了答案，即考虑涉案专利的类别、技术含量、市场价值、对整体产品的贡献度等因素，根据涉案专利在整体产品中的价值比重来折算得出损害赔偿数额，即以“技术分摊规则”核算专利损害赔偿数额。

(四)案件评释

1. 技术分摊规则及其内容

所谓“技术分摊规则”，是指以专利技术在整体产品中所占价值比重，核算和确定专利侵权损害赔偿数额。技术分摊规则最早是美国联邦最高法院在1853年的两个判例中确立的，用以核算专利权人因被侵权所遭受的损失或者侵权人因侵害他人专利权所获得的利益。[②] 由于专利权人举证证明专利技术

---

① 参见《最高人民法院关于审理专利纠纷案件适用法律问题的若干规定》(2001)第20条。

② Livingston v. Woodworth, 56 U. S. 546 (1853); Seymour v. McCormick, 57 U. S. 480 (1853).

在整体产品中所占价值比重和法院提供相应“会计救济”(Accounting Relief)遇到了难题,[①]技术分摊规则一度被美国法院所抛弃并被全部市场价值规则所取代。[②] 但全部市场价值规则没有顾及产品中所包含的其他专利技术、技术秘密等的价值,[③]导致专利侵权损害赔偿过度的问题日益严重。[④] 随着多部件、多权利(包括但不限于专利、商标、著作权、商业秘密、植物新品种、集成电路布图设计等知识产权)的复杂产品不断涌现,技术分摊规则的合理性重新被认识,其适用空间重新被打开。[⑤] 而日本法院则顶着来自美国的压力和学界的质疑,通过简化举证责任一直坚持采用技术分摊规则。[⑥]

我国法院正式引入技术分摊规则始于2009年,主要体现在《专利侵权司法解释一》第16条。根据该条规定,专利侵权损害赔偿数额以侵权人所获得的利益来核算和确定时,应当扣除专利侵权产品中除涉案专利以外的其他权利所产生的利益,而以专利侵权产品中涉案专利所产生的利益为限。具体到发明、实用新型专利,如果涉案专利产品或者专利侵权产品(以下简称涉案产品)系另一整体产品的零部件,则侵权人因侵害涉案专利所获得的利益仅为该零部件通过成品销售所实现的合理利润,即以该零部件本身的价值及其在实现整体产品利润中的作用等因素核算和确定。具体到外观设计专利,如果涉案产品系另一整体产品的包装物,则侵权人因侵害涉案专利所获得的利益仅为该包装物通过整体产品销售所实现的合理利润,即以该包装物本身的价值及其在实现被包装产品利润中的作用等因素核算和确定。

2. 技术分摊规则的适用

从《专利侵权司法解释一》内容的字面来看,技术分摊规则仅用于核算和

---

① “会计救济”是通过审查侵权人的会计账簿,发现和纠正其记账错误的法律救济方式。

② 参见和育东:《专利侵权赔偿中的技术分摊难题——从美国废除专利侵权“非法获利”赔偿说起》,载《法律科学》2009年第3期。

③ Mark A. Lemley, Distinguishing Lost Profits from Reasonable Royalties. 51 William and Mary Law Review, 655 - 656(2009).

④ Lucent Technologies, Inc. v. Gateway, Inc. (Fed. Cir. 2009); Centocor Biotech, Inc. v. Abbott Labs. (E. D. Tex. Nov. 4, 2009).

⑤ 参见朱理:《专利侵权损害赔偿计算分摊原则的经济分析》,载《现代法学》2017年第9期。

⑥ 高林龍「特許法第102条に基づく損害賠償について」パテント59巻1号(2006年)。

确定侵权人因侵害他人专利权所获得的利益,而不包括专利权人因被侵权所遭受的损失,实际并非如此也不应当如此,因为专利产品同样可以像专利侵权产品一样包含多个部件、多项权利。基于此,如果涉案产品系另一整体产品的零部件或者包装物,无论是侵权人所获得的利益还是专利权人所遭受的损失,主要考量两个因素来核算和确定:一是涉案产品本身的价值;二是涉案产品在实现整体产品利润中的作用。

涉案产品本身的价值主要决定于其所包含专利的类别、技术含量、市场价值。相对而言,发明专利比实用新型专利、外观设计专利的保护期更长、创造性更高、价值更大。专利的技术含量多少主要是指其创造性高低,除了不同类别专利的创造性不同以外,同一类别专利的创造性也会有较大区别,衡量标准是看其与现有技术比较而言技术改进程度的大小。专利的市场价值与其技术含量有关但不是正比关系,技术含量不高的专利,其市场价值有可能很大,关键在于其产品的市场容量大小。对于涉案产品本身的价值进行充分评估,除了要综合考虑其所包含专利的类别、技术含量和市场价值以外,还要积极运用市场假定法、可比价格法、行业平均法等经济分析方法,以形成符合市场规律和满足专利保护要求的侵权损害赔偿核算机制。

衡量涉案产品在实现整体产品利润中的作用,应当更加深入贯彻专利保护的比例原则。专利保护的比例原则是指专利保护的范围和强度,应当与专利技术的价值和贡献相适应。① 根据这一原则,被侵害的专利技术本身的市场价值越大,其对专利权人或者侵权人营利的贡献度越高,专利权人所应得到的侵权损害赔偿越多。当涉案产品系另一整体产品的零部件或者包装物时,在涉案产品本身的价值一定的情况下,涉案产品在实现整体产品利润中的作用越大,即专利技术在整体产品中所占价值比重或者技术分摊比例越高,则专利权人所遭受的损失或者侵权人所获得的利益就会越多。如果涉案产品系实现整体产品技术功能或者效果的关键零部件,且整体产品的价值主要是由该零部件决定的,则可以按照整体产品的利润来核算专利侵权损害赔偿数额。

---

① 参见宋晓明:《新形势下我国的知识产权司法政策》,载《知识产权》2015 年第 5 期。

专利侵权损害赔偿数额的核算和确定是一个世界性难题，其难度不仅在于专利权人损失和侵权人获利的证据材料尤其是会计数据缺乏，还在于其涉及专利权人、侵权人、社会公众和国家等多方利益平衡，更在于涉案产品所包含的部件和权利越来越繁多和复杂。在专利侵权损害赔偿数额的核算规则中，技术分摊规则相对于全部市场价值规则更具合理性，能够更好地兼顾各方利益和适用于复杂产品。① 美国法院和日本法院核算和确定专利侵权损害赔偿数额的思路有所不同，美国法院首先以整体产品的全部市场价值为基准，在有证据证明专利技术在整体产品中所占价值比重不足100%时，才按实际比重核算和确定赔偿数额；日本法院首先考量专利技术在整体产品中所占价值比重，如果有证据证明该比重达到100%，则以整体产品的全部市场价值予以赔偿。二者思路虽然不同但最终结果却是殊途同归，②值得我国法院在个案审判中借鉴。

五、专利侵权民事诉讼程序的中止——“小型车辆座下方收纳盒的支承结构”发明专利侵权案③

专利侵权民事诉讼因专利无效宣告行政决定及其后续司法审查而中止审理程序，以避免司法权和行政权的冲突，但严重影响审判效率。为此慎裁中止诉讼，建立了“先行裁驳、另行起诉”制度，但都不能从根本上解决问题，必须从相关程序衔接上寻求突破。

（一）案件事实

X（一审原告、二审被上诉人、申请再审人）为“地栅和制造地栅的方法”发明专利（以下简称涉案专利）的独占实施被许可人，Y（一审被告、二审上诉人、再审被申请人）为被诉侵权产品的制造者、许诺销售者和被诉侵权方法的使用者。

本案请求保护的是涉案专利的权利要求7和权利要求18。涉案专利的权

① 参见吴广海：《美国专利侵权损害赔偿中的分摊规则问题》，载《知识产权》2012年第6期。

② 参见管育鹰：《专利侵权损害赔偿额判定中专利贡献度问题探讨》，载《人民司法》2010年第23期。

③ 最高人民法院民事裁定书（2016）最高法民申633号。

利要求7保护的是“一种地栅”产品的技术方案(以下简称产品专利),一审认定被诉侵权产品与产品专利比较,具备产品专利的全部必要技术特征,落入了产品专利的保护范围。涉案专利的权利要求18限定了“一种制造双轴定向塑料材料地栅的方法”的技术方案(以下简称方法专利),一审认定方法专利保护的是一种新产品的制造方法,Y没有提供其制造被诉侵权产品的方法不同于方法专利的证据,推定其使用了方法专利。故一审判决Y侵害了涉案专利权,责令其立即停止侵权行为、赔偿X经济损失5万元。①

Y不服一审判决,提起上诉。二审中,Y提交了国家知识产权局专利复审委员会(以下简称专利复审委)于2015年7月21日作出的第26580号《无效宣告请求审查决定书》(以下简称26580号无效决定书),宣告了涉案专利的权利要求1~5、7~9、11~24无效,并在其权利要求10、25~27基础上继续维持涉案专利有效。X提出中止审理的请求,主要理由是:26580号无效决定书认定事实不清、适用法律错误,X有权在3个月内提起专利无效行政诉讼予以纠正;在专利无效行政诉讼终审裁判之前,26580号无效决定书不发生法律效力。二审法院认为,《无效宣告请求审查决定书》在作出之日就发生法律效力,是否提起专利无效行政诉讼不影响其既定效力;涉案专利的权利要求7和权利要求18均被26580号无效决定书宣告无效,X提起专利侵权诉讼的在先权利基础已经丧失殆尽。故二审裁定撤销一审判决,驳回X的起诉。②

X不服二审裁定申请再审,其有关事实和理由主要有三:(1)专利复审委作出的《无效宣告请求审查决定书》在专利无效行政诉讼终审裁判前并未发生法律效力,二审裁定错误地认定仍在接受司法审查尚无定论的专利无效并驳回起诉;(2)专利复审委认定和宣告发明专利无效的决定书,被法院通过专利无效行政诉讼程序最终予以撤销或者变更的,概率在19%左右(2014年数据),因而不能基于发明专利无效宣告行政决定一概裁定驳回起诉;(3)北京知识产权法院已经立案和审理针对26580号无效决定书的专利无效行政诉讼,鉴于该决定书主动引入的公知常识性证据存在错误,且明显违反依请求原则和

① 山东省济南市中级人民法院民事判决书(2012)济民三初字第395号。

② 山东省高级人民法院民事裁定书(2015)鲁民三终字第220号。

听证原则，其被判决撤销的可能性较大。[①]

（二）法院判旨

二审裁定并无明显不当，裁定驳回X的再审申请。

专利复审委作出《无效宣告请求审查决定书》以后，有关当事人在3个月内未向法院提起专利无效行政诉讼，或者所提起的专利无效行政诉讼终审裁判没有撤销或者变更该决定书，则该决定书才会发生法律效力。二审裁定中关于专利复审委作出的《无效宣告请求审查决定书》，是否提起专利无效行政诉讼不影响其既定效力的认定，存在错误应当予以纠正。

在专利侵权民事诉讼审理过程中，如果涉案专利被专利复审委宣告全部无效或者部分无效，专利侵权民事诉讼管辖法院仍然中止审理而等待《无效宣告请求审查决定书》的司法审查结果，就可能不必要地将专利侵权民事诉讼周期拖长、审理效率降低；而在专利权人所主张的涉案专利的权利要求被专利复审委宣告无效以后，专利侵犯民事诉讼管辖法院不再等待《无效宣告请求审查决定书》的司法审查结果，而直接裁定驳回专利权人基于该无效权利要求的起诉，可以有效缓解专利侵权民事诉讼周期长、效率低的负面影响。

二审法院考虑到专利权人所主张的涉案专利的权利要求被宣告无效以后，专利复审委作出的《无效宣告请求审查决定书》尚需经历司法审查，可能不必要地拖长审理周期、降低诉讼效率；同时考虑到X所称的专利无效行政诉讼终审裁判撤销或者变更发明专利无效宣告行政决定的概率较低，因而不再等待涉案专利《无效宣告请求审查决定书》的司法审查结果，直接驳回专利权人基于该无效权利要求的起诉，其裁定并无明显不当。[②]

（三）选出理由

本案是专利侵权民事诉讼因专利无效宣告行政决定及其后续司法审查而中止审理程序的典型案例。

在专利侵权民事诉讼中，被诉侵权人可以主张专利无效宣告抗辩。被诉侵权人收到法院的专利侵权民事案件应诉通知书以后，可以向专利复审委提

---

① 最高人民法院民事裁定书(2016)最高法民申633号。

② 最高人民法院民事裁定书(2016)最高法民申633号。

出专利无效宣告请求,主张涉案专利不符合专利授权条件应当被宣告无效;①在该专利无效宣告请求被受理立案以后,可以向专利侵权民事诉讼管辖法院主张被诉侵权行为不构成专利侵权。由于专利侵权民事诉讼案件一般由地方中级人民法院管辖,而专利无效宣告行政纠纷案件由专利复审委管辖,管辖机关不同造成相应程序各自分立,②势必出现不衔接、不协调、不一致之处。我国《民事诉讼法》第150条第5项规定,一项诉讼以另一案件的裁判结果为基础时,在另一案件审结前应当中止审理。因此,为了避免产生司法权和行政权的冲突,引入专利侵权民事诉讼程序中止规则,对于特定专利纠纷、在具备法定条件的情况下,专利侵权民事诉讼管辖法院应当裁定中止审理。

根据《最高人民法院关于审理专利纠纷案件适用法律问题的若干规定》第9~11条,在实用新型、外观设计专利侵权民事诉讼中,被诉侵权人在答辩期间内请求宣告涉案专利无效,并被专利复审委受理立案,专利侵权民事诉讼管辖法院一般应当裁定中止审理;在答辩期间届满后请求宣告涉案专利无效并被受理立案,则专利侵权民事诉讼管辖法院一般不应中止审理。但是,对于发明专利侵权民事诉讼案件,或者业经专利复审委决定维持有效的实用新型、外观设计专利侵权民事诉讼案件,即便被诉侵权人在答辩期间内请求宣告涉案专利无效并被受理立案,专利侵权民事诉讼管辖法院也可以不中止审理。③ 本案中,涉案专利是发明专利,二审法院没有中止审理符合该司法解释规定。

如上所述,通常情况下,专利侵权民事诉讼程序中止的申请人往往是被诉侵权人,因为拖延诉讼对其有利,而专利权人希望立即制止侵权、尽快获得赔偿。本案的特殊性在于,不是被诉侵权人而是专利权人申请中止诉讼程序,希望"降低司法审判效率",似乎不符合专利保护的一般逻辑和心理。这一方面反映了本案的稀有性,另一方面也说明我国专利确权程序的不科学和复杂冗长,④及其与专利侵权民事诉讼程序之间的不衔接、不协调、不一致,已经发展

① 《中华人民共和国专利法》(2008)第45条。

② 参见管荣齐、李明德:《中国知识产权司法保护体系改革研究》,载《学术论坛》2017年第1期。

③ 《最高人民法院关于审理专利纠纷案件适用法律问题的若干规定》(2015)第9~11条。

④ 参见邰中林:《知识产权授权确权程序的改革与完善》,载《人民司法》2010年第19期。

到了何等扭曲的程度。

（四）案件评释

专利侵权民事诉讼本就存在周期长、效率低、效果差等突出问题，专利侵权民事诉讼程序中止使得这些问题变得更加严重。当专利权人发现他人未经其许可实施其专利以后，遂向有管辖权的地方中级人民法院提起民事诉讼；被诉侵权人最有可能的应对措施是向专利复审委请求宣告涉案专利无效，如果涉案专利是实用新型或者外观设计，且专利无效宣告请求在民事诉讼答辩期之内立案受理，则应当裁定专利侵权民事诉讼程序中止。专利复审委经对专利无效宣告纠纷审理后，作出维持专利权有效、维持部分专利权有效或者宣告专利权无效的行政决定，如果专利权人或者被诉侵权人任何一方对该行政决定不服，可以向北京知识产权法院提起专利无效行政诉讼；北京知识产权法院对专利无效行政诉讼审理后作出维持或者撤销专利无效宣告行政决定的一审判决，如有当事人对专利无效行政诉讼一审判决不服，还可以向最高人民法院知识产权法庭提起上诉。[①] 最高人民法院知识产权法庭经过审理后作出二审判决，如果最终维持专利无效宣告行政决定，则专利确权程序到此为止，专利侵权民事诉讼解除中止、继续前行；但若最终判决专利无效宣告行政决定违法，责令重新作出决定，则案件又回到专利复审委，开始新一轮专利确权程序，而专利侵权民事诉讼则继续中止下去。[②]

为了缩短专利侵权民事诉讼周期和提升其审判质效，在全面改善包括专利确权程序在内的专利侵权民事诉讼程序以前，慎裁中止审理是有效手段之一。在司法实践中，专利侵权民事诉讼程序中止的条件是很苛刻的，一要涉案专利必须是实用新型或者外观设计，且未曾被专利复审委决定维持有效；二要被诉侵权人在诉讼答辩内提出无效宣告请求，并被专利复审委受理立案；三要专利复审委将无效宣告纠纷受理通知书送达法院，被诉侵权人将无效宣告请求书及有关证据提交法院；四要不属于“可以不中止诉讼”的三种情形：（1）实

---

① 《最高人民法院关于知识产权法庭若干问题的规定》(2018)第2条第2项。

② 参见李明德：《专利权与商标权确权机制的改革思路》，载《华中科技大学学报》(社会科学版)2007年第5期。

用新型或者外观设计专利的检索报告或者评价报告没有导致其无效的事由；(2)被诉侵权人使用的技术有充分证据证明其已经公知；(3)被诉侵权人请求宣告专利无效的证据或者理由明显不充分。[①] 然而，很多专利侵权民事诉讼案件虽然不符合上述法定中止条件，但法院一般仍要等到专利无效宣告行政决定生效以后再做处理，无非是担心司法裁判与行政决定冲突，影响审判工作质量评价。本案中，二审法院没有消极等待专利无效宣告行政决定的司法审查结果，而是直接根据专利无效宣告行政决定作出判决，虽有认识错误，但仍值得称道。

慎裁中止审理能够在一定程度上缓解专利侵权民事诉讼周期长、效率低等问题，但效果不很明显和直接而且比较被动。我国《专利法》第四次修订草案送审稿曾经给出一个解决方案，即专利复审委作出专利无效宣告行政决定后即时生效，[②]相关专利侵权民事诉讼不必继续中止审理，以避免陷入专利侵权民事诉讼、专利无效宣告行政决定、专利无效行政诉讼的程序纠葛甚至循环；但按照世界贸易组织的 TRIPs 协议第 62 条，任何有关知识产权获得和维持的行政决定，都要接受和通过司法审查后才能生效。[③]《专利侵权司法解释二》第 2 条设计了"先行裁驳、另行起诉"制度，即在专利复审委就专利权人所主张的专利权利要求作出无效宣告行政决定以后，专利侵权民事诉讼管辖法院可以直接裁定驳回专利权人基于该无效权利要求的起诉，无须继续中止审理和等待针对专利无效宣告行政决定的司法审查结果；如果专利无效宣告行政决定被专利无效行政诉讼终审裁判所撤销，则允许专利权人在专利无效行政诉讼终审裁判文书送达之日起重新计算的诉讼时效期间内另行起诉。"先行裁驳、另行起诉"制度似有响应专利法第四次修订草案送审稿的意味，但没有从根本上实质性解决专利保护程序分立纠葛和复杂冗长问题，且当专利权人所主张的权利要求有多项且有的被宣告无效、有的被维持有效时，专利侵权民事

---

① 《最高人民法院关于审理专利纠纷案件适用法律问题的若干规定》(2015)第 9～11 条。

② 国家知识产权局《关于提请审议〈中华人民共和国专利法修订草案(送审稿)〉的请示》(2013)。

③ WTO. Agreement on Trade-Related Aspects of Intellectual Property Rights(1994). Art. 62.

诉讼将会变得更加复杂。①

既然专利侵权民事诉讼内部的程序中止及其相关制度设计尚不足以有效提升案件审判质效,就应当从专利侵权民事诉讼、专利无效宣告行政决定、专利无效行政诉讼的程序衔接上寻求突破。依据管辖机关的性质不同,可以将这三个程序分为两类:专利侵权民事诉讼和专利无效行政诉讼的管辖机关都是法院,属于法院系统内部的程序;专利无效宣告行政决定的管辖机关是专利复审委,属于法院系统外部的程序。从这个视角出发,可以有两种思路供我们选择:第一种思路是借鉴德国的做法,将这三个程序都划归法院系统而成为其内部程序,即把专利复审委改建为专门法院或者法庭,如此一来相互间的衔接就变得更加顺畅和容易协调,其优点是在保持专利无效审查专业性、权威性的前提下实现专利侵权和无效诉讼程序二元合一,缺点是专利无效诉讼专门法院和专利侵权诉讼管辖法院之间仍然需要衔接和协调;第二种思路是借鉴日本的做法,在专利行政机关和法院之间权力格局保持不变的情况下,赋予法院直接审查专利有效性的适当职权,同时将专利侵权民事诉讼和专利无效行政诉讼的上诉法院统一,其优点是大的格局不变、改革成本较小,缺点是在原有的专利侵权和无效程序二元化上又造成新的专利无效管辖二元化。

2018 年 10 月 19 日中央正式批准最高人民法院设立知识产权法庭、统一审理全国范围内专利等上诉案件,2018 年 10 月 26 日全国人大常委会通过《关于专利等知识产权案件诉讼程序若干问题的决定》,2018 年 12 月 27 日最高人民法院出台《关于知识产权法庭若干问题的规定》,2019 年 1 月 1 日最高人民法院知识产权法庭在北京揭牌成立和开始受理案件。最高人民法院知识产权法庭的成立超过社会预期同时也被寄予厚望,旨在有效解决长期困扰专利保护两大难题之一的裁判尺度不统一问题,同时试图一并解决另一大难题即专利保护程序复杂冗长问题。前一大难题能够得到解决基本上没有异议,但后

① 参见赵千喜:《"先行裁驳、另行起诉"制度在专利侵权诉讼中的适用——兼评〈关于审理侵犯专利权纠纷案件应用法律若干问题的解释(二)〉第二条》,载搜狐网,http://www.sohu.com/a/158417265_221481,2020 年 7 月 9 日访问。

一大难题是否能够解决还需要上下求索,其中包括专利侵权民事诉讼程序的中止。

第二节　实用新型专利民事诉讼前沿判例精解

一、专利侵权与授权确权中技术特征的界定——“吸纳式充电装置”实用新型专利侵权案①

专利侵权中技术特征的界定宜采用“普通含义解释”原则,依据权利要求的记载、结合说明书及其附图和参考专利审查档案。专利授权中技术特征的界定宜采用“最宽合理解释”原则,权利要求中的用语依其日常和习惯含义、在说明书中的界定或描述。专利确权中技术特征的界定宜审慎采用“最宽合理解释”原则。

(一)案件事实

X(一审原告、二审上诉人、再审申请人)为“吸纳式充电装置”实用新型专利(以下简称涉案专利)的专利权人,Y(一审被告、二审上诉人、再审申请人)为被诉侵权产品(Anker 设计 12 口)的制造者、使用者。

涉案专利的申请日是 2015 年 2 月 12 日,专利号是 201520103318.2,授权公告日是 2015 年 6 月 24 日。涉案专利共有 10 项权利要求,其中权利要求 1 所限定的吸纳式充电装置包括吸纳滚轮机构,由与主控 PCB 电连接的第一电机、与第一电机动力连接的传动组件、与传动组件连接的两个对设的一级滚轴组件构成;权利要求 2、3 从属于权利要求 1,权利要求 4、5、6、7、8 从属于权利要求 1、2、3,权利要求 9 从属于权利要求 8,权利要求 10 均从属于权利要求 9。根据涉案专利说明书对涉案专利优选方案的记载,权利要求 1 所述“传动组件”有皮带轮组传动、齿轮传动及其等同的多种实施方式。②

Y 于 2017 年 11 月 30 日向国家知识产权局专利复审委员会(以下简称专

---

① 最高人民法院民事判决书(2019)最高法民再 348 号。

② 中国实用新型专利“吸纳式充电装置”(201520103318.2)权利要求书、说明书。

利复审委)请求宣告涉案专利无效,其主要理由是涉案专利权利要求1~10不符合我国《专利法》(2008)第22条第3款关于专利创造性的规定。专利复审委经审查认定,涉案专利权利要求1所述"传动组件"是与最接近现有技术相比的区别技术特征,但其他现有技术给出了利用电机驱动橡胶辊移送电池的技术启示,因而对所属领域普通技术人员来说是显而易见的,不具有专利创造性;同理,涉案专利权利要求2~3、5~8也不具有专利创造性。因此,专利复审委于2018年7月4日作出第36489号无效宣告请求审查决定,宣告涉案专利权利要求1~3、5~8无效,维持涉案专利权利要求4、9、10继续有效。①

X以Y等制造、销售、许诺销售、使用被诉侵权产品而侵害涉案专利为由,向北京知识产权法院(以下简称北京知产法院)提起民事诉讼。北京知产法院一审认定,涉案专利权利要求1所述"传动组件"属于功能性技术特征,其主要功能是作为第一电机输出动力的减速机构;而被诉侵权产品使用减速电机传递动力是所属领域的常规技术手段,其中减速电机通常被所属领域普通技术人员看作电机与减速机构组合;故被诉侵权产品与权利要求1所采用的技术手段基本相同,所实现的功能与取得的效果相同,被诉侵权产品因包含权利要求1的技术特征而落入权利要求1的保护范围;Y对被诉侵权产品的制造、使用构成侵权,不构成销售侵权、许诺销售侵权。因此,北京知产法院一审判决Y停止制造和使用被诉侵权产品、赔偿X经济损失85万元和合理支出15万元。②

X、Y均对北京知产法院一审判决不服,向北京市高级人民法院(以下简称北京高院)提起上诉。其中,X的主要上诉理由是Y对被诉侵权产品的出租构成销售侵权、在展会上展出构成许诺销售侵权,Y的主要上诉理由是被诉侵权产品不具备涉案专利权利要求1所述"传动组件"的技术特征。北京高院二审确认北京知产法院一审认定的事实以外还认定,被诉侵权产品中有凸点的减速动力输出轴通过一系列齿轮与电机轴连接,这一系列齿轮即为权利要求1所述"传动组件"或其组成部分;减速电机是由电机和减速机构集成的一体化电

---

① 国家知识产权局专利复审委员会第36489号无效宣告请求审查决定书。

② 北京知识产权法院民事判决书(2017)京73民初357号。

机,以减速齿轮组合作为减速机构的齿轮减速电机最为常见和应用最广;Y与放置被诉侵权产品的商业场所没有产品买卖或出租关系,被诉侵权产品免费使用的经营模式不涉及销售、许诺销售行为。因此,北京高院二审判决驳回X、Y的上诉,维持北京知产法院一审判决。①

X、Y对北京高院二审判决依然不服,均向最高人民法院申请再审。X申请再审的理由与其二审上诉理由相同。Y申请再审的理由主要是,涉案专利权利要求1所述"传动组件"独立于与主控PCB电连接的第一电机、两个对设的一级滚轴组件,且在第一电机和一级滚轴组件之间传递动力;二审判决没有指明被诉侵权产品中对应于涉案专利权利要求1所述"传动组件"的具体部件,也没有对涉案专利权利要求1所述"传动组件"按照权利要求之功能性特征的比对方法进行判断。②

(二)法院判旨

最高人民法院再审判决撤销北京高院二审判决、北京知产法院一审判决,驳回X的诉讼请求。最高人民法院再审认定,被诉侵权产品缺少"传动组件"功能性技术特征,没有落入涉案专利的保护范围。

根据《专利侵权司法解释一》第4条规定,确定权利要求中功能性技术特征的内容,应当结合说明书及其附图对其描述和等同的具体实施方式。③ 本案中,涉案专利权利要求1所述"传动组件"属于功能性技术特征,其主要功能是将"第一电机"的动力传递给"一级滚轴";结合涉案专利说明书对涉案专利优选方案的有关记载,该功能性技术特征有皮带轮组传动、齿轮传动及其等同的多种实施方式;而被诉侵权产品的减速电机是电机与减速机构集成的一体化装置,其电机轴通过齿轮组件与减速动力输出轴直接连接在一起,其功能是完整实现减速动力输出。

权利要求所限定的技术方案是解决某一技术问题的诸多技术特征的集合,原则上一个技术特征是实现一个独立技术功能的最小技术单元,其中"独

---

① 北京市高级人民法院民事判决书(2018)京民终470号。

② 最高人民法院民事判决书(2019)最高法民再348号。

③ 《最高人民法院关于审理侵犯专利权纠纷案件应用法律若干问题的解释》(2009)第4条。

立”“最小”都是相对的，既要具有完整性，再分割就无法实现一定技术功能；又要具有同一性，不能实现多个不同的技术功能。① 本案中，涉案专利权利要求1所述“传动组件”与“第一电机”“一级滚轴”相互独立，通过皮带轮组或齿轮等将“第一电机”的动力传递给“一级滚轴”，无疑是一个实现独立技术功能的最小技术单元，即作为一个独立的技术特征存在；而被诉侵权产品的减速电机将电机与减速机构集成一体，成为一个实现减速动力输出功能的不可分割的独立技术单元，宜作为一个完整的技术特征存在。

由此可见，涉案专利的“传动组件”与被诉侵权产品的减速机构相比，二者所采用的手段、所实现的功能、所达到的效果均不相同或等同，被诉侵权产品缺少涉案专利“传动组件”功能性技术特征。② 根据《专利侵权司法解释一》第7条规定，被诉侵权产品与涉案专利相比缺少一个技术特征，没有落入涉案专利保护范围而不构成专利侵权。

（三）选出理由

本案是专利侵权中技术特征界定的典型案例，位居2019年中国法院50件典型知识产权案例之首，其典型意义主要在于：（1）功能性技术特征的内容确定和等同判断；（2）专利权利要求中技术特征的划分。

1. 功能性技术特征的内容确定和等同判断

功能性技术特征是专利权利要求中以功能（或效果）表述的技术特征，其构成要素主要有三：（1）针对结构、组分、步骤、条件或其之间关系；（2）专利说明书及其附图中实现该功能（或效果）必不可少；（3）所属领域普通技术人员仅通过阅读专利权利要求不能直接、明确地确定其具体实施方式。由此，功能性技术特征的内容确定不仅依据专利权利要求对该功能（或效果）的表述，还要结合专利说明书及其附图对该功能（或效果）描述和等同的具体实施方式。本案中，最高人民法院再审判决依据涉案专利权利要求1对“传动组件”的表述，认定其不是所属技术领域通用术语而属于功能性技术特征，其技术功能是将

---

① 参见项晓娟：《创造性评判中区别特征划分尺度和技术启示的把握》，载《中国知识产权报》2017年10月18日，第10版。

② 最高人民法院民事判决书（2019）最高法民再348号。

"第一电机"的动力传递给"一级滚轴";同时结合涉案专利说明书对涉案专利优选方案的有关记载,认定其有皮带轮组传动、齿轮传动及其等同的多种实施方式,从而确定了涉案专利权利要求1所述"传动组件"作为功能性技术特征的内容。

根据《专利侵权司法解释二》第8条,功能性技术特征的等同判断需要同时具备四个条件:(1)所采用的技术手段基本相同;(2)所实现的技术功能相同;(3)所达到的技术效果相同;(4)所属领域普通技术人员容易联想到。其中,功能性技术特征等同关于技术功能相同、技术效果相同的要求,相比于一般技术特征等同关于技术功能基本相同、技术效果基本相同的要求更高一些。[①] 本案中,最高人民法院再审判决认定,涉案专利权利要求1所述"传动组件"是将"第一电机"的动力传递给"一级滚轴"的独立技术单元,其与"第一电机"通过皮带轮组、齿轮实现间接连接;而被诉侵权产品的减速电机因将减速机构与电机集成一体而成为一个不可分割的整体技术单元,其中减速机构与电机通过齿轮组合实现直接连接,故二者所采用的手段、所实现的功能、所达到的效果均不相同,涉案专利权利要求1所述"传动组件"功能性技术特征与被诉侵权产品的相应技术特征不构成等同。

2. 专利权利要求中技术特征的划分

专利权利要求中技术特征的划分直接关系着专利侵权的判断。专利权利要求是以技术特征表述的,根据《专利侵权司法解释一》第7条规定,被诉侵权技术方案的技术特征不少于专利权利要求的技术特征,则被诉侵权技术方案对该专利权利要求构成侵权,其中"不少于"是指相同或等同的技术特征数量。由此,专利权利要求中技术特征的划分成为专利侵权判断的关键之一,专利权利要求中技术特征划分越粗、数量越少,则被诉侵权技术方案落入专利保护范围的可能性越大;专利权利要求中技术特征划分越细、数量越多,则被诉侵权技术方案落入专利保护范围的可能性越小。当然,这一逻辑的前提是,被诉侵权技术方案与专利权利要求的技术特征划分执行同一标准,否则无法对比和

---

① 参见管荣齐:《功能性特征的除外情形和限缩性解释》,载《中国发明与专利》2019年第8期。

作出判断。本案中,最高人民法院再审判决认定,涉案专利权利要求 1 所述“传动组件”是一个独立的技术特征,被诉侵权产品的减速机构不是一个独立的技术特征,其与电机集成的减速电机构成一个完整的技术特征,似有未执行同一技术特征划分标准之嫌。

为了提高专利侵权判断的确定性,专利权利要求中技术特征的划分不能随意而为,原则上实现一个独立技术功能的技术单元划分为一个技术特征。但实践中权利要求所限定的技术方案,其技术功能往往是相对独立和分层设置的,若以实现更上一层次的一个相对独立的技术功能作为一个技术单元,则划分出的技术特征数量较少,被诉侵权技术方案落入专利保护范围的可能性越大;若以实现更下一层次的一个相对独立的技术功能作为一个技术单元,则划分出的技术特征数量较少,被诉侵权技术方案落入专利保护范围的可能性越小。一般来说,权利要求所限定的技术方案越复杂、技术进步贡献越大、越需要加强保护,则越应当以更上一层次的相对独立的技术功能为依据来划分其技术特征;反之,则以更下一层次的相对独立的技术功能来划分其技术特征。[①] 本案中,最高人民法院再审判决认定,涉案专利权利要求 1 所述“传动组件”通过皮带轮组或齿轮等将“第一电机”的动力传递给“一级滚轴”,因以实现更下一层次的一个相对独立的技术功能作为一个技术单元,故被诉侵权产品落入涉案专利保护范围的可能性被否决。

(四)案件评释

专利侵权中技术特征的界定即权利要求的解释,主要依据我国《专利法》(2008)第 59 条、《专利侵权司法解释一》和《专利侵权司法解释二》,并参照北京市高级人民法院《专利侵权判定指南(2017)》的有关规定。对于发明或实用新型专利而言,其保护范围以其权利要求记载和等同的技术特征为准,为此要将权利要求划分为若干技术特征,即相对独立地实现一定技术功能、产生相应技术效果的最小技术单元,就产品权利要求而言是该产品的部件和/或其相互之间的连接关系,就方法权利要求而言是该方法的步骤或其相互之间的关系;

---

① 参见章建勤、张小娟:《浅析落入发明、实用新型专利权的保护范围的判定规则》,载《中国发明与专利》2020 年第 1 期。

技术特征的内容确定即权利要求的解释取其“普通含义”(Ordinary Meaning),坚持专利权有效原则、公平原则、折中原则、符合发明目的原则,主要依据权利要求、说明书及其附图的记载,尤其是封闭式组合物、功能性、使用环境、制备方法等技术特征,同时结合所属领域普通技术人员阅读说明书及其附图后的理解和参考专利审查档案,主要针对:存有歧义的语法、文字、标点、图形、符号等,“至少”“不超过”等用语的数值特征,技术步骤的先后顺序等。本案中,最高人民法院再审判决依据涉案专利权利要求1关于“传动组件”的记载,认定其作为“第一电机”与“一级滚轴”之间的连接部件,独立地实现将“第一电机”的动力传递给“一级滚轴”的技术功能,因不是所属技术领域通用术语而属于功能性技术特征;同时结合涉案专利说明书关于涉案专利优选方案的记载,认定其连接“第一电机”与“一级滚轴”是通过皮带轮组、齿轮等间接连接方式,从而将涉案专利权利要求1所述“传动组件”界定为一个独立的功能性技术特征,以与被诉侵权产品的相应技术特征进行对比而作出是否构成专利侵权的认定。

专利授权确权中技术特征的界定即权利要求的解释倾向于采用“最宽合理解释”(Broadest Reasonable Interpretation)原则,即依据专利权利要求的记载,结合所属领域普通技术人员对专利说明书及其附图的理解,对技术特征或权利要求作出最为宽泛且合理地界定或解释。“最宽合理解释”原则始于美国专利商标局1906年*Podlesak v. McInnerney*案,[①]在美国联邦巡回上诉法院2005年*Phillips v. AWH Corp.*案中予以明确和完善,[②]并在美国专利审查指南(Manual of Patent Examining Procedure)中作出了明文规定。根据美国专利审查指南第2100章第2111节规定,权利要求的解释即其技术特征的界定在专利侵权和有效性诉讼(Court Proceedings Involving Infringement and Validity)中主要依赖于专利审查档案,而在专利审查(Examination)、再审(Reexamination)、授权后单方再审(Ex Parte Reexamination)、授权后复审(Post Grant Review)和双方复审(Inter Partes Review)中采用“最宽合理解释”原则。美国“最宽合理

① Podlesak v. McInnerney. 1906 Dec. Commr Pat. 265, 258.

② Phillips v. AWH Corp., 415 F. 3d 1303, 1316, 75 USPQ2d 1321, 1329(Fed. Cir. 2005).

解释”原则主要针对专利权利要求中的用语,要求其含义既要与其日常和习惯含义相一致,又要与其在说明书及其附图中的含义相一致,还要与所属领域普通技术人员的理解相一致。美国“最宽合理解释”原则的适用主要有三个步骤:(1)识别权利要求中的用语,找出说明书中有关该用语的内容;(2)判断该用语对所属领域普通技术人员来说是否有日常和习惯含义;(3)进一步判断说明书中有无该用语的特别界定或明确含义。按照美国“最宽合理解释”原则,如果权利要求中的用语有日常和习惯含义,且说明书有该用语的特别界定,则使用特别界定的含义,而说明书没有该用语的特别界定,则使用普通和习惯含义;如果权利要求中的用语没有日常和习惯含义,且说明书中有该用语的明确含义,则使用说明书中的含义,而说明书中没有该用语的明确含义,则对该用语进行最宽合理解释。①

我国专利授权确权中技术特征的界定即权利要求的解释对于“最宽合理解释”原则的采用基本上持肯定的态度。最高人民法院2015年“反射式萨格奈克干涉仪型全光纤电流互感器”发明专利无效案再审判决认为,专利授权确权中技术特征的界定即权利要求的解释,旨在判断权利要求是否符合专利授权条件或具有专利有效性,促进专利(申请)文件修改完善和专利授权确权质量提高;为此应当全面考虑说明书充分公开或权利要求得到说明书支持、专利文件修改不得超出原说明书和权利要求书记载范围等因素,在通常情况下对权利要求作出最广义的合理解释即采用取最大合理解释原则;如果说明书未对权利要求用语的含义作出特别界定,原则上采用所属领域普通技术人员通过阅读权利要求书、说明书及其附图所能理解的通常含义,尽量避免利用说明书及其附图、专利审查档案等对该术语作出不适当限制。② 但北京知识产权法院2017年“电子胸卡”实用新型专利无效案判决认为,鉴于专利授权与确权中专利文件修改的自由度不同,技术特征的界定即权利要求的解释所采用的原则有所不同;专利授权中权利要求的用语含义采用所属领域普通技术人员的

---

① USPTO. Manual of Patent Examining Procedure (2017). Chapter 2100 Patentability, 2111 Claim Interpretation; Broadest Reasonable Interpretation.

② 最高人民法院行政判决书(2014)行提字第17号。

通常理解，即技术特征的界定或权利要求的解释采用“最宽合理解释”原则，能够促使权利人将说明书中该用语的特别限定直接写入权利要求，以便更加清晰地界定权利要求的保护范围，降低向社会公众检索、交易和创新的成本，尽可能实现社会公众与权利人之间的利益平衡；而专利确权中专利文件修改方式、修改时机等面临诸多限制，权利要求的用语含义采用所属领域普通技术人员阅读权利要求书、说明书及其附图后的理解，即技术特征的界定或权利要求的解释采用“普通含义解释”原则，更能保证具有实质技术贡献的技术方案获得专利保护，符合专利法鼓励和保护创新的目的。[①]

专利侵权与授权确权中技术特征的界定之所以采用不同的原则，是因为其前提条件、目的或价值等有所不同。专利侵权中技术特征的界定或权利要求的解释所针对的是已经授权和有效的专利，有公开和授权的专利文件等完整的专利审查档案可以参考；为了保护专利权人的合法权益同时兼顾社会公众利益，依据权利要求的记载、结合所属领域普通技术人员阅读说明书及其附图后的理解和参考专利审查档案，以此确定专利保护范围比较公开透明、公平合理、公正恰当。专利授权中技术特征的界定或权利要求的解释发生在专利授权前，可以参考的专利审查档案非常有限甚至没有；为了在专利申请人利益不受损害的前提下保护社会公众利益，减少专利授权后对技术特征作出更宽界定的可能性尤其是限制颁发无效专利，以专利权利要求中用语的日常和习惯含义、在说明书中的特别界定或明确描述等，来界定技术特征的内容或权利要求的范围从而审查判断专利申请是否符合授权条件，可以推动专利文件修改完善特别是权利要求使用含义更窄的用语或对用语含义进行适当限缩，使得专利的权利边界更清楚、稳定性更好、质量更高。[②] 专利确权中技术特征的界定或权利要求的解释所针对的虽然也是已经授权和有效的专利，但可以参考的专利审查档案不如专利侵权中的完整；其目的与专利侵权中的不同而与专利授权中的相同，即为了在专利权人利益不受损害的前提下保护社会公众

---

① 北京知识产权法院行政判决书（2015）京知行初字第5694号。

② 参见闫文军、白静文：《美国专利审查中的“最宽合理解释”》，载《知识产权》2014年第7期。

利益,但专利文件尤其是权利要求修改的时机、方式和范围与专利授权中的相比受到很大限缩,因而有必要兼采“普通含义解释”原则和“最宽合理解释”原则或者审慎采用“最宽合理解释”原则。①

二、功能性特征的除外情形和限缩性解释——“太阳能灯及其包装盒”实用新型专利侵权案②

功能性特征含义广泛,不仅要限定其内容,还要排除其例外情形,并对其进行适度限缩性解释,否则难以作出正确的专利侵权判断。某项技术特征只包含特定的功能(或效果)并非一定属于功能性特征,所属领域普通技术人员仅依据专利权利要求的记载即可直接、明确地确定其具体实施方式的除外。功能性特征的保护范围以专利说明书、附图中实现该功能(或效果)所不可缺少的技术特征为准,被诉侵权的技术特征与功能性特征在功能和效果上完全相同时才构成侵权。

(一)案件事实

X(一审原告、二审上诉人、再审被申请人)为“一种太阳能灯及其包装盒”实用新型专利(以下简称涉案专利)的专利权人,Y为(一审被告、二审被上诉人、再审申请人)为被诉侵权产品(太阳能灯产品)的制造者、销售者、许诺销售者。

X受让获得涉案专利权,其权利要求1记载:太阳能灯包括灯罩和灯体等,其中灯罩分为两个部分,称之为第一散热区、第一防水区;灯体也有两个部分,称之为第二散热区、第二防水区,分别与灯罩的第一散热区、第一防水区相对应。X发现Y未经许可而制造、销售、许诺销售被诉侵权产品,遂向广州知识产权法院(以下简称广州知产法院)提起本案诉讼,请求判令Y立即停止侵权,销毁被诉侵权产品及其生产材料、模具、设备等,并赔偿经济损失30万元。

广州知产法院一审认为,被诉侵权产品包含涉案专利技术方案中第二防水区的技术特征,因而关于是否侵权的争议焦点集中在被诉侵权产品是否包含涉案专利技术方案中第一散热区、第二散热区的技术特征;涉案专利技术方

① 参见闫文军:《我国专利授权确权中的“最宽合理解释”》,载《知识产权》2017年第12期。
② 最高人民法院民事裁定书(2018)最高法民申1018号。

案中,第一散热区、第二散热区均属于以散热功能表述的技术特征,且通过设置散热孔或其他等同方式实现散热功能;而被诉侵权产品的散热方式是通过辐射实现的,与涉案专利说明书和附图所描述的也不相同或等同,因此被诉侵权产品没有落入涉案专利保护范围。①

X 不服广州知产法院一审判决,向广东省高级人民法院(以下简称广东高院)提起上诉。广东高院二审认为,涉案专利技术方案中散热区、防水区不属于功能性特征,而是对太阳能灯内部非封闭区域、封闭区域的描述;被诉侵权产品内置有散热板,其非密闭区域构成散热区,其密闭区域构成防水区,从而实现与涉案专利的发明构思相同的防水和散热双重效果,故认定被诉侵权产品具备涉案专利权利要求 1 的技术特征,落入了涉案专利保护范围,Y 构成专利侵权。②

Y 不服广东高院二审判决,向最高人民法院申请再审,其主要理由有两点:(1)第一散热区、第二散热区属于功能性特征,根据《专利侵权司法解释一》第 4 条,结合涉案专利说明书和附图的描述,应当确定为设置散热孔或其他等同实施方式;(2)被诉侵权产品不包含第一散热区、第二散热区,其没有设置任何散热用的孔、条或间隙,与涉案专利说明书和附图描述的相应具体实施方式并不相同或等同。③

(二)法院判旨

最高人民法院裁定驳回 Y 的再审申请,维持广东高院二审判决。

根据《专利侵权司法解释一》第 4 条,功能性特征是一种以功能(或效果)表述的特殊技术特征,以其可能实现的功能(或效果)限定专利保护范围,而非实现该功能(或效果)的具体技术手段;确定专利权利要求中功能性特征的保护范围,需要结合专利说明书和附图中该功能(或效果)的具体或等同的实施方式。我国《专利审查指南》允许使用功能性特征但要求尽量避免使用,因而

① 广州知识产权法院民事判决书(2016)粤 73 民初 746 号。

② 广东省高级人民法院民事判决书(2017)粤民终 1173 号。

③ 最高人民法院民事裁定书(2018)最高法民申 1018 号。

对之作出许多限制性规定。[①] 在专利侵权诉讼中，如果按照一般原则解释权利要求中功能性特征，使其保护范围涵盖实现该功能的全部实施方式，不仅与其公开的内容和创新的程度不相匹配，还对其他的和后来的发明创造者不够公平，更会阻碍社会经济技术的发展进步。为此，很有必要对专利权利要求中功能性特征进行限缩性解释，将其保护范围局限于专利说明书和附图中该功能（或效果）的具体和等同的实施方式。

对功能性特征进行限缩性解释的前提是，认定专利权利要求中某项技术特征是否属于功能性特征。为此，《专利侵权司法解释二》第8条规定，功能性特征应当具备三个构成要件：(1)属于对结构、组分、步骤、条件或其之间关系的描述；(2)在发明创造中所起的功能（或效果）进行限定；(3)描述该功能（或效果）的术语不是所属领域普通技术人员所普遍知晓的。本案中，热辐射对于所属领域普通技术人员来说是一种常见的散热方式，涉案专利技术方案中灯罩、灯体通过热辐射方式散热属于公知常识；根据第一散热区、第二散热区的含义以及权利要求1中的技术方案，所属领域普通技术人员可以直接、明确地知晓所述技术特征的具体实施方式，不符合功能性特征的第三个构成要件，属于功能性特征的除外情形。

对功能性特征进行限缩性解释是必要的，但应与专利公开的内容和创新的程度相匹配，过度限制不利于鼓励和保护技术创新与公开。为此，认定被诉侵权产品的技术特征与功能性特征相同或等同，需要满足三个条件：(1)功能性特征是专利说明书和附图中实现相应功能（或效果）必不可少的技术特征，无须公开全部技术特征和具体实施方式的细节；(2)被诉侵权产品的技术特征与功能性特征相比，在手段、功能、效果上基本相同；(3)被诉侵权产品的技术特征在被诉侵权行为发生时，所属领域普通技术人员无须经过创造性劳动即容易联想到。[②] 本案中，即使将第一散热区、第二散热区认定为功能性特征，根据涉案专利说明书所公开的多种散热方式，所属领域普通技术人员能够联想

---

① 国家知识产权局《专利审查指南》(2010)第2部分第2章。

② 《最高人民法院关于审理侵犯专利权纠纷案件应用法律若干问题的解释（二）》(2016)第8条。

到热辐射散热方式，即设置散热孔并非实现散热必不可少的技术特征。[①]

（三）选出理由

本案是关于功能性特征的除外情形和限缩性解释的典型案例，位居《最高人民法院知识产权案件年度报告（2018）》公布的12件典型专利民事案件之首。[②]

关于功能性特征的除外情形，最高人民法院在本案判决中指出，如果专利权利要求所记载的某项技术特征只包含特定的功能（或效果），但所属领域普通技术人员仅依据该记载即可直接、明确地确定其具体实施方式，则该项技术特征不属于功能性特征。这是因为，功能性特征是一种特殊的技术特征，涵盖能够实现该功能（或效果）的全部实施方式，必须尽量避免使用和作出必要限制，一方面要结合专利说明书和附图中实现该功能（或效果）的具体实施方式及其等同的实施方式限定其内容，另一方面要将所属领域普通技术人员仅依据专利权利要求即可直接、明确地确定实现该功能（或效果）的具体实施方式排除在外。

关于功能性特征的限缩性解释，最高人民法院在本案判决中指出，对于功能性特征的解释或其保护范围的确定，应当以专利说明书、附图中实现该功能（或效果）所不可缺少的技术特征为准，而非专利说明书、附图中实现该功能（或效果）的全部技术特征。这是因为，功能性特征的含义非常广泛，应当对其解释和保护范围进行适度限缩，一方面要与其创新的程度相当，避免其创新程度不足而得到不应有的保护，对其他的和后来的发明创造者不够公平；另一方面要与其公开的内容相相符，避免其公开内容过多而导致其保护范围过度限缩，不利于鼓励和保护技术创新与公开。[③]

最高人民法院在本案判决中关于功能性特征的除外情形和限缩性解释的论述，对于涉及功能性特征的专利侵权判断和专利文件撰写，都有着非常重要

① 最高人民法院民事裁定书（2018）最高法民申1018号。

② 参见《最高人民法院知识产权案件年度报告（2018）摘要》，载《人民法院报》2019年4月25日，第2版。

③ 最高人民法院民事裁定书（2018）最高法民申1018号。

的指导性意义。

（四）案件评释

我国《专利审查指南》规定了功能性特征并对其使用作出了诸多限制，但对其保护范围采用了比较宽泛的解释原则。根据该指南第1部分第2章第7.4条和第2部分第2章第3.2.1条，功能性特征在专利权利要求中一般不允许使用，尤其是替代方式不明了的、不能解决技术问题的或得不到专利说明书支持的功能性特征；但如果按照专利说明书规定的或所属领域普通技术人员惯用的手段，功能性特征能够得到直接和肯定地验证，并且不能以结构性特征进行限定或很好地限定，则允许在专利权利要求中使用该功能性特征，其保护范围覆盖全部能够实现该功能（或效果）的具体实施方式。①

《专利侵权司法解释一》首次提出了功能性特征的概念并规定了其内容确定方法。根据《专利侵权司法解释一》第4条，功能性特征是专利权利要求中以功能（或效果）表述的技术特征，其内容的确定不仅依据专利权利要求中该功能（或效果）的表述，还要结合专利说明书和附图中该功能（或效果）的具体和等同的实施方式。但在专利侵权诉讼中，由于《专利侵权司法解释一》有关功能性特征的规定较为原则，且司法实践中相应判例较少，因此其侵权判断面临两个方面的难点问题：②一是功能性特征的认定，包括功能（或效果）要素、除外情形；二是功能性特征的解释，包括解释的原则、对比的特征。

《专利侵权司法解释二》对于功能性特征的专利侵权判断问题作出正面回应。根据《专利侵权司法解释二》第8条，专利权利要求中以功能（或效果）表述的功能性特征，其功能（或效果）要素限于结构、组分、步骤、条件或其之间的关系等，其具体实施方式限于所属领域普通技术人员依据该权利要求不能直接、明确地确定实现该功能（或效果），其内容或保护范围限于专利说明书和附图中实现该功能（或效果）必不可少的技术特征；如果被诉侵权的技术特征相比于涉案专利的功能性特征，能够以基本相同的手段、实现相同的功能、达到

---

① 国家知识产权局《专利审查指南》（2010）第2部分第2章第3.2.1条。

② 参见李明德：《功能性权利要求及其保护范围的判断——诺基亚公司与上海华勤通讯技术有限公司侵害发明专利权纠纷案》，载《中国发明与专利》2018年第9期。

相同的效果,且在被诉侵权行为发生时所属领域普通技术人员无须经过创造性劳动即容易联想到,则应当认定被诉侵权的技术特征与涉案专利的功能性特征相同或等同。

需要特别关注的是,《专利侵权司法解释二》所规定的功能性特征的专利侵权判断标准,比等同特征的专利侵权判断标准在功能、效果方面的要求更高。[①] 根据2015年《最高人民法院关于审理专利纠纷案件适用法律问题的若干规定》第17条第2款,如果被诉侵权的技术特征相比于涉案专利的技术特征,能够以基本相同的手段、实现基本相同的功能、达到基本相同的效果,且在被诉侵权行为发生时所属领域普通技术人员无须经过创造性劳动即容易联想到,则应当认定被诉侵权的技术特征与涉案专利的技术特征等同。可见,功能性特征的专利侵权判断标准在功能、效果方面的要求是相同,而等同特征的专利侵权判断标准在功能、效果方面的要求是基本相同,体现了对功能性特征进行适度限缩性解释的态度。

另外,正因为功能性特征的解释和保护存在诸多限制,所以在撰写专利文件时要尽量不使用或不模糊使用功能性特征。[②] 为了避免在解释功能性特征时从涉案专利文件中引用一些不必要的技术特征,可以将该功能性特征与其对应的结构性特征结合描述,或者在从属权利要求中进一步限定;为了避免功能性特征不清楚而无法对涉案专利和被诉侵权产品或方法进行比对,使用功能性特征进行描述的同时在说明书中给出比较全面的具有结构性特征的具体实施例子,在权利要求中的技术术语可能不常用时需要在说明书中清楚界定其含义或范围。

关于功能性特征的规定,经历了从无到有、从抽象到具体的转变,至今已相对比较完善。功能性特征作为一种特殊的权利要求撰写形式,不仅要限定其构成要素和具体或等同的实施方式,更要排除其例外情形和对其进行适度限缩性解释。但在司法实践中,涉及功能性特征的专利侵权判断仍然面临着一些问题,如怎样判断所属领域普通技术人员仅通过阅读功能性特征的权利

---

① 参见郭小军:《功能性特征的专利侵权判断》,载《专利代理》2016年第1期。

② 参见罗立国:《专利功能性技术特征的实质及其使用》,载《知识产权》2016年第5期。

要求即可直接、明确地确定实现该功能(或效果)的具体实施方式?怎样确定包含功能性特征的专利说明书和附图中实现该功能(或效果)所必不可少的技术特征?这些问题有赖于理论和实践的进一步探索。

三、现有技术抗辩的适用——“全密封式地漏排水器”实用新型专利侵权案①

现有技术抗辩的适用范围已经从专利等同侵权扩展至专利相同侵权,以充分发挥其便捷、低廉且能避开专利诉讼和行政确权程序纠葛的优势。现有技术抗辩的适用前提是认定被诉侵权行为构成专利侵权,以确定被诉侵权技术方案落入涉案专利保护范围的全部技术特征。现有技术抗辩的适用对象不能是两项及以上现有技术的组合,否则严重偏离其制度本意和丧失其比较优势。

(一)案件事实

X(本案原告)为“全密封式地漏排水器”实用新型专利(以下简称涉案专利)的专利权人,Y(本案两被告,因其共同应诉,故一并指代)为被诉侵权产品(“潜水艇”牌T形自动密封式四防地漏)的销售商、制造商。

涉案专利权利要求1所记载的技术方案是,一种由外壳、密封盖等构成的全密封式地漏排水器,其中外壳的内壁上设置两个水平支架,这两个支架上都设有漏水孔且一个在上、一个在下;密封盖连接于下支架上设置的竖向滑竿的下端且用螺丝调节,竖向滑竿的上端设有一个磁体,对应于上支架上所设置的另一个磁体;通过水的压力和上下两个磁体相对的不同磁极(N极对S极或者S极对N极)之间相互吸引,滑杆上下移动从而带动密封盖开合来实现排水和密封。② 而被诉侵权产品的壳体内设置一个十字形支架,该支架的中心位置设有一个磁体,其下方粘接一个竖向滑杆套;套内的竖向滑杆上端设有另一个磁体,下端与一个密封盖用螺丝固定连接;通过水的压力和上下两个磁体相对的不同磁极(N极对S极或者S极对N极)之间相互吸引,滑杆在其套内上下移动从而带动密封盖开合来实现排水和密封。

---

① 北京市第一中级人民法院民事判决书(2006)一中民初字第1518号。

② 中国实用新型专利“全密封式地漏排水器”(200420066117.1)权利要求书。

X诉称,Y未经许可而擅自销售、制造被诉侵权产品,已经落入了涉案专利保护范围;Y的专利侵权行为给X造成巨大经济损失,要求Y立即停止侵权并赔偿损失和承担制止侵权的合理开支。而Y辩称,被诉侵权产品采用的是涉案专利申请日前的现有技术,即已过保护期的名称为“磁式自动启闭落水器”实用新型专利(以下简称引证专利),两者之间的区别仅限于磁体极性(磁极)的设置不同且为公知常识,故被诉侵权产品没有侵犯涉案专利权。[①] 经查明,引证专利权利要求1所记载的技术方案中,支架与滑杆套一体连接,滑杆套底部设置一个磁体,套内滑杆上端设置另一个磁体、下端设置密封盖;上下两个磁体相对的相同磁极(N极对N极或者S极对S极)之间相互对应和排斥,再加上水的压力使得滑杆在其套内上下移动,从而带动密封盖开合来实现排水和密封。[②]

(二)法院判旨

Y关于现有技术抗辩的理由成立,驳回X的诉讼请求,并由X承担案件受理费。

将被诉侵权产品与涉案专利权利要求1所记载的技术方案进行对比,二者的技术特征之间除了以下三点区别以外基本相同:(1)支架数量不同,涉案专利设有2个支架,而被诉侵权产品只有1个支架;(2)滑杆套位置不同,涉案专利中滑杆套与下支架固定连接,而被诉侵权产品中滑杆套与单一支架连接;(3)滑杆下端与密封盖连接方式不同,涉案专利中滑杆下端与密封盖以螺丝调节,而被诉侵权产品中滑杆下端与密封盖以螺丝固定。其中,支架数量的减少辅以滑杆套长度的延长,以螺丝调节和以螺丝固定之间没有实质性差别。[③] 根据《最高人民法院关于审理专利纠纷案件适用法律问题的若干规定》(2001)第17条第2款,被诉侵权产品与涉案专利的技术特征之间的三点不同,没有带来所属领域普通技术人员预料不到的技术效果,即以基本等同的手段、实现基本相同的功能、达到基本相同的效果,且对所属领域普通技术人员来说无须进行

---

① 北京市第一中级人民法院民事判决书(2006)一中民初字第1518号。

② 中国实用新型专利“磁式自动启闭落水器”(93230173.8)权利要求书。

③ 北京市第一中级人民法院民事判决书(2006)一中民初字第1518号。

创造性劳动就能够联想到，故而构成等同替换或者实质相似，因此被诉侵权产品落入了涉案专利权利要求1的保护范围。

将被诉侵权产品与引证专利权利要求1所记载的技术方案进行对比，二者的技术特征之间除了磁体极性（磁极）的设置有区别以外基本相同。其区别具体表现为，被诉侵权产品中上下两个磁体的不同磁极相对（N极对S极或者S极对N极），通过其间相互吸引以及水的压力使得滑杆上下移动从而带动密封盖开合来实现排水和密封；而引证专利中上下两个磁体的相同磁极相对（N极对N极或者S极对S极），通过其间相互排斥以及水的压力使得滑杆上下移动从而带动密封盖开合来实现排水和密封。① 其中，磁体具有N极（北极）和S极（南极）两个磁极（极性），相同磁极（N极对N极或者S极对S极）之间相互排斥，不同磁极（N极对S极或者S极对N极）之间相互吸引，②这对所属领域普通技术人员来说是众所周知的公知常识。因此，根据引证专利所记载的现有技术并结合磁体同极相斥、异极相吸的公知常识，所属领域普通技术人员无须进行创造性劳动就能够实现被诉侵权产品中的技术方案。

（三）选出理由

本案是2008年《专利法》颁行之前有关现有技术抗辩的典型案例，当时判断现有技术抗辩是否成立的主要依据是北京市高级人民法院京高法发[2001]229号《专利侵权判定若干问题的意见（试行）》（以下简称北京高院2001专利侵权判定意见）。

根据北京高院2001专利侵权判定意见，现有技术抗辩是指被诉侵权产品或方法构成专利等同侵权的情况下，被诉侵权人主张并提供证据证明其技术方案与一项现有技术方案等同，那么被诉侵权行为就不构成侵犯涉案专利权。其中，专利等同侵权是被诉侵权人主张现有技术抗辩的必要前提，要求被诉侵权产品或方法的技术方案（以下简称被诉侵权技术方案）与涉案专利权利要求所记载的技术方案（以下简称涉案专利技术方案）等同；现有技术方案要么是独立的且在涉案专利申请日以前已经公开，要么是现有技术的简单组合且对

① 北京市第一中级人民法院民事判决书（2006）一中民初字第1518号。

② 参见《常用百科辞典》，湖北辞书出版社1991年版，第956页。

所属领域普通技术人员来说显而易见；被诉侵权技术方案、涉案专利技术方案、现有技术方案中，前两者相同即构成专利相同侵权甚至三者都明显相同时，被诉侵权人不能主张现有技术抗辩而只能向专利行政机关申请宣告涉案专利无效。[①] 由此，本案首先将被诉侵权技术方案与涉案专利技术方案进行对比，认定被诉侵权行为构成专利等同侵权；然后将被诉侵权技术方案与现有技术方案进行对比，认定所属领域普通技术人员根据现有技术并结合公知常识，无须进行创造性的劳动就能够实现被诉侵权技术方案，因而被诉侵权人关于现有技术抗辩的理由成立。[②]

北京高院 2001 专利侵权判定意见所确立的现有技术抗辩适用规则，引发了三个颇具争议的问题。

(1)现有技术抗辩是否适用于专利相同侵权？北京高院专利侵权判定意见对这一问题作出了否定的回答，主要是为了避免司法权和行政权的冲突，因为当被诉侵权技术方案、涉案专利技术方案、现有技术方案三者相同时，法院审理现有技术抗辩实质上是在审查涉案专利的有效性，[③]而这是专利行政机关宣告专利无效的行政职权。对于这种司法权主动避让行政权的做法暂且不予评判其正确性，单从现有技术抗辩的规则效用来说，不予确认被诉侵权技术方案与现有技术方案相同这一最为明显的现有技术抗辩理由，何以得到包括法官在内的诉讼参与人尤其是被诉侵权人的信任，更不必说现有技术抗辩远不及专利无效宣告抗辩的理由众多、效力强大，[④]这是现有技术抗辩在司法实践中得不到足够重视和广泛适用的主要原因。

(2)现有技术抗辩是否以认定构成专利侵权为前提？北京高院专利侵权判定意见对这一问题作出了肯定的回答，因为如果不事先进行侵权认定，就无法确定被诉技术方案与涉案专利技术方案构成等同，也就不能适用现有技术抗辩规则。很多人主张现有技术抗辩不必以侵权认定为前提，即无须将被诉

---

① 北京市高级人民法院《专利侵权判定若干问题的意见(试行)》(2001)第 100～103 条。

② 北京市第一中级人民法院民事判决书(2006)一中民初字第 1518 号。

③ 参见和育东、甫玉龙：《专利相同侵权下现有技术抗辩制度反思》，载《法学杂志》2011 年第 11 期。

④ 《中华人民共和国专利法实施细则》(2010)第 65 条第 2 款。

侵权技术方案与涉案专利技术方案进行比较，甚至不用考虑涉案专利权利要求所包含的必要技术特征，而是优先甚至只需比较被诉侵权技术方案与现有技术方案即可，如果二者不同再进行侵权认定，否则直接认定不侵权。[①] 这一观点在理论上似乎能够成立，但司法实践中几乎无法实现，因为被诉侵权产品或方法的技术特征繁多，且现有技术方案多是已经公开的专利技术方案，如果不以涉案专利权利要求所包含的必要技术特征为参照标准，被诉侵权技术方案与现有技术方案的比较就会杂乱无序、功效低下，无论法官还是双方当事人都不乐见出现这样的局面。

（3）现有技术抗辩是否可以结合两项或更多现有技术方案？北京高院专利侵权判定意见对这一问题没有作出明确回答。对于所属领域普通技术人员无须进行创造性劳动就能够联想到的现有技术的简单组合，有着不同的认识和理解。有人将之解释为不具有"明显的创造性"，进而指出现有技术抗辩只可以结合两项现有技术而不能更多。对于所属技术领域普通技术人员来说，一项显而易见的技术方案可以认定为不具有创造性，但"简单组合"不能认定为只可以结合两项技术。根据我国专利审查指南的相关规定，"明显的创造性"应为所属领域普通技术人员无须借助于检索手段即可直接判断的创造性，而只可以结合两项现有技术来判断创造性的仅限于实用新型而不包括发明。[②] 这显然与北京高院 2001 专利侵权判定意见所确立的现有技术抗辩适用规则并不完全相符。

（四）案件评释

针对北京高院 2001 专利侵权判定意见所引发的关予现有技术抗辩适用的三个争议性问题，2008 年《专利法》第 62 条，2010 年《专利侵权司法解释一》第 14 条，北京市高级人民法院 2013 年《专利侵权判定指南》第 125 条和《专利侵权判定指南（2017）》第 137 条，联合作出回应并确立了新的现有技术抗辩适用规则。

---

① 参见徐家力：《现有技术抗辩的司法适用顺序》，载《暨南学报》（哲学社会科学版）2017 年第 8 期。

② 国家知识产权局《专利审查指南》（2010）第 4 部分第 6 章第 4 节。

根据新确立的现有技术抗辩适用规则，只要被诉侵权人主张并提供证据证明，被诉侵权技术方案已经被现有技术方案所公开，那么被诉侵权行为就不构成专利侵权。其中，被诉侵权技术方案被现有技术方案所公开的仅限于其落入涉案专利保护范围的全部技术特征，现有技术方案只能是一项现有技术或者是一项现有技术与所属领域公知常识的简单组合，被诉侵权行为包括专利相同侵权（被诉侵权技术方案与涉案专利技术方案相同）和专利等同侵权（被诉侵权技术方案与涉案专利技术方案等同）。依此处理本案，首先将被诉侵权技术方案与涉案专利技术方案进行对比，确定被诉侵权技术方案落入涉案专利保护范围的全部技术特征；然后将被诉侵权技术方案的这些技术特征与作为现有技术方案的引证专利技术方案的相应技术特征进行对比，认定所属领域普通技术人员根据引证专利这一项现有技术并结合所属领域公知常识，无须进行创造性的劳动就能够实现被诉侵权技术方案，因而被诉侵权人关于现有技术抗辩的理由成立，被诉侵权行为不构成专利侵权。

对于北京高院 2001 专利侵权判定意见所引发的关于现有技术抗辩适用的三个争议性问题，新的现有技术抗辩适用规则并非都作出了相反的回答。

（1）对于现有技术抗辩是否适用于专利相同侵权的问题，新的现有技术抗辩适用规则作出了肯定的回答。被诉侵权人在其行为构成专利相同侵权时主张现有技术抗辩，即认为被诉侵权技术方案、涉案专利技术方案、现有技术方案相同，那么涉案专利技术方案就已经被现有技术方案所公开，因而此时提出现有技术抗辩实质上是申请法院直接审查、认定涉案专利的新颖性缺陷，这与专利行政机关主导、法院间接审查专利有效性的现行专利确权机制不符。北京高院 2001 专利侵权判定意见之所以规定现有技术抗辩只适用于专利等同侵权，就是为了避免其与现行专利确权机制发生冲突。而新的现有技术抗辩适用规则之所以不回避这种冲突的出现，是因为现行专利确权机制严重影响专利诉讼质效而亟待改革创新，而现有技术抗辩既便捷、低廉又能够避开专利诉讼和行政确权程序纠葛，其规则效用和适用空间很有必要进一步充分发挥和拓展。

（2）对于现有技术抗辩是否以认定构成专利侵权为前提的问题，新的现有技术抗辩适用规则作出了肯定的回答，因为如果不事先进行专利侵权认定，就无法确定被诉侵权技术方案落入涉案专利保护范围的全部技术特征，进而无法将被诉侵权技术方案的这些技术特征与作为现有技术方案的引证专利技术方案的相应技术特征进行对比，因而不能按照新的现有技术抗辩适用规则来认定有关事实。当然，从司法实践和规则效用的角度来说，鉴于被诉侵权技术方案和现有技术方案的技术特征繁多，通过事先进行专利侵权认定将其技术特征限定为被诉侵权技术方案落入涉案专利保护范围的全部技术特征，有利于提高被诉侵权技术方案与现有技术方案进行对比的效率和质量。①

（3）对于现有技术抗辩是否可以结合两项或更多现有技术方案的问题，新的现有技术抗辩适用规则作出了明确的否定的回答，因为允许两项及以上现有技术之间进行组合用于现有技术抗辩，实质上是允许法院直接审查、认定涉案专利的创造性缺陷，这不但进一步超越专利行政机关主导、法院间接审查专利有效性的现行专利确权机制，而且严重偏离现有技术抗辩用以纠正涉案专利的明显新颖性缺陷的制度本意，并因专利创造性判断的主观性和复杂性而丧失现有技术抗辩便捷、低廉、高效的比较优势。② 在此需要特别指出的是，现有技术抗辩不是灵丹妙药和万能钥匙，不可能以其治愈专利诉讼和行政确权程序二元分立、复杂冗长的沉疴，不应当借此打开法院直接审查、认定涉案专利有效性的大门。

四、现有技术抗辩与无效宣告抗辩的竞合——“液压摇臂裁断机直联式液压控制装置”实用新型专利侵权案③

我国2008年《专利法》和2010年《专利侵权司法解释一》颁行之后，允许现有技术抗辩和无效宣告抗辩同时申请和主张，并将现有技术组合限于一项现有技术与所属领域公知常识的简单组合。现有技术抗辩和无效宣告抗辩本为互补关系，前者的引入是为了弥补后者的缺位或者缺陷，以解决专利侵权诉

---

① 参见管荣齐：《现有技术抗辩与无效宣告抗辩的竞合——盐城泽田机械有限公司与盐城市格瑞特机械有限公司侵犯实用新型专利权纠纷案》，载《中国发明与专利》2018年第12期。

② 即便将现有技术抗辩中允许法院直接审查、认定的涉案专利创造性限定为“明显的创造性”，也是赋予其不能承受之重。

③ 最高人民法院民事裁定书（2012）民申字第18号。

讼中所突出存在的周期长、效率低等问题。

（一）案件事实

X（一审原告、二审上诉人、申请再审人）为“液压摇臂裁断机直联式液压控制装置”（以下简称“控制装置”）、“液压摇臂裁断机内置式可调液压缸”（以下简称“液压缸”）实用新型专利的专利权人，Y（一审被告、二审上诉人、被申请人）为被控侵权产品的制造商。

针对涉案两项专利，Y 于 2011 年 2 月 9 日向国家知识产权局专利复审委员会提出无效宣告请求，理由是涉案两项专利不具有新颖性、创造性，并提交本案二审判决作为证据 1。专利复审委员会认定：证据 1 所证明的事实不清，无法反映现有技术公开的具体技术方案，分别以第 16612 号决定、第 17212 号决定维持“控制装置”“液压缸”两项专利有效。

Y 在一审和二审中主张现有技术抗辩，并提供 F45 裁断机作为现有技术方案。一审法院对奇伟公司生产车间内的 5 台 F45 裁断机进行了现场勘验，现场拍摄照片 31 张，包括发票原件、记账凭证原件、支票存根原件；在奇伟公司副总经理办公室，对该公司副总经理石某某进行了询问。二审法院在某处制作谈话笔录一份，并拍摄照片若干，包括被诉侵权产品以及 F45 裁断机中使用的电磁阀照片。

关于 F45 裁断机中使用的电磁阀，双方当事人确认其包括电磁铁、包含有阀芯及弹簧的圆柱体部分，以及包含有连接管路及阀芯的圆台部分。所述三个部分相互配合，共同实现改变油路的作用。圆台部分的出口直接与有杆活塞的外端相连接。关于“液压缸”专利，双方当事人在一、二审中确认被诉侵权产品与专利技术方案一致，专利技术方案亦与 F45 裁断机中的液压缸一致。①

（二）法院判旨

二审法院认定现有技术抗辩成立，并无不当。驳回 X 的再审申请。

之所以在专利侵权诉讼中建立现有技术抗辩制度，主要是为了在专利保护范围中排除掉现有技术，包括相对于现有技术来说显而易见的等同技术。

---

① 江苏省高级人民法院民事判决书（2009）苏民三终字第 0260 号。

对于专利有效性的审查除了可以在专利无效宣告程序(包括行政程序和司法程序)中实现以外,允许对被诉侵权人在专利侵权诉讼中直接主张现有技术抗辩可以避免相应程序冗长、复杂,从而有利于快速解决专利侵权纠纷,大幅减轻当事人的诉讼负担,有效提升专利诉讼的质量和效率。

在对被诉侵权人的现有技术抗辩主张进行审查时,首先以涉案专利权利要求为基准,确定被诉侵权技术方案的哪些技术特征被指控落入专利保护范围,包括相同或等同的技术特征(以下简称涉案技术特征);然后以这些涉案技术特征为线索,比较被诉侵权技术方案和相应现有技术方案,从而判断涉案技术特征是否已被现有技术所公开。特别需要注意的是,比较的双方不是专利技术方案和现有技术方案,更不是被诉侵权技术方案和专利技术方案。

在判断被诉侵权人的现有技术抗辩主张是否成立时,不予考虑被诉侵权技术方案中与专利保护范围或专利权利要求无关的技术特征,也不考虑被诉侵权技术方案和现有技术方案是否没有区别或完全相同,更不考虑被诉侵权技术方案和专利技术方案是否相同或等同。即使被诉侵权技术方案和专利技术方案、现有技术方案有所差异,只要被诉侵权技术方案和相应现有技术方案中涉案技术特征相同或等同,被诉侵权人的现有技术抗辩主张就能成立。

以行政程序为主的专利无效宣告制度和专利侵权诉讼中的现有技术抗辩制度独立设置、各司其职、协调配合,可以最大限度地避免专利权侵占公知公用技术、损害社会公共利益,进而更加充分地实现专利制度鼓励和保护创新的根本目的。专利无效宣告和现有技术抗辩的审查对象和法律适用均有差异,专利无效宣告中把专利技术方案和现有技术方案进行比较,判断专利技术方案是否已被现有技术所公开,即审查其是否具备新颖性和创造性;而专利侵权诉讼中判断现有技术抗辩是否成立,则把被诉侵权技术方案和现有技术方案进行比较,确定被诉侵权技术方案是否已被现有技术所公开,即审查被诉侵权技术方案和现有技术方案中涉案技术特征是否相同或等同。

本案中,涉案专利权利要求1没有限定电磁阀的具体结构,但其“电磁阀的出口直接与有杆活塞的外端相连接”,和被诉侵权技术方案中电磁阀与有杆活塞的连接方式相同,构成上述“涉案技术特征”。由此,判断被诉侵权人的现有技术抗辩主张是否成立,关键在于确定涉案技术特征是否已被现有技术所公开,而不必考虑被诉侵权技术方案和专利技术方案、现有技术方案中电磁阀的具体结构是否相同。只要涉案技术特征确已被现有技术所公开,即被诉侵权技术方案和相应现有技术方案中涉案技术特征相同或等同,就认定被诉侵权人的现有技术抗辩主张成立。再者,Y向国家知识产权局专利复审委员会提交的证据仅为本案二审判而未包括一、二审中的相关证据,因而国家知识产权局专利复审委员会维持涉案专利有效与二审法院认定现有技术抗辩成立之间并不存在明显矛盾。

(三)选出理由

1. 本案是2008年《专利法》和2010年《专利侵权司法解释一》颁行之后有关现有技术抗辩的典型案例。

我国现行2008年《专利法》第62条设立了现有技术抗辩制度,即专利侵权纠纷的被控侵权人,如能证明其实施的技术方案已被现有技术所公开,则其技术方案实施行为不构成专利侵权。根据2010年《专利侵权司法解释一》第14条,被诉侵权技术方案中被指控落入专利保护范围的技术特征,如与现有技术方案的相应技术特征相同或等同,则认定被诉侵权技术方案已被现有技术所公开,即现有技术抗辩成立。

本案中,法院在审查认定被诉侵权人的现有技术抗辩主张是否成立时,以涉案专利权利要求为基准确定被诉侵权技术方案中落入专利保护范围的技术特征,即专利权利要求1中"电磁阀的出口直接与有杆活塞的外端相连接";而忽略或不予考虑被诉侵权技术方案中与专利权保护范围无关的技术特征,即被诉侵权产品中电磁阀的具体结构,尽管其与现有技术中公开的电磁阀有着明显差异,但不影响现有技术抗辩的成立。

2. 本案是既有现有技术抗辩又有无效宣告抗辩且其结果不一致的典型案例。

无效宣告抗辩是指在侵犯专利权诉讼中,被诉侵权人向国家知识产权局专利复审委员会提出无效宣告请求,主张涉案专利不符合专利授权条件应当被宣告无效,从而被诉侵权人的行为不构成侵犯专利权。根据我国《专利法》

(2008)、最高人民法院和北京市高级人民法院新确定的现有技术抗辩规则，现有技术抗辩和无效宣告抗辩并不相互排斥，被诉侵权人为了提高抗辩力度和成功率可以同时申请和主张，一般情况下两者的结果是一致的，但特定情况下可能不一致。①

本案中，Y既在一审和二审法院主张现有技术抗辩，并提供F45裁断机作为现有技术方案，虽然没有得到一审法院认定，但得到二审法院支持；又在二审判决作出后向国家知识产权局专利复审委员会以涉案两项专利不具有新颖性、创造性为由提出无效宣告请求，但只提交本案二审判决而未提交具体证明涉案两项专利不具有新颖性、创造性的证据，因而国家知识产权局专利复审委员会以证据所证明的事实不清、无法反映现有技术公开的具体技术方案为由维持涉案两项专利有效。

（四）案件评释

我国现行《专利法》和最高人民法院关于审理专利侵权案件的司法解释颁行以后，北京市高级人民法院于2013年印发《专利侵权判定指南》，并于2017年将其修订为《专利侵权判定指南（2017）》，对现有技术抗辩的具体规则作出规定。北京高院《专利侵权判定指南》第125条对应于《专利侵权判定指南（2017）》第137条，关于现有技术抗辩的规定只字未改："现有技术抗辩，是指被诉落入专利权保护范围的全部技术特征，与一项现有技术方案中的相应技术特征相同或者等同，或者所属技术领域的普通技术人员认为被诉侵权技术方案是一项现有技术与所属领域公知常识的简单组合的，应当认定被诉侵权人实施的技术属于现有技术，被诉侵权人的行为不构成侵犯专利权。"

我国《专利法》、最高人民法院和北京高院新确定的现有技术抗辩规则，与2001年北京市高级人民法院《专利侵权判定若干问题的意见（试行）》相比，主要有两大变化：（1）现有技术抗辩的适用范围进一步扩大，涵盖了专利相同侵权、被诉侵权技术方案与现有技术方案相同的情形，不再以被诉侵权

---

① 《中华人民共和国专利法》（2008）第62条，《最高人民法院关于审理侵犯专利权纠纷案件应用法律若干问题的解释》（2010）第14条，北京市高级人民法院《专利侵权判定指南》（2013）第125条，北京市高级人民法院《专利侵权判定指南（2017）》第137条。

技术方案和专利技术方案、现有技术方案等同为前提和限制条件;(2)现有技术所允许使用的范围进一步缩小,尤其是现有技术组合只能局限于一项现有技术与所属技术领域公知常识的简单组合。[①] 其中,前一大变化旨在提高现有技术抗辩的规则效用,后一大变化则为了区分现有技术抗辩与无效宣告抗辩的理由。

当被诉侵权技术方案和专利技术方案、现有技术方案明显相同时,不仅构成专利相同侵权,还成立现有技术抗辩,并使涉案专利因缺乏新颖性而被宣告无效,从而产生现有技术抗辩与无效宣告抗辩的竞合。2001 年北京高院的专利侵权判定意见为了避免这一竞合的产生,规定在被诉侵权技术方案和专利技术方案、现有技术方案明显相同时,不得主张现有技术抗辩而只能申请宣告涉案专利权无效。而我国《专利法》、最高人民法院和北京高院新确定的现有技术抗辩规则不再排斥这一竞合的产生,即使像本案一样现有技术抗辩和无效宣告决定的结果不一致也无所谓,只要有利于快速解决专利侵权纠纷,有利于减轻当事人的诉讼负担,有利于提升专利诉讼的质量和效率。

其实,现有技术抗辩和无效宣告抗辩本为互补关系,前者的引入是为了弥补后者的缺位或者缺陷,但在多数国家并不允许同时申请和主张。德国引入现有技术抗辩是因为原专利法不允许专利在授权公告之日起 5 年内被请求宣告无效,在专利法修订后则作为权利瑕疵用来限定专利保护范围。[②] 日本专利法没有规定现有技术抗辩,而司法实践中现有技术抗辩用以判断专利有效性,如果法院认定涉案专利具有明显瑕疵,则相应侵权诉讼就属于专利权滥用而不被允许。[③] 美国专利法也没有规定现有技术抗辩,司法实践中除了涉案专利为狭义的商业方法以外,只允许申请宣告涉案专利无效,而不允许引入现有技

---

① 北京市高级人民法院《专利侵权判定若干问题的意见(试行)》(2001)第 102、103 条分别规定:“已有技术抗辩仅适用于等同专利侵权,不适用于相同专利侵权的情况。”“当专利技术方案、被控侵权物(产品或方法)、被引证的已有技术方案三者明显相同时,被告不得依已有技术进行抗辩,而可以向专利复审委请求宣告该专利权无效。”

② 参见杨志敏:《专利侵权诉讼中“公知技术”抗辩适用之探讨——中、德、日三国判例、学说的比较研究》,载国家知识产权局条法司编:《专利法研究(2002)》,知识产权出版社 2002 年版,第 75 ~ 76 页。

③ 参见闫文军:《日本知识产权审判情况概要》,载《电子知识产权》2005 年第 3 期。

术抗辩。[①] 而我国新的现有技术抗辩规则允许现有技术抗辩和无效宣告抗辩同时申请和主张,同时将现有技术组合限于一项现有技术与所属领域公知常识的简单组合,主要是为了解决目前我国专利侵权诉讼中所突出存在的周期长、效率低等问题。

现有技术抗辩相对于无效宣告抗辩更加便捷和低廉,尤其能够避免陷入专利诉讼和行政确权程序纠葛甚至循环,在我国现有专利保护体系中具有十分重要的作用,因而应当最大限度地拓展现有技术抗辩的适用空间,充分发挥现有技术抗辩的规则效用,以此达到提高专利诉讼质效的目的。

五、专利侵权的合法来源抗辩——“防粘连自动排气阀”实用新型专利侵权案[②]

被诉侵权人主张合法来源抗辩必须具备法定条件,专利权人最易获得也最为有效的对抗方式是,在起诉前向被诉侵权人送达侵权警告(通知)函,以证明被诉侵权人主观上知道其行为已经构成专利侵权。侵权警告(通知)函必须记载和/或附加充分必要信息且在起诉前送达,否则专利权人不能阻止被诉侵权人的合法来源抗辩成立,而只能向专利侵权产品的制造商即专利侵权源头主张损害赔偿。

(一)案件事实

X(一审原告、二审上诉人、申请再审人)为“防粘连自动排气阀”实用新型专利(以下简称涉案专利)的专利权人,Y(一审被告、二审被上诉人、再审被申请人)为被诉侵权产品(“胜益”牌全自动排气阀)的销售商。

2013 年 6 月 28 日,X 向 Y 发出《通知函》。该函所记载的主送人有两个,一是沈阳市铁西区玉田海达水暖建材销售处(以下简称 Y 处),二是 Y。该函所记载的落款人也有两个,一是长春市宽城锅炉排气阀厂(以下简称 X 厂)打假办,二是 X,并盖有两者的印章,还附有其通信地址、邮政编码、联系人和联系电话。该函所记载的通知事项是,Y 处所销售的“胜益”牌全自动排气

① *Practicing the Prior Art Is Not a Defense*, https://www.cnet.com/news/practicing-the-prior-art-is-not-a-defense/.

② 最高人民法院民事裁定书(2014)民申字第 1036 号。

阀,已经侵犯了X厂的"中权"牌排气阀所包含的专利权,其专利号为ZL200320112523.2,专利权人为X;要求Y处立即停止销售被诉侵权产品,并与X厂联系和协商有关赔偿事宜,否则X将向法院起诉Y侵害涉案专利权。

2013年7月30日,X委托人员到Y处以40元的价格购得一件被诉侵权产品。随后,X以Y侵害涉案专利权为由,向辽宁省沈阳市中级人民法院(以下简称沈阳中院)提起民事诉讼。沈阳中院一审认定,Y销售的被诉侵权产品具有与涉案专利相等同的技术特征,落入了涉案专利的保护范围;X向Y邮寄的《通知函》没有附带涉案专利证书和其他必要文件,不足以使Y认识到其销售的产品侵害了涉案专利权;Y只是被诉侵权产品的销售商,且已提供被诉侵权产品的合法来源,其主观上也没有过错,因而依法可以免除赔偿责任。

X不服沈阳中院的一审判决,向辽宁省高级人民法院(以下简称辽宁高院)提起上诉。辽宁高院二审认定,X向Y邮寄的《通知函》中没有明确说明Y销售的产品侵害涉案专利权的具体情况,是否侵害涉案专利权需要由法律授权的专门机构予以确定,Y不具备确定专利侵权的资质和条件;现有证据不能证明Y具备判断专利侵权的技术能力,亦不能证明Y明知其销售的产品侵害了涉案专利权,而且Y销售的产品具有合法来源,故沈阳中院一审判决认定Y不承担赔偿责任是正确的。因此,辽宁高院二审判决驳回上诉、维持原判。①

X对辽宁高院的二审判决仍然不服,向最高人民法院申请再审。X主张,Y收到X告知其销售的产品为侵权产品的通知函后,仍然继续销售被诉侵权产品,应当承担赔偿责任;X以通知函告知Y侵权事实,为具有法律效力的告知方式;一、二审判决适用法律错误,请求最高人民法院撤销一、二审判决,判令Y承担赔偿责任和一、二审诉讼费用。②

(二)法院判旨

最高人民法院通过再审认为,辽宁高院的二审判决认为X应向Y提供认

---

① 辽宁省高级人民法院民事判决书(2013)辽民三终字第79号。

② 最高人民法院民事裁定书(2014)民申字第1036号。

定涉案专利侵权成立的法院判决或行政处罚决定等,对Y在主观上“知道”其销售的产品侵害涉案专利权的认定标准过高应予纠正,故指令辽宁高院再审本案。

专利权是国家依法授予的在一定期限内以专利(发明创造)技术方案独占或垄断相应市场的专有权利,其主要特点或基本法律逻辑是以专利(发明创造)技术方案的公开换取对相应市场独占或垄断的专有权利。由此,发明创造被授予专利权以后,其技术方案就已经向社会公开,处于社会公众明知或应知的状态。对被诉侵权人而言,只要实施了我国专利法规定的专利侵权行为,就认定其构成专利侵权,不予考虑其以不知晓而主张无过错(善意)的抗辩,除非属于我国专利法明确规定的不视为侵犯专利权的行为。[①] 但是,对于专利侵权责任的承担,应当区分被诉侵权人的主观心理状态(善意还是恶意)而有所不同。现实生活中,销售商往往不关注、不知道其销售的产品包含或使用了专利技术方案,也没有能力判断其销售的产品是否侵害他人专利权。为了维护正常的市场经营秩序和鼓励打击专利侵权源头,我国专利法对专利侵权产品的销售商规定了损害赔偿责任免除条款,必须同时满足两个免责条件:(1)不知道其销售的产品包含或使用了专利技术方案;(2)能够提供相关证据证明其销售的产品具有合法来源。[②]

关于销售商对其销售的产品侵害他人专利权是否知道,应当在个案中根据不同案情独立作出综合性判断。如果被诉侵产品权的销售商以前销售过涉案专利产品,则可以推定其具有判断涉案专利侵权是否成立的能力,进而可以推定其知道所销售的产品侵害他人专利权。如果被诉侵权产品的进货价格明显或不合理地低于涉案专利产品的市场价格,则可以直接推定被诉侵权产品的销售商知道其销售的产品侵害他人专利权。如果被诉侵权产品的销售商对涉案专利产品没有在以前销售过,对被诉侵权产品也没有以明显或不合理低价进货,而只是收到过专利权人向其发出的侵权警告(通知)函,则要根据该函所记载和/或附加的信息内容进行判断。只要侵权警告(通知)函记载和/或附

---

① 《中华人民共和国专利法》(2008)第11、69条。

② 《中华人民共和国专利法》(2008)第70条。

加了充分必要信息，则被诉侵权产品的销售商收到该函就视为其知道所销售的产品侵害他人专利权。侵权警告(通知)函应记载和/或附加的充分必要信息包括：(1)被诉侵权产品信息；(2)涉案专利权信息，含专利号、专利名称、专利权证书复印件等；(3)涉案专利侵权比对的基本信息；(4)涉案专利权人的联系信息。

本案中，被诉侵权产品的销售商Y能够提供相关证据证明其所销售的产品具有合法来源，争议集中在Y是否不知道其销售的产品包含或使用了专利技术方案。Y以前没有销售过涉案专利产品，也没有以明显或不合理低价购进被诉侵权产品，但于2013年6月28日收到X向其发出的通知函，该函载明了被诉侵权产品信息、涉案专利权信息、涉案专利产品信息和涉案专利权人联系信息，基本上满足侵权警告(通知)函记载和/或附加充分必要信息的内容要求，可以认定Y在本案诉前已经知道所销售的产品侵害了涉案专利权。[①]

(三)选出理由

本案是被诉侵权人主张合法来源抗辩时，对其侵害他人专利权的主观心理状态进行认定的典型案例。

我国《专利法》(2008)第70条是关于被诉侵权人主张合法来源抗辩的规定。根据该条规定和最高人民法院的有关司法解释，被诉侵权人的合法来源抗辩成立必须同时具备三个条件：(1)被诉侵权人只能是使用、许诺销售或销售专利侵权产品的商家，而不包括专利侵权产品的制造商、进口商；(2)被诉侵权人主观上不知道所使用、许诺销售或销售的产品是专利侵权产品，其中“不知道”是指实际不知道且不应当知道；(3)被诉侵权人客观上能够提供相关证据证明所使用、许诺销售或销售的产品具有合法来源，其中“相关证据”应当符合交易习惯，“合法来源”是指合法的销售渠道、通常的买卖合同等正常商业方式。[②] 这三个条件中，第一个和第三个条件所涉及的是积极事实也比较客观，由主张合法来源抗辩的被诉侵权人举证证明其是使用、许诺销售或销售专利

---

① 最高人民法院民事裁定书(2014)民申字第1036号。

② 《最高人民法院关于审理侵犯专利权纠纷案件应用法律若干问题的解释(二)》(2016)第25条。

侵权产品的商家,及其使用、许诺销售或销售的产品具有合法来源,由于相关证据掌握在被诉侵权人手中,被诉侵权人提供起来比较容易和主动;第二个条件所涉及的是消极事实且比较主观,主要由专利权人反向举证证明被诉侵权人知道其使用、许诺销售或销售的产品为专利侵权产品,由于相关证据的获得比较麻烦、相对滞后,专利权人通常较为被动而使该方面事实认定成为争议焦点。①

为了证明被诉侵权人知道其使用、许诺销售或销售的产品为专利侵权产品,专利权人可以从三个方面来举证:(1)被诉侵权人以前使用、许诺销售或销售过专利权人的专利产品,该方面证据掌握在专利权人手中,其举证通常比较容易和主动;(2)被诉侵权人购进专利侵权产品的价格明显或不合理地低于专利产品的市场价格,该方面证据掌握在被诉侵权人手中,但通常被诉侵权人为了证明其使用、许诺销售或销售的产品具有合法来源而主动提供;(3)专利权人向被诉侵权人送达侵权警告(通知)函,该方面证据掌握在专利权人手中,但警告(通知)函必须记载和/或附加充分必要信息,包括但不限于被诉侵权产品信息、专利权信息、侵权比对基本信息和专利权人联系信息。比较而言,专利权人对抗被诉侵权人的合法来源抗辩之最易获得也最为有效的方式是,在起诉前向被诉侵权人送达记载和/或附加充分必要信息的侵权警告(通知)函。②因此,被诉侵权人的合法来源抗辩能否成立的关键在于,对其侵害他人专利权的主观心理状态的认定,即被诉侵权人主观上是否不知道所使用、许诺销售或销售的产品为专利侵权产品;如果专利权人在起诉前向被诉侵权人送达侵权警告(通知)函,则以该函所记载和/或附加信息是否达到充分必要的程度为标准,来推定被诉侵权人侵害他人专利权的主观心理状态。

本案中,被诉侵权人是专利侵权产品的销售商,且能够提供相关证据证明所销售的产品是通过正常商业方式购进的,那么其合法来源抗辩能否成立的

---

① 参见丁文严:《论知识产权侵权诉讼中合法来源抗辩的构成要件》,载《知识产权》2017年第12期。

② 参见陶冠东:《专利侵权纠纷中销售者合法来源抗辩的司法认定》,载《电子知识产权》2017年第4期。

关键在于,其主观上是否不知道所销售的产品为专利侵权产品;专利权人在起诉前向被诉侵权人送达了侵权通知函,该函载明了被诉侵权产品信息、涉案专利权信息、涉案专利产品信息和涉案专利权人联系信息,基本上达到了充分必要的程度要求,据此可以认定被诉侵权人主观上知道所销售的产品为专利侵权产品,进而可以认定被诉侵权人的合法来源抗辩不能成立。辽宁高院的二审判决没有根据侵权通知函所记载信息对其法律效力作出认定,属于认定事实和适用法律错误。最高人民法院的再审裁定规范了合法来源抗辩中被诉侵权产品的销售商主观过错的证明标准,并提供了相应证据审查和判断的司法指引,具有较好的指导意义。[①]

(四)案件评释

专利侵权的合法来源抗辩成立与否并非绝对的,在被诉侵权人客观上能够提供相关证据证明其为生产经营目的使用、许诺销售或销售的专利侵权产品具有合法来源的情况下,以其主观上是否"知道"其为生产经营目的使用、许诺销售或销售专利侵权产品之日为时间界限。被诉侵权人"知道"之日以前的合法来源抗辩成立,其为生产经营目的使用、许诺销售或销售专利侵权产品的行为构成专利侵权,但只承担停止侵权责任而不承担损害赔偿责任;被诉侵权人"知道"之日开始的合法来源抗辩不再成立,其为生产经营目的使用、许诺销售或销售专利侵权产品的行为不但构成专利侵权,还要同时承担停止侵权责任和损害赔偿责任。[②]

实际上,举证证明被诉侵权人主观上是否"知道"其为生产经营目的使用、许诺销售或销售专利侵权产品是非常困难的。这种困难不只是对被诉侵权人举证证明自己主观上不知道为生产经营目的使用、许诺销售或销售专利侵权产品而言的,对专利权人举证证明被诉侵权人主观上知道为生产经营目的使用、许诺销售或销售专利侵权产品亦是如此。从专利权人所能提供的相关证据的三方面来源看,要取得被诉侵权人以前使用、许诺销售或销售过专利产品

---

① 参见陶凯元:《中国知识产权指导案例评注》(第7辑),中国法制出版社2016年版,第129~134页。

② 参见姚建军:《销售商合法来源抗辩的成立要件》,载《人民司法》2010年第20期。

的证据，专利权人必须与被诉侵权人以前有过相应工作或业务合作；要取得被诉侵权人购进被诉侵权产品的价格明显或不合理地低于专利产品市场价格的证据，专利权人必须知悉被诉侵权人的供货渠道、价格等经营秘密；要取得被诉侵权人收到侵权警告（通知）函的证据，专利权人必须将侵权警告（通知）函送达被诉侵权人。①

即使专利权人费尽周折所幸能够举证证明被诉侵权人主观上"知道"为生产经营目的使用、许诺销售或销售专利侵权产品，其实质意义对专利权人来说也不一定有多大。如果被诉侵权人以前使用、许诺销售或销售过专利产品，之后使用、许诺销售或销售专利侵权产品，专利权人因其与被诉侵权人的合作终止而发现被诉侵权人的侵权事实，那么被诉侵权人从开始侵权到被发现的时间间隔不会太长，其侵权获利不会太多，相应地专利权人从被诉侵权人处获得的损害赔偿不会太高。如果专利权人以盗窃、利诱、胁迫等不正当手段获取了被诉侵权人的供货渠道、价格等经营秘密，且不说这样的证据来源非法因而没有证明案件事实的效力，即使以此证明了被诉侵权人主观上"知道"其为生产经营目的使用、许诺销售或销售专利侵权产品，且专利权人从被诉侵权人处获得了较多损害赔偿，但其涉嫌侵犯被诉侵权人的商业秘密，需向被诉侵权人承担损害赔偿等民事责任，情节严重的还要承担刑事责任。如果专利权人向被诉侵权人发出侵权警告（通知）函，且所记载和/或附加信息足以使被诉侵权人"知道"其正在为生产经营目的使用、许诺销售或销售专利侵权产品，那么被诉侵权人在收到该警告（通知）函后必然会采取一定应对措施，至少会使专利权人很难获得较高的侵权损害赔偿。②

由此可见，被诉侵权人只要不是专利侵权产品的制造商，且能够提供相关证据证明其为生产经营目的使用、许诺销售或销售的专利侵权产品具有合法来源，那么其在专利侵权诉讼中主张合法来源抗辩成功至少部分成功的可能性较大；而专利权人反驳被诉侵权人的合法来源抗辩比较困难，但可以从向被

① 参见祝建军：《专利法中合法来源抗辩制度的司法运用》，载《电子知识产权》2008年第6期。

② 参见李明德：《关于知识产权损害赔偿的几点思考》，载《知识产权》2016年第5期。

诉侵权人提供的专利侵权源头主张和获取侵权损害赔偿,除非专利侵权产品的制造商即专利侵权源头逃避赔偿或丧失赔偿能力。①

六、专利侵权责任与违约责任的竞合——“前轮定位装置”实用新型专利侵权案②

专利权人、侵权人就损害赔偿的计算方法或者数额所达成的协议,不是合同法意义上的合同,因而有关诉讼中不存在侵权责任与违约责任的竞合。只要该协议的形式和内容合法,则专利权人、侵权人和法院都可以主张适用。

(一)案件事实

X(一审原告、二审上诉人、申请再审人)为“前轮定位装置”实用新型专利(以下简称涉案专利)的专利权人,Y(一审被告、二审上诉人、再审被申请人)为被诉侵权产品(童车)的制造(生产)、许诺销售、销售商。

X曾于2008年4月起诉Y侵害其涉案专利权(以下简称前案),武汉市中级人民法院(以下简称武汉中院)作出(2008)武知初字第144号一审判决,判令Y立即停止制造、许诺销售、销售被诉侵权产品,并向X赔偿80,000元。③Y不服该一审判决而提起上诉,湖北省高级人民法院(以下简称湖北高院)制作(2009)鄂民三终字第42号调解书,其中调解协议(以下简称前案调解协议)的主要内容为:自调解协议签字之日起,Y立即停止制造、许诺销售、销售被诉侵权产品,清除其网站上、产品宣传册中有关文字、图片;Y保证不再侵害X的专利权,如发现一起侵害X的外观设计专利权的行为,Y自愿赔偿人民币50万元,如发现一起侵害X的实用新型专利权的行为,Y自愿赔偿人民币100万元;Y向X赔偿经济损失55,000元,并支付一审案件受理费3300元、证据保全费30元。④

但前案了结以后,X发现Y仍在从事侵害涉案专利权的行为,遂于2011年5月向武汉中院再次起诉,请求判令Y按照前案调解协议约定标准向X赔偿

---

① 参见管荣齐、李明德:《中国知识产权司法保护体系改革研究》,载《学术论坛》2017年第1期。

② 最高人民法院民事判决书(2013)民提字第116号。

③ 湖北省武汉市中级人民法院民事判决书(2008)武知初字第144号。

④ 湖北省高级人民法院民事调解书(2009)鄂民三终字第42号。

人民币100万元。武汉中院认为，涉案专利在有效期之内，其权利要求受法律保护；Y侵害涉案专利权的行为涉及被诉侵权产品的生产、销售但不包括许诺销售，依法应当承担相应民事责任；X明确选择本案为侵权之诉而非违约之诉，则本案赔偿数额不宜适用前案调解协议约定的违约赔偿标准，应当根据专利侵权损害赔偿的规则加以确定。X没有提交证据证明其实际损失或侵权获利，故武汉中院依法适用法定赔偿，一审判决Y向X赔偿14万元，并负担案件受理费13,800元、财产保全费5000元。①

X、Y均不服一审判决，遂向湖北高院提起上诉。湖北高院认为，Y侵害涉案专利权的行为仅限于被诉侵权产品的销售，而不包括一审判决所认定的生产；从前案调解协议内容来看，其具体针对的被诉侵权产品型号为B858C－B，而本案被诉侵权产品的型号为TBT86，由于被诉侵权产品的型号不相同，故前案调解协议中约定的违约赔偿数额不能适用于本案。基于此，湖北高院二审判决驳回上诉、维持原判，并判令二审案件受理费13,800元由X负担11,040元、Y负担2760元。②

X不服二审判决，向最高人民法院申请再审。最高人民法院在确认一、二审法院查明的事实基本属实的基础上，另查明X于2008年4月，以Y侵害X的其他两个专利权为由，还提起了其他两个诉讼：(1)X诉Y侵害“婴儿车收合关节”外观设计专利权案，一审案号为(2008)武知初字第143号，一审判决Y停止侵权并承担赔偿责任，双方当事人均未上诉；(2)X诉Y侵犯“婴儿车可单手收合结构”实用新型专利权案，一审案号为(2008)武知初字第142号，二审案号为(2009)鄂民三终字第41号，一审判决Y停止侵权并承担赔偿责任，二审调解结案，调解书内容与前案的基本相同，除了被诉侵权产品的型号不同以外。

(二)法院判旨

撤销湖北高院二审判决和武汉中院一审判决，判令Y向X赔偿经济损失100万元，且负担一审受理费和财产保全费、二审受理费。

---

① 湖北省武汉市中级人民法院民事判决书(2011)武知初字第467号。

② 湖北省高级人民法院民事判决书(2012)鄂民三终字第86号。

本案中Y应承担的民事责任系侵权责任，不属于我国《合同法》第122条规定的侵权责任与违约责任竞合的情形。我国《合同法》第122条所规定的侵权责任与违约责任的竞合，其构成要件有三：(1)当事人双方之间存在合同法意义上的合同关系，这是侵权责任与违约责任竞合的法律关系要件；(2)一方当事人有合同法意义上的违约行为，这是侵权责任与违约责任竞合的法律行为要件；(3)一方当事人的违约行为侵害了另一方当事人的人身、财产权益，这是侵权责任与违约责任竞合的法律后果要件。因此，没有合同法意义上的合同关系，合同法意义上的违约行为就无从谈起；不是合同法意义上的违约行为造成的人身、财产权益损害，就无所谓侵权责任与违约责任的竞合。本案中，X与Y之间的前案调解协议不是合同法意义上的合同，Y侵害涉案专利权的行为并非合同法意义上的违约行为，因而不存在侵权责任与违约责任的竞合。实质上，X与Y之间的前案调解协议中有关专利侵权损害赔偿的内容，是对将来发生的专利侵权行为如何计算损害赔偿的方法和数额的约定，为了便于确定Y再次侵权时其侵权责任如何承担。前案调解协议的有无并不影响Y应承担的法律责任的性质，亦即Y应承担的侵权责任不因前案调解协议的存在而变为违约责任。

本案可以适用X与Y之间的前案调解协议中有关专利侵权损害赔偿的计算方法和数额的约定。考虑到知识产权侵权诉讼举证难、成本高、效率低等因素，准许当事人之间按照意思自治原则就知识产权侵权损害赔偿作出约定，包括知识产权侵权行为发生后的事后约定和知识产权侵权行为发生前的事先约定。本案中X与Y之间的前案调解协议中有关专利侵权损害赔偿的内容，属于专利侵权行为发生前的事先约定。我国《专利法》《侵权责任法》等有关法律，没有禁止专利权人与侵权人就专利侵权责任的承担方式、专利侵权损害赔偿的计算方法和数额等作出约定，但也没有像著作权一样在最高人民法院的司法解释中明确予以准许。根据2002年《最高人民法院关于审理著作权民事纠纷案件适用法律若干问题的解释》第25条第1款和第3款，基于著作权人因被侵权所受到的损失或者侵权人因侵权所获得的利益，准许双方当事人就著作权侵权损害赔偿数额达成协议。该规定是对著作权人和侵权人在著作权侵权行为发生后,就著作权侵权损害赔偿所达成的“事后约定”的认可,值得专利侵权责任承担尤其是专利侵权损害赔偿确定参照执行。

本案具体适用前案调解协议中约定的专利侵权损害赔偿的确定方法,取决于对前案调解协议中有关内容的理解。前案调解协议中关于Y不得再侵害X的专利权以及相应赔偿数额的内容系“一揽子”约定,包括三个方面:(1)前案调解协议中约定的“一起侵害……专利权的行为”,不局限于针对前案中被诉侵权产品的特定型号;(2)前案调解协议中约定的“一起侵害……专利权的行为”,不局限于针对前案中的涉案专利;(3)前案调解协议中约定的“一起侵害……专利权的行为”,是指侵害X的一项实用新型或者外观设计专利权的行为。因此,Y应当按照前案调解协议中约定的专利侵权损害赔偿的计算方法和数额,因侵害X的一项实用新型专利权而向X赔偿人民币100万元。[①]

(三)选出理由

本案是2016年《专利侵权司法解释二》颁行之前有关依据约定确定专利侵权损害赔偿数额的典型案例。

在2016年《专利侵权司法解释二》颁行之前,类似本案权利人与侵权人就知识产权侵权损害赔偿的计算方法或者数额所达成的协议性质和效力如何,曾在1992年《最高人民法院关于审理专利纠纷案件若干问题的解答》以及2002年《最高人民法院关于审理著作权民事纠纷案件适用法律若干问题的解释》《最高人民法院关于审理商标民事纠纷案件适用法律若干问题的解释》中有所规定。

根据1992年《最高人民法院关于审理专利纠纷案件若干问题的解答》第4条第2~4款,确定专利侵权损害赔偿数额,可以根据案情选择适用四种方法:(1)专利权人因侵权行为受到的实际经济损失,等于专利产品的销售量减少的总数乘以每件专利产品的利润;(2)侵权人因侵权行为获得的全部利润,等于每件侵权产品(包括使用他人专利方法生产的产品)的利润乘以侵权产品的市场销售总数;(3)专利许可使用费的合理倍数,前提是涉案专利已经许可他人

① 最高人民法院民事判决书(2013)民提字第116号。

使用;(4)双方当事人协商确定的其他方法,要求是该方法必须公平合理。非常可惜的是,该解答于2001年在《最高人民法院予以废止的2000年底以前颁布的有关司法解释目录(第四批)》中被公告废止,其理由是已被2001年《最高人民法院关于审理专利纠纷案件适用法律问题的若干规定》所代替。[①] 但在2001年《最高人民法院关于审理专利纠纷案件适用法律问题的若干规定》中,并没有与1992年《最高人民法院关于审理专利纠纷案件若干问题的解答》第4条第2~4款相应的条款规定。

根据2002年《最高人民法院关于审理著作权民事纠纷案件适用法律若干问题的解释》第25条第1款和第3款、《最高人民法院关于审理商标民事纠纷案件适用法律若干问题的解释》第16条第1款和第3款,基于权利人因被侵权所受到的损失或者侵权人因侵权所获得的利益,准许双方当事人就著作权或者商标权侵权损害赔偿数额达成协议。这两个司法解释虽然针对的是著作权、商标权而非专利权,但对专利侵权损害赔偿协议的性质和效力认定具有参照作用。当然,相对于1992年《最高人民法院关于审理专利纠纷案件若干问题的解答》第4条第2~4款,这两个司法解释关于当事人就侵权损害赔偿数额所达成的协议,没有限定诸如公平合理等实质要求,更没有规定法院是否可以依职权或者必须依当事人申请适用,不得不说这是需要进一步修改完善之处。

根据上述三个司法解释的相应规定,本案中X与Y之间的前案调解协议关于Y不得再侵害X的专利权以及相应赔偿数额的约定,其法律属性并非合同法意义上的违约赔偿金,只是就专利权人因被侵权所受到的损失或者侵权人因侵权所获得的利益而商定的一种简便计算方法。令人遗憾的是,本案一审、二审判决没有以这三个司法解释为参照,就专利权人和侵权人之间的前案调解协议关于专利侵权损害赔偿数额的约定性质和效力作出正确认定。令人欣慰的是,最高人民法院再审本案时作出了正确判决,并把本案列为2013年十

---

① 《最高人民法院予以废止的2000年底以前颁布的有关司法解释目录(第四批)》(2001)第18条。

大创新知识产权案例,[1]且在2016年出台的《专利侵权司法解释二》中作出了相应规定。

(四)案件评释

2016年《专利侵权司法解释二》第28条规定:"权利人、侵权人依法约定专利侵权的赔偿数额或者赔偿计算方法,并在专利侵权诉讼中主张依据该约定确定赔偿数额的,人民法院应予支持。"根据该规定,不仅准许专利权人、侵权人就专利侵权损害赔偿的计算方法或者数额达成协议(约定),还对所达成的协议(约定)提出了两个方面的要求:(1)所达成协议(约定)的形式和内容都必须合(依)法,不得违反有关法律的强制性规定;(2)所达成协议(约定)的适用只能依据当事人申请(主张),[2]法院不得依据其职权而主动适用。

专利权人、侵权人就专利侵权损害赔偿的计算方法或者数额达成的协议(约定)所合(依)之有关法律,应当包括《民法典》和《专利法》等。本案中,前案调解协议系专利权人和被控侵权人双方自愿达成,其内容仅关乎私权处分而不涉及第三人利益、社会公共利益和国家利益,不属于《民法典》和《专利法》等法律规定的禁止情形和无效情形,且前案二审法院对前案调解协议进行审查确认后制作了民事调解书,故应归为形式和内容合(依)法,不违反有关法律的强制性规定,符合上述第一个方面的要求。

专利权人、侵权人就专利侵权损害赔偿的计算方法或者数额达成的协议(约定)适用之依据,应当包括专利权人申请主张、侵权人申请主张和法院依职权主动主张。既然考虑到专利侵权诉讼举证难、成本高、效率低等因素,准许专利权人、侵权人之间按照意思自治原则就专利侵权损害赔偿作出约定(达成协议),包括专利侵权行为发生后的事后约定(协议)和专利侵权行为发生前的事先约定(协议),那么该约定(协议)一经成立和生效就对双方产生约束力,不因一方或者双方的承认与否为转移,且在该约定(协议)提交给法院以后产生公示效力,因而包括专利权人、侵权人和法院在内的任何一方都可以主张适用。

---

① 《2013年中国法院十大创新性知识产权案件》,载《人民法院报》2014年4月22日,第3版。

② 这里的"当事人"不限于双方当事人共同申请适用,也可以由一方当事人单方申请适用。

相对于2002年《最高人民法院关于审理著作权民事纠纷案件适用法律若干问题的解释》第25条第1款和第3款、《最高人民法院关于审理商标民事纠纷案件适用法律若干问题的解释》第16条第1款和第3款，2016年《专利侵权司法解释二》第28条规定更加明确具体但也设置了更多适用限制。在实行严格的知识产权保护、充分发挥司法保护知识产权的主导作用、加大知识产权损害赔偿力度的背景下，需要建立健全诉讼证据开示制度、文书提出命令制度和举证妨碍制度，进一步减轻权利人的侵权损害赔偿举证负担；充分评估知识产权市场价值，全面建立惩罚性损害赔偿制度。

七、专利侵权行政投诉构成侵权警告的认定——“复合件自动接头装置”实用新型专利侵权案①

专利侵权行政投诉构成专利侵权警告，仅限于未参与专利侵权行政处理程序的被行政投诉侵权产品生产者、销售者、使用者，其是否被认定为专利侵权处于不确定状态。其中，专利侵权警告本身必须合法，专利侵权行政处理程序中止应当谨慎，专利侵权诉讼相对于行政处理居于主导地位。

（一）案件事实

X（一审被告、二审被上诉人）为“一种复合件自动接头装置”实用新型专利（以下简称涉案专利）的专利权人，其中涉案专利的申请日是2014年11月6日，专利号是201420660550.1，授权公告日是2015年3月4日；②Y（一审原告、二审上诉人）为本案被诉侵权产品（MAXX型号半钢子午胎一次法成型机及相关产品）的制造（生产）者、销售者，Z（一审原告、二审上诉人）为本案被诉侵权产品的使用者。

X以Z使用MAXX型号半钢子午胎一次法成型机（以下简称被行政投诉侵权产品），向苏州市知识产权局（以下简称苏州知产局）提起涉案专利侵权行政投诉，苏州知产局于2018年5月24日受理；基于案件管辖原因，苏州知产局于2018年6月12日将涉案专利侵权行政投诉移送至江苏省知识产权局（以下简称江苏知产局），江苏知产局于2018年7月5日受理。Z以其提交的涉案专

① 最高人民法院民事裁定书（2019）最高法知民终5号。

② 中国实用新型专利“一种复合件自动接头装置”（201420660550.1）申请信息、公布公告。

利无效宣告请求被国家知识产权局专利复审委员会（以下简称专利复审委员会）于2018年6月7日受理，[①]请求江苏知产局中止对涉案专利侵权行政投诉的处理，江苏知产局于2018年8月15日出具同意中止涉案专利侵权行政处理的决定通知书。

Y于2018年9月24日向X邮寄行使诉权催告函，以X提起的涉案专利行政投诉使得Y及其中国客户的生产经营处于极不稳定状态为由，要求X撤回涉案专利行政投诉或依法提起涉案专利侵权之诉；X于2018年9月26日签收了该行使诉权催告函，并于2018年9月30日向Y回函称其已经提起针对Y和Z的涉案专利侵权之诉。江苏省苏州市中级人民法院（以下简称苏州中院）于2018年10月19日收到X提交的涉案专利侵权之诉材料，于2018年10月26日收到X汇来的涉案专利侵权之诉的诉讼费，于2018年11月7日以（2018）苏05民初1459号立案受理。Y和Z于2018年10月29日向苏州中院提交本案确认不侵害专利权之诉的诉讼材料，苏州中院于2018年11月7日以（2018）苏05民初1453号立案。

苏州中院一审认定，Y提起确认不侵害专利权之诉的受理条件有三，一是X发出了涉案专利侵权警告，二是Y向X提出了行使诉权的书面催告，三是X未在行使诉权的书面催告收到之日起1个月或发出之日起2个月内撤回涉案专利侵权警告或提起涉案专利侵权之诉；Y和Z可以通过涉案专利侵权行政处理程序确定其是否构成涉案专利侵权，在X依法行使专利权及其诉权且未滥用的情况下，涉案专利侵权投诉不构成专利法意义上的侵权警告；[②]X提起涉案专利侵权之诉的时间非为苏州中院受理的时间，而X提交涉案专利侵权之诉的起诉材料和预缴受理费均在X收到行使诉权的催告函之后1个月内，故在X积极行使权利且已在合理期限内启动涉案专利侵权之诉程序的情形下，Y和Z不应当就相同的法律关系再提起确认不侵害专利权之诉。因此，苏

---

① 国家知识产权局专利复审委员会第37894号无效宣告请求审查决定书。

② “专利法意义上的侵权警告”以及本文所称“专利侵权警告”如无特别说明，均指《最高人民法院关于审理侵犯专利权纠纷案件应用法律若干问题的解释》第18条规定的“侵犯专利权的警告”。

州中院一审裁定驳回Y和Z的起诉。[1]

Y和Z对苏州中院一审裁定不服，向最高人民法院知识产权法庭（以下简称最高院知产法庭）提起上诉，请求撤销苏州中院一审裁定。Y和Z的上诉理由主要有：（1）X提起的涉案专利侵权行政投诉构成专利法意义上的侵权警告，苏州中院一审认定有误；（2）X提起涉案专利侵权之诉的时间应以苏州中院受理时间为准，即在X收到Y的催告函1个月后，故Y和Z的确认不侵害专利权之诉满足其受理的时间要件；（3）本案确认不侵害专利权之诉的范围大于X提起的涉案专利侵权之诉范围，针对超出部分的确认不侵害专利权之诉不应被驳回。[2]

（二）法院判旨

最高院知产法庭二审裁定驳回Y和Z的上诉，维持苏州中院一审裁定。最高院知产法庭二审认定，涉案专利侵权行政投诉构成专利法意义上的侵权警告，提起涉案专利侵权之诉的时间在合理期限内和本案之前，确认不侵害专利权之诉不得超越专利侵权行政投诉范围，具体如下。

1.涉案专利侵权行政投诉构成专利法意义上的侵权警告

X提起的涉案专利侵权行政处理程序中，被请求人仅为被行政投诉侵权产品的使用者Z，而被行政投诉侵权产品的生产者、销售者Y没有参与机会、无法主张权利；若被行政投诉侵权产品被认定侵害涉案专利权，则Y的生产、经营和利益必然受到影响。Y提起确认不侵害专利权之诉的目的，在于尽快通过司法程序确认其生产、销售的被行政投诉侵权产品未落入涉案专利保护范围，从而自可能面临专利侵权指控的不确定状态中解脱出来。由此，Y虽非涉案专利侵权行政投诉的被请求人，但已处于可能被认定构成涉案专利侵权的不确定状态，故涉案专利侵权行政投诉可能直接影响Y的利益，对Y构成《专利侵权司法解释一》第18条所称的专利侵权警告。[3]

---

① 江苏省苏州市中级人民法院民事裁定书（2018）苏05民初1453号。

② 最高人民法院民事裁定书（2019）最高法知民终5号。

③ 《最高人民法院关于审理侵犯专利权纠纷案件应用法律若干问题的解释》（2009）第18条。

2. 提起涉案专利侵权之诉的时间在合理期限内和本案之前

确认不侵害专利权之诉与同一专利的侵权诉讼，实质上均处理被诉侵权的技术方案是否落入涉案专利保护范围的问题，若涉案专利侵权之诉在先，则相对人可以提出不侵权抗辩，而无必要提起确认不侵害专利权之诉。专利权人未在合理期限内撤回涉案专利侵权警告或提起涉案专利侵权之诉是确认不侵害专利权之诉受理的时间要件，否则被警告人或利害关系人已从不确定状态中解脱，或者可在涉案专利侵权之诉中确认其不侵害涉案专利权。本案中，X 提起涉案专利侵权之诉在 Y 发出催告函 2 个月之内、X 收到催告函 1 个月之内，虽然涉案专利侵权行政投诉属于专利法意义上的侵权警告，但 Y 和 Z 提起的本案确认不侵害专利权之诉并不符合其获得受理的时间要件。

3. 确认不侵害专利权之诉不得超越专利侵权行政投诉范围

专利权侵权警告是相对人提起确认不侵害专利权之诉的基本前提，故确认不侵害专利权之诉的请求范围不应超出涉案专利侵权警告的范围。凡相对人超出涉案专利侵权警告范围的诉讼请求，均不应纳入确认不侵害专利权之诉的审理范围。本案被诉侵权产品包括被行政投诉侵权产品和 Y 增加诉讼请求所涉及的 WI245 全自动一次法轮胎成型机（以下简称本案诉加侵权产品），而涉案专利侵权行政投诉即涉案专利侵权警告仅指向被行政投诉侵权产品，其所使用的“包括但不限于”一语也不意味着可无限扩展至本案诉加侵权产品，且涉案专利侵权行政处理机关亦仅针对被行政投诉侵权产品展开相应程序，故 Y 所增加的本案诉讼请求超越涉案专利侵权行政投诉即涉案专利侵权警告范围，不属于本案确认不侵害专利权之诉的审理范围。[①]

（三）选出理由

本案是认定专利侵权行政投诉构成侵权警告的典型案例，是最高人民法院知识产权案件年度报告（2019）从最高人民法院 2019 年审结的知识产权案件中精选的 60 件典型案件之一。本案的典型意义主要在于两个方面，一是专利侵权行政投诉构成专利侵权警告的条件，二是专利侵权行政投诉构成专利

① 最高人民法院民事裁定书（2019）最高法知民终 5 号。

侵权警告的范围。

1. 专利侵权行政投诉构成专利侵权警告的条件

专利法意义上的侵权警告是指专利权人通过直接或间接的方式向相对人主张侵权，但又不通过行政处理、司法审判等法定程序解决纠纷，致使相对人对是否侵权问题处于不确定状态。其中，专利权人向相对人主张侵权的间接方式包括专利权人的行为，只要专利权人的行为足以在其与相对人之间形成争议的事实，且专利权人不诉诸行政处理、司法审判等法定的纠纷解决程序，致使专利权人与相对人之间陷入法律关系不确定的状态，就应当被认定为实质上构成对相对人的侵权警告。①

本案中，X 提起的涉案专利侵权行政处理程序中，被请求人仅为被行政投诉侵权产品的使用者 Z，但若被行政投诉侵权产品被认定侵害涉案专利权，则 Y 作为被行政投诉侵权产品的生产者、销售者必然受到影响，故 X 与 Y 之间形成争议的事实；而 X 没有将 Y 列为涉案专利侵权行政投诉的被请求人，即没有诉诸法定的纠纷解决程序；Y 没有机会参与涉案专利侵权行政处理程序主张权利，致使 X 与 Y 之间陷入法律关系不确定的状态，因而涉案专利侵权行政投诉对 Y 构成专利法意义上的侵权警告。

由此，专利侵权行政投诉构成专利侵权警告的条件有三：一是相对人是被行政投诉专利侵权产品的生产者、销售者、使用者，与专利权人之间存在专利侵权争议的事实；二是专利侵权行政投诉仅针对被行政投诉侵权产品的部分生产者、销售者、使用者，相对人没有被列为专利侵权行政投诉的被请求人；三是专利侵权行政投诉使相对人是否被认定为专利侵权处于不确定状态，其处理结果可能直接影响相对人的生产、经营和利益。

2. 专利侵权行政投诉构成专利侵权警告的范围

专利侵权行政投诉构成专利侵权警告的范围从相对人来说，仅限于未参与专利侵权行政处理程序的被行政投诉侵权产品生产者、销售者、使用者。如前所述，如果专利侵权行政投诉的被请求人仅为被行政投诉侵权产品的部分

---

① 江苏省苏州市中级人民法院民事裁定书(2018)苏05民初1453号。

生产者、销售者、使用者,则只有未参与专利侵权行政处理程序的被行政投诉侵权产品生产者、销售者、使用者,才是专利权人以其专利侵权行政投诉行为发出专利侵权警告的相对人。本案中,涉案专利侵权行政投诉的被请求人仅为被行政投诉侵权产品的使用者 Z,而 Y 作为被行政投诉侵权产品的生产者、销售者未参与涉案专利侵权行政处理程序,则涉案专利侵权行政投诉对 Y 构成专利侵权警告,对 Z 属于 X 与 Z 之间纠纷解决法定程序而不存在专利侵权警告之说。

专利侵权行政投诉构成专利侵权警告的范围从指向客体来说,仅限于被行政投诉侵权产品。如果专利侵权产品不限于被行政投诉侵权产品,或者说被行政投诉侵权产品只是专利侵权产品的一部分,则只有被行政投诉侵权产品才能被认定为专利侵权警告指向的客体,被行政投诉侵权产品以外的其他专利侵权产品都不属于专利侵权警告的范围。本案被诉侵权产品包括被行政投诉侵权产品和本案诉加侵权产品,前者作为涉案专利侵权警告指向的客体而属于本案确认不侵害专利权之诉的审理范围,后者则不属于涉案专利侵权行政投诉、涉案专利侵权警告和本案确认不侵害专利权之诉的范围。①

由此,专利侵权行政投诉构成专利侵权警告的范围受到相对人和指向客体的限制,其中相对人仅限于未参与专利侵权行政处理程序的被行政投诉侵权产品生产者、销售者、使用者,而不包括专利侵权行政投诉的被请求人;指向客体仅限于被行政投诉侵权产品,而不包括被行政投诉侵权产品以外的其他专利侵权产品。

（四）案件评释

本案作为认定专利侵权行政投诉构成侵权警告的典型案例,除了在专利侵权行政投诉构成专利侵权警告的条件和范围方面具有典型意义以外,还涉及专利侵权警告的正当性、专利侵权行政处理程序中止、专利侵权行政处理与诉讼程序竞合等问题。

---

① 最高人民法院民事裁定书(2019)最高法知民终5号。

1. 专利侵权警告的正当性

专利权人向专利侵权嫌疑人或其交易相对人发出专利侵权警告，从善意的角度而言主要有三方面目的，一是寻求与专利侵权嫌疑人协商解决专利侵权纠纷，二是促使专利侵权嫌疑人与其交易相对人断绝交易，三是对抗被控侵权人主张专利侵权的合法来源抗辩。[①] 但由于专利效力的不确定性和专利侵权判断的复杂化，专利侵权警告的法律后果不为专利权人的意志所左右，如果专利被宣告无效或者专利侵权被认定不成立，则专利侵权警告的正当性就受到严重质疑，被控侵权人会反过来要求专利权人承担损害赔偿责任。[②] 因此，专利侵权警告本身的合法性非常必要，应当将其对象限于专利侵权嫌疑人，其形式限于发送书面信函、提起行政投诉或法院诉讼，其内容包含涉案专利信息、被控侵权产品或方法信息、侵权比对信息以及要求对方作出以合理的违约金作保证的承担停止侵权义务的承诺。[③]

2. 专利侵权行政处理程序中止

因为涉案专利被请求专利复审委员宣告无效，专利侵权行政处理程序中止存在类似于专利侵权诉讼程序中止影响审判效率的问题。为了避免陷入专利侵权行政处理、专利无效宣告行政决定、专利无效行政诉讼的程序纠葛甚至循环，可以参照适用《专利侵权司法解释二》第 2 条规定的“先行裁驳、另行起诉”制度。如果专利复审委员会作出宣告涉案专利权利要求无效的行政决定，或者专利复审委员会作出的维持涉案专利权利要求有效的行政决定被生效司法裁判所撤销，则知识产权行政机关可以直接驳回专利权人基于该无效权利要求的专利侵权行政处理请求，无须等待针对涉案专利权利要求有效性进行司法裁判的结果或者专利复审委员会重新作出决定；如果涉案专利权利要求最终被维持有效，则允许专利权人另行请求行政处理或者向法院起诉。[④]

---

① 参见管荣齐：《专利侵权的合法来源抗辩——孙俊义与郑宁侵害实用新型专利权案》，载《中国发明与专利》2019 年第 7 期。

② 参见储翔：《专利侵权警告行为的正当性判断标准》，载《学术月刊》2017 年第 3 期。

③ 参见范长军：《专利侵权警告制度探析》，载《知识产权》2014 年第 3 期。

④ 参见管荣齐：《专利侵权民事诉讼程序的中止——坦萨中国公司与泰安现代公司等侵害发明专利权案》，载《中国发明与专利》2019 年第 2 期。

3. 专利侵权行政处理与诉讼程序竞合

根据我国《专利法》(2008)第60条、第63～64条规定,各级地方知识产权行政机关拥有认定专利侵权行为成立、责令立即停止专利侵权行为等专利行政执法权。根据国家知识产权局《专利行政执法办法》第10条第1款规定,各级地方知识产权行政机关不应受理已经在法院起诉的同一专利侵权纠纷。由此,知识产权行政机关的专利行政执法不如法院的相应司法审判范围广泛,同一专利侵权纠纷已经向法院起诉的不得再请求知识产权行政机关处理。但是,已经请求知识产权行政机关处理的同一专利侵权纠纷,如果附加要求证据保全、财产保全、排除妨碍、恢复原状、赔偿损失等,则仍可再向法院起诉。① 本案中,X针对Z提起的涉案专利侵权行政投诉已经被江苏知产局受理,但X针对Y和Z提起的涉案专利侵权之诉仍被苏州中院立案受理,其主要原因是X要求Y和Z赔偿损失。②

第三节 外观设计专利民事诉讼前沿判例精解

外观设计专利的保护范围——“电动收缩门”外观设计专利侵权案③

作为外观设计专利(申请)文件之一,简要说明对外观设计专利保护范围具有解释作用,使用状态参考图在特定情形下亦可用于表示除用途、使用方法和场所之外的其他内容。若不考虑使用状态参考图对外观设计专利保护范围的影响,将会与简要说明的记载发生明显抵触,则在确定外观设计专利保护范围时应当考虑使用状态参考图的内容。

(一)案件事实

X(一审原告、二审上诉人、再审申请人)为“电动伸缩门”(欧雷克斯豪华

① 参见管荣齐:《专利侵权纠纷的行政处理和司法审判之间的竞合——福州海王福药公司与辽宁省知识产权局等专利行政纠纷案》,载《中国发明与专利》2019年第5期。

② 江苏省苏州市中级人民法院民事判决书(2018)苏05民初1459号。

③ 最高人民法院民事判决书(2018)最高法民再8号。

型Ⅰ)外观设计专利(以下简称涉案专利)独占实施许可的被许可人,Y(一审被告、二审被上诉人、再审被申请人)为被诉侵权产品("领航4号LH－004"电动伸缩门)的许诺销售者。

X与涉案专利权人签有《专利独占实施许可合同》,对涉案专利享有独占实施权。Y未经许可而实施涉案专利,包括在其网站网页、宣传册上以展开状态下的图片展示、宣传被诉侵权产品。X向广州知识产权法院(以下简称广州知产法院)提起本案诉讼,请求判令Y立即停止侵权、销毁侵权的宣传册、删除侵权的宣传网页,并赔偿经济损失10万元和制止侵权的合理开支2万元。

广州知产法院一审认为,X所提供的被诉侵权产品展开状态下的图片,只是被诉侵权产品从侧面观察的使用状态参考图;X没有提供被诉侵权产品的实物、其他视角的图片或照片,无法从整体上观察被诉侵权产品的外观设计及其与涉案专利进行对比;虽然从侧面观察的使用状态下被诉侵权产品外观设计与涉案专利构成近似,但不能以此推定被诉侵权产品的整体外观设计与涉案专利构成近似。因此,广州知产法院一审判决被诉侵权产品没有落入涉案专利保护范围,X起诉Y侵权因证据不足而予以驳回。①

X不服广州知产法院一审判决,向广东省高级人民法院(以下简称广东高院)提起上诉。广东高院二审认为,涉案专利保护范围由主视图、后视图、左视图、右视图、立体图等多视角下的设计特征共同确定,不能以使用状态参考图作为依据;相应地,被诉侵权产品外观设计与涉案专利是否近似的判断,应当对比两者的主视图、后视图、左视图、右视图、立体图;仅以被诉侵权产品从侧面观察的使用状态参考图,只能看到被诉侵权产品外观设计主视图、左视图视角下的设计特征,不能认定被诉侵权产品外观设计与涉案专利近似和被诉侵权产品落入涉案专利保护范围。因此,广东高院二审判决驳回上诉、维持原判。②

X不服广东高院二审判决,向最高人民法院申请再审,其主要理由有两点:(1)作为涉案专利产品和被诉侵权产品的电动伸缩门,其后视图、左视图、右视

① 广州知识产权法院民事判决书(2015)粤知法专民初字第589号。

② 广东省高级人民法院民事判决书(2015)粤高法民三终字第663号。

图视角下的设计特征基本相同,其主视图、立体图视角下的设计特征对其整体视觉效果具有显著影响,且清晰地反映在Y网站发布的被诉侵权产品展开状态下的图片上,以此完全可以认定被诉侵权产品落入涉案专利保护范围。(2)Y在其网站展示被诉侵权产品的行为构成许诺销售侵权行为,不需要提供被诉侵权产品的实物,仅对比Y发布的被诉侵权产品图片与涉案专利的主视图、立体图,就可以认定被诉侵权产品落入涉案专利保护范围。①

(二)法院判旨

最高人民法院再审判决撤销广东高院二审判决和广州知产法院一审判决,判令Y立即停止许诺销售被诉侵权产品,并赔偿X诉讼合理支出1万元。

最高人民法院认为,被诉侵权产品展开状态下的图片可以作为确定涉案专利保护范围的依据,确定涉案专利保护范围根据简要说明的记载应当考虑涉案专利的使用状态参考图,在权利人举证达到"高度可能性"和被诉侵权人未提供反驳证据的情况下可以推定外观设计近似和认定专利侵权成立。具体如下:

1. 外观设计使用状态参考图对保护范围的影响

我国专利审查指南虽然将"参考图"的基本作用定位于表明外观设计产品的用途、使用方法或场所,但并未否定其作为一种特殊的图片或照片在特定情形下可以用于确定外观设计专利保护范围。② 在外观设计专利侵权诉讼中,更不能以外观设计的图片或照片名称中包含"参考图"字样,而一概排除该图片或照片对外观设计专利保护范围的影响。本案中,被诉侵权产品展开状态下的图片虽是从侧面观察的使用状态参考图,但因被诉侵权产品外观设计和涉案专利在该状态下高度近似,故其仍然可以作为确定涉案专利保护范围的依据。

2. 外观设计简要说明对图片或照片的解释作用

我国《专利法》(2008)明确规定,"简要说明"对于外观设计专利保护范围的确定,具有解释外观设计的图片或照片的作用。③ 根据涉案专利"简要说明"

---

① 最高人民法院民事判决书(2018)最高法民再8号。

② 国家知识产权局《专利审查指南》(2010)第1部分第3章第4.2条。

③ 《中华人民共和国专利法》(2008)第59条第2款。

的记载，涉案专利产品可以在两种状态之间变化：一种状态所谓“正常状态”即收缩状态，对应有主视图、后视图、左视图、右视图、立体图；另一种状态所谓“使用状态”即展开状态，对应有使用状态参考图。如果确定涉案专利保护范围只考虑“正常状态”下的主视图、后视图、左视图、右视图、立体图，而不考虑“使用状态”下的使用状态参考图，显然就与涉案专利“简要说明”所记载的内容相违背。

3. 外观设计近似的举证、推定和专利侵权认定

根据《最高人民法院关于适用〈中华人民共和国民事诉讼法〉的解释》（以下简称《民诉法解释》），对于被诉侵权产品外观设计和涉案专利的近似，只要专利权人或其利害关系人的举证达到“高度可能性”的程度，且被诉侵权人没有提供相应的反驳证据，就可以推定两者整体上近似和认定外观设计专利侵权成立。① 本案中，涉案专利产品与被诉侵权产品均为电动伸缩门，X 已经举证证明二者在展开状态下的外观设计高度近似，一般消费者据此对被诉侵权产品收缩状态下的外观设计推定亦达到“高度可能性”的程度，因被诉侵权产品的实物或整体外观设计由 Y 实际控制，在 Y 负有反驳 X 主张和推定事实的举证责任而没有提供相应证据的情况下，可以认定被诉侵权产品外观设计与涉案专利整体上近似，被诉侵权产品落入涉案专利权保护范围。②

（三）选出理由

本案是《最高人民法院知识产权案件年度报告（2018）》从最高人民法院 2018 年审结的知识产权和竞争案件中精选的 28 件典型案件之一，且是唯一的典型外观设计专利案件；本案所涉及的简要说明和使用状态参考图对外观设计专利保护范围的影响、依据部分视图推定被诉侵权产品外观设计特征的条件 2 个问题，入选该年度报告所归纳的 37 个具有一定指导意义的法律适用问题。③

1. 简要说明和使用状态参考图对外观设计专利保护范围的影响

作为外观设计专利（申请）的两个必备文件，图片或照片是外观设计专利

① 《最高人民法院关于适用〈中华人民共和国民事诉讼法〉的解释》（2015）第 108 条。

② 最高人民法院民事判决书（2018）最高法民再 8 号。

③ 参见《最高人民法院知识产权案件年度报告（2018 年）摘要》，载《人民法院报》2019 年 4 月 25 日，第 2 版。

保护范围的确定基准和主要依据，而简要说明是外观设计专利保护范围确定的辅助依据，负责对图片或照片所表示的产品外观设计进行解释，[①]两者对于外观设计专利保护范围的确定发挥着不同但一致的作用。

外观设计图片或照片有视图和参考图之分，其中视图遵循正投影规则绘制或拍摄而成，包括主视图、后视图、左视图、右视图、俯视图、仰视图、立体图、展开图、剖视图、剖面图、放大图、变化状态图；参考图的绘制或拍摄比较随意，一般不遵循正投影规则，通常用于表明外观设计产品的用途、使用方法或场所等。但需要注意的是，外观设计专利（申请）文件中，图片或照片的名称和分类并不规范和严格，图片或照片的类别和作用应当以其内容来认定。[②] 本案中，涉案专利的主视图、后视图、左视图、右视图、立体图是其产品在收缩状态下的外观设计图片，涉案专利的使用状态参考图是其产品在展开状态下的外观设计图片。[③] 但作为涉案专利产品的电动伸缩门，其收缩状态、展开状态中何为"正常状态"、何为"使用状态"，则有不同认识和理解。基于外观设计参考图的作用和涉案专利产品的状态变化，不能排除涉案专利的使用状态参考图对涉案专利保护范围的影响。

外观设计简要说明的内容包括：外观设计产品的名称、用途，外观设计的设计要点及其最能表明的一幅图片或照片，省略视图的情况等。[④] 本案中，涉案专利简要说明记载了涉案专利产品在"正常状态"下仰视图、俯视图和在"使用状态"下仰视图的省略情况，[⑤]表明涉案专利产品可以在"正常状态"和"使用状态"之间变化。其中，所谓"正常状态"即收缩状态，所谓"使用状态"即展开状态。鉴于这种对应关系的不同认识和理解、简要说明与图片或照片的一致性、涉案专利产品和被诉侵权产品的状态变化，涉案专利的使用状态参考图应当用来确定涉案专利保护范围，被诉侵权产品展开状态下的图片应当用来与涉案专利的使用状态参考图进行对比和认定外观设计专利侵权的事实。

---

① 《中华人民共和国专利法》(2008)第27条第1款、第59条第2款。

② 国家知识产权局《专利审查指南》(2010)第1部分第3章第4.2条。

③ 最高人民法院民事判决书(2018)最高法民再8号。

④ 国家知识产权局《专利审查指南》(2010)第1部分第3章第4.3条。

⑤ 中国外观设计专利"电动伸缩门"（欧雷克斯豪华型Ⅰ）(200930005896.2)简要说明。

2. 依据部分视图推定被诉侵权产品外观设计特征的条件

根据已知或部分事实推定另一或整体事实的适用条件，在《最高人民法院关于适用〈中华人民共和国民事诉讼法〉的解释》《最高人民法院关于民事诉讼证据的若干规定》中有相应规定，①归纳起来并结合本案主要包括以下三点：

（1）主张方已经举证证明已知或部分事实，以此推定另一或整体事实的存在具有"高度可能性"。本案中，X 提供的被诉侵权产品展开状态下的图片，与涉案专利的主视图和立体图对比，两者之间只有局部细微区别，即 X 提供的证据能够证明被诉侵权产品的部分视图。

（2）相对方实际控制全部事实的证据，但没有对主张方已经举证证明和推定的事实提交反驳证据。本案中，被诉侵权产品的实物或整体外观设计由 Y 实际控制，因而 Y 负有反驳 X 主张和推定事实的举证责任，但 Y 没有提交相应的反驳证据。

（3）另一或整体事实与已知或部分事实之间存在逻辑关系，根据已知或部分事实推定另一或整体事实具有合理性。本案中，涉案专利产品与被诉侵权产品均为电动伸缩门，其主面视图和后视图通常相同，且一般消费者根据该产品特点和被诉侵权产品的部分视图，能够合理推定被诉侵权产品外观设计其他视图中的特征。

（四）案件评释

外观设计作为一种特殊的知识产权客体，我国对之提供专利保护。② 但外观设计专利保护范围的确定，与发明、实用新型专利有较大不同，主要表现在专利保护范围确定依据、要素、主体和原则等方面。

1. 外观设计专利保护范围确定依据

根据我国《专利法》（2008）的规定，外观设计专利保护范围的确定依据有二：图片或照片、简要说明。③ 图片或照片是外观设计专利保护范围确定的基

---

① 《最高人民法院关于适用〈中华人民共和国民事诉讼法〉的解释》（2015）第 108 条，《最高人民法院关于民事诉讼证据的若干规定》（2001）第 9 条第 1 款第 3 项。

② 参见管荣齐、李爱霞：《外观设计创造性的判断——"陆风越野车"外观设计专利无效案》，载《中国发明与专利》2019 年第 12 期。

③ 《中华人民共和国专利法》（2008）第 59 条第 2 款。

准依据，其基本要求是清楚，包括：(1)图片或照片本身要清晰，图片的绘制参照国家标准，照片的拍摄遵循正投影规则；(2)图片或照片要完备，所涉及的视图一定要有，不能提供视图的要提供参考图。① 但本案所涉及的“使用状态参考图”的法律地位和作用，在司法实践中一直存在争议，甚至有截然相反的判定。② 产生这种现象的根源在于，我国专利法及其实施细则、专利审查指南没有规定图片或照片的具体类型，尤其没有明确“使用状态参考图”对外观设计专利保护范围的影响。③

简要说明是外观设计专利保护范围确定的辅助依据，其基本要求是写明有关内容，包括：(1)写明外观设计产品的名称；(2)写明外观设计产品的用途；(3)写明外观设计的设计要点；(4)指定一幅最能表明设计要点的图片或照片；(5)写明省略视图或者请求保护色彩的情况；(6)指定多项相似外观设计中一项作为基本设计；(7)写明平面产品单元图案不限定边界的情况；(8)写明细长物品的长度省略画法；(9)写明原材料具有透明或特殊视觉效果的情况；(10)写明成套产品中各套件所对应的产品名称。④ 简要说明是我国《专利法》于2008年修改时增加的外观设计专利(申请)文件，但司法实践中很少将之作为外观设计专利保护范围的重要影响因素，⑤本案似乎开了先河。

另外，外观设计专利权人说明设计要点的书面材料、在专利无效宣告行政程序及其后续行政诉讼程序中的意见陈述等，也可以用于理解外观设计专利保护范围。但外观设计专利产品的实物不能作为确定外观设计专利保护范围的依据，而只能作为帮助理解和确定外观设计专利保护范围的参考。⑥

---

① 国家知识产权局《专利审查指南》(2019)第1部分第3章第4.2条。

② 参见蒋瑜、姜庶伟：《试论“使用状态参考图”在我国外观设计专利制度中的定位》，载《中国专利与商标》2010年第4期。

③ 最高人民法院民事判决书(2018)最高法民再8号。

④ 《中华人民共和国专利法实施细则》(2010)第28条第1~2款，国家知识产权局《专利审查指南》(2019)第1部分第3章第4.3条。

⑤ 参见曾贞、关健：《浅析外观设计专利文件修改之简要说明》，载《中国发明与专利》2017年第5期。

⑥ 北京市高级人民法院《专利侵权判定指南(2017)》第65、67条。

2. 外观设计专利保护范围确定要素

我国《专利法》对外观设计所下定义，将外观设计的种类限定为 6 种：(1)单纯形状的外观设计；(2)单纯图案的外观设计；(3)形状和图案结合的外观设计；(4)形状和色彩结合的外观设计；(5)图案和色彩结合的外观设计；(6)形状、图案和色彩结合的外观设计。其中，形状、图案、色彩构成外观设计的 3 要素。①

由于外观设计的形状、图案、色彩 3 要素在图片或照片、简要说明中都有所体现，因而在确定外观设计专利保护范围时要充分考虑形状、图案、色彩的影响。(1)外观设计的形状即其产品的外表轮廓，通过点、线、面的移动、变化、组合等呈现在图片或照片中，但细长物品的长度省略画法在简要说明中写明。(2)外观设计的图案即其产品表面的图形，通过线条、文字、符号、色块的排列或组合而呈现在图片或照片中，但平面产品单元图案不限定边界的情况在简要说明中写明。(3)外观设计的色彩即其产品上的颜色或颜色组合，通过黑白灰系列、彩色系列等呈现在图片或照片中，但请求保护色彩的情况在简要说明中写明。②

外观设计专利请求保护色彩的，在确定外观设计专利保护范围时，应当将其所包含的形状、图案、色彩等要素及其结合，与被诉侵权外观设计相应要素及其结合进行综合对比；还应提交由国家知识产权局出具或认可的相关证据，包括将其与国家知识产权局专利审查档案中的色彩进行核对。③

3. 外观设计专利保护范围确定主体

外观设计专利保护范围确定主体是外观设计专利产品的一般消费者。根据《专利侵权司法解释一》第 8 条、第 10 条规定，确定外观设计专利保护范围应当以外观设计专利产品的一般消费者的知识水平和认知能力，对比和判断外观设计专利与被诉侵权外观设计是否相同或近似。

外观设计专利产品的一般消费者应当具备一定水平的知识和能力。虽然

---

① 《中华人民共和国专利法》(2008)第 2 条第 4 款，国家知识产权局《专利审查指南》(2019)第 1 部分第 3 章第 7.2 条、第 4 部分第 5 章第 3 条。

② 国家知识产权局《专利审查指南》(2019)第 1 部分第 3 章第 4.2、4.3、7.2 条。

③ 北京市高级人民法院《专利侵权判定指南(2017)》第 67 ~ 68 条。

外观设计产品的种类不同，其消费者群体不同，但其一般消费者的知识水平和认知能力至少包括：(1)对相同或相近种类产品的外观设计及其常用设计手法具有常识性的了解，其中常用设计手法包括设计的转用、拼合、替换等类型；(2)对两件及其以上外观设计产品之间在形状、图案和色彩上的区别具有一定的分辨力，但不会注意到其间的微小变化或不同。①

另外，外观设计专利产品的一般消费者的知识水平和认知能力，还受到外观设计专利产品的设计空间的影响。外观设计专利产品的设计空间即外观设计专利所属相同或相近种类产品的设计空间，较大则其一般消费者不容易注意到其与其他外观设计之间所存在的较小区别，较小则其一般消费者更容易注意到其与其他外观设计之间所存在的较小区别。②

4. 外观设计专利保护范围确定原则

(1)整体比对原则。在确定外观设计专利保护范围时，应当综合考虑其外观设计完整的设计内容，包括：①图片或照片所显示的形状、图案、色彩等全部设计要素；②图片或照片中每个视图所显示的所有设计特征；③请求保护的色彩作为设计特征之一。外观设计专利产品的大小、材料、内部结构，因其对整体视觉效果不产生影响而应被排除在外。

(2)分别确定原则。①相似外观设计专利保护范围由各个独立的外观设计分别确定，其依据包括基本设计和其他各项相似设计。②成套产品的整体外观设计专利保护范围由其每一件产品的外观设计分别确定，除非该件外观设计没有显示在作为外观设计专利文件的图片或者照片中。

(3)共同确定原则。动态图形用户界面的外观设计专利保护范围由能确定动态变化过程的产品外观设计视图共同确定，其中动态变化过程在作为外观设计专利文件的简要说明中有相应描述可以结合。③

---

① 国家知识产权局《专利审查指南》(2019)第4部分第5章第4条。

② 《最高人民法院关于审理侵犯专利权纠纷案件应用法律若干问题的解释(二)》(2016)第14条。

③ 北京市高级人民法院《专利侵权判定指南(2017)》第66、68条、第70～73条。

第二章　专利行政诉讼前沿判例精解

第一节　专利复审行政诉讼前沿判例精解

一、违反公序良俗的专利审查——“防暴注射器”发明专利驳回复审案[①]

发明创造违反公序良俗包括发明创造违反法律、社会公德和妨害公共利益，属于专利授权的客体条件。欧洲、日本和我国都明确把违反公序良俗的发明创造排除在专利授权范围之外，但其审查认定和排除的时间、方式有所不同。建议我国借鉴欧洲做法，在初审时通过检索完成对发明创造违反公序良俗的专利审查，以防其公开和传播后对社会造成较大危害。

（一）案件事实

X（一审原告、二审上诉人）为“防暴注射器”发明专利申请（以下简称涉案专利申请）的申请人；Y（一审被告、二审被上诉人）为对涉案专利申请作出驳回复审行政决定的国务院专利行政部门专利复审委员会。

---

① 北京市高级人民法院行政判决书（2017）京行终4293号。

涉案专利申请的申请日是2012年7月28日,公开日是2013年2月20日。国务院专利行政部门于2014年10月31日作出驳回涉案专利申请的行政决定(以下简称驳回行政决定),其理由是涉案专利申请以注射器向人体刺入针头并注射腐蚀性药剂,不仅会对实施对象造成严重身体损伤,其实施还会给公众或社会带来危害,属于"妨害公共利益"的发明创造,不符合我国《专利法》第5条第1款的规定。

X对驳回行政决定不服,于2014年12月11日向Y请求复审。Y经审查认为,涉案专利申请所记载的"剧痛药水"配方中,氢氧化钠是一种具有高腐蚀性的强碱,所述领域普通技术人员有理由怀疑其损害人的身体健康,而X没有提供任何证据证明其对人体无害。因此,Y于2016年3月1日作出第106537号专利复审请求审查决定(以下简称驳回复审行政决定),仍以涉案专利申请妨害公共利益为由维持驳回行政决定。①

X对驳回复审行政决定不服,向北京知识产权法院(以下简称北京知产法院)提起行政诉讼。北京知产法院一审认为,涉案专利申请所记载的技术方案,是以弹射方式将"剧痛药水"注射入犯罪行为人的身体,产生的剧痛效果迫使其停止犯罪;"剧痛药水"配方中氢氧化钠对人体皮肤具有高腐蚀性,不仅会烧伤表皮还会使黏膜产生软痂,甚至会渗入和灼伤深层组织并留下疤痕。由此,涉案专利申请以损害人体的方式寻求达成终止犯罪的目的,其中损害发生确定而停止犯罪目的实现不确定,不属于"产生积极效果的同时存在某种缺点"的可以授予专利权的发明创造。② 因此,北京知产法院一审判决驳回X的诉讼请求。③

X对北京知产法院一审判决不服,向北京市高级人民法院(以下简称北京高院)提出上诉。X的上述理由主要有:(1)北京知产法院一审判决关于涉案专利申请严重损害人体的认定没有事实和法律依据,其中所使用的剧痛药水配方中,氢氧化钠已经被稀释成弱腐蚀性溶液,不会对被击中者人体造成严重

① 国家知识产权局专利复审委员会第106537号复审请求审查决定。

② 国家知识产权局《专利审查指南》(2010)第2部分第1章第3.1.3条。

③ 北京知识产权法院行政判决书(2016)京73行初3302号。

损害。(2)根据《专利审查指南》的有关规定,涉案专利申请可能存在对人体造成一定损害的缺点,但其具有自我保护、正当防卫、终止犯罪的积极效果,属于"妨害公告利益"的例外情形而依然应当授予专利权。①

(二)法院判旨

北京高院二审判决驳回X的上诉,维持北京知产法院一审判决。

北京高院二审认为,我国《专利法》(2008)第5条第1款明确规定,发明创造如果违反法律、社会公德或者妨碍公共利益,则不能授予其专利权。其中,"妨害公共利益"是指发明创造的实施或使用会给公众或社会造成危害,或者会使国家和社会的正常秩序受到影响。但是,发明创造的技术方案本身并不妨害公共利益,只是其滥用或者相对于积极效果而言的次要缺陷可能造成妨害公共利益,则该发明创造可以被授予专利权。由此,判断一项可能妨害公共利益的发明创造能否授予专利权,其标准是该妨害是发明创造的技术方案本身带来的,还是发明创造的滥用或者相对于积极效果而言的次要缺陷造成的,属于前一种情形则不能授予专利权,属于后一种情形则可以授予专利权。例如,一种使盗窃者双目失明的防盗装置及方法,因其技术方案本身会给公众或社会造成危害,属于不能授予专利权的情形;一种对人体有某种副作用的药品,因其副作用只是相对于积极疗效而言的次要缺陷,属于可以授予专利权的情形。②

涉案专利申请的防暴注射器是以弹射方式将"剧痛药水"注射入犯罪行为人的身体,产生的剧痛效果迫使其停止犯罪;"剧痛药水"由50克纯净水、25克柠檬酸钾、8克氢氧化钠和40克白酒配制而成,防暴注射器包含有红光瞄准具。氢氧化钠是一种高腐蚀性的强碱,溶于水后释放出大量的热二形成腐蚀性溶液,碰到人体皮肤不仅会烧伤表皮还会使黏膜产生软痂,甚至会渗入和灼伤深层组织并留下疤痕,碰到眼睛、脸部等会造成更加严重的伤害。防暴注射器虽然包含有红光瞄准具,但一般由非专业人士用于较为危急的时刻,仍然难以有效控制注射的具体位置,甚至存在误伤周围群众的可能性;即便有效控制

① 北京市高级人民法院行政判决书(2017)京行终4293号。

② 国家知识产权局《专利审查指南》(2010)第2部分第1章第3.1.3条。

注射位置而避开犯罪行为人的眼睛、脸部等要害部位以及周围群众，亦因剧痛药水本身的高腐蚀性而对犯罪行为人的身体造成伤害。由此，涉案专利申请的技术方案本身具有妨害公共利益的后果，属于不能授予专利权的发明创造；涉案专利申请妨害公共利益的后果是发明人无法控制的，远远超过其可能实现的积极效果，不是相对于积极效果而言的次要缺陷，不属于可以授予专利权的发明创造。①

北京高院二审判决后，X还以二审程序违法、涉案专利申请未妨害公共利益为由，向最高人民法院申请再审，但最高人民法院裁定驳回了X的再审申请，驳回理由主要有二：(1)关于二审程序违法，根据我国《行政诉讼法》第86条，本案二审没有提出新的事实、证据或者理由，可以不开庭审理；二审未予置评的三项上诉请求均非法律意义上的，不存在遗漏当事人诉讼请求的情形。(2)关于涉案专利申请妨害公共利益，根据我国《专利法》(2008)第5条第1款，涉案专利申请权利要求记载的"剧痛药水"成分中包含具有高腐蚀性的氢氧化钠，在实施时必然会对犯罪行为人的身体造成严重损害，且该损害可能远远超过涉案专利申请可能实现的积极效果，属于技术方案本身妨害公共利益而不能授予专利权的发明创造，不属于存在相对于积极效果而言的次要缺陷而可以授予专利权的发明创造。②

(三)选出理由

本案历经北京知产法院一审、北京高院二审、最高人民法院再审，是典型的因违反公序良俗而被驳回复审的专利行政纠纷案。该案的典型意义在于，在专利审查指南有关规定的基础上，进一步明确了发明创造妨害公共利益的具体内涵，确立了发明创造妨害公共利益能否授予专利权的判断标准。

发明创造妨害公共利益有广义和狭义之分。在狭义上，发明创造妨害公共利益仅指发明创造的技术方案本身妨害公共利益，即发明创造的实施或使用会给公众或社会造成危害，或者会使国家和社会的正常秩序受到影响，主要包括三种具体情形：(1)发明创造以致人伤残或损害财物为手段；(2)发明创造

---

①　北京市高级人民法院行政判决书(2017)京行终4293号。

②　最高人民法院行政裁定书(2018)最高法行申647号。

的实施或使用会严重污染环境、严重浪费能源或资源、破坏生态平衡、危害公众健康；(3)发明创造专利申请的文字或者图案涉及国家重大政治事件或宗教信仰、伤害人民感情或民族感情或者宣传封建迷信。这三种情形下妨害公共利益的发明创造，不能被授予专利权。

在广义上，发明创造妨害公共利益还至少包括两种具体情形：(1)发明创造因滥用而可能造成妨害公共利益；(2)发明创造在产生积极效果的同时存在某种缺点。这两种情形下妨害公共利益的发明创造，可以被授予专利权。在更广泛的意义上，发明创造妨害公共利益等同于发明创造违反公序良俗，即发明创造违反法律、社会公德亦属于发明创造妨害公共利益的范畴，因为法律是人们必须遵守的最基本的行为规范，公众、社会、国家的一切活动都必须在法律范围内进行；①社会公德是人们普遍接受的更高水平的行为准则，公众、社会、国家的活动都应当尊崇和奉行社会公德。发明创造的技术方案本身与法律、社会公德相违背，则该发明创造不能被授予专利权；但发明创造被滥用或者仅其实施为法律所禁止。则该发明创造可以被授予专利权。②

发明创造妨害公共利益能否授予专利权，其判断标准主要有三：(1)发明创造妨害公共利益是其技术方案本身带来的，还是其滥用造成的。如果属于前一种情形，则该发明创造不能被授予专利权；如果属于后一种情形，则该发明创造可以被授予专利权。(2)发明创造妨害公共利益与其产生积极效果相比较，两者的相对大小如何。如果前者远大于后者，则该发明创造不能被授予专利权；如果前者远小于后者，则该发明创造可以被授予专利权。(3)发明创造妨害公共利益的后果，能否被发明人所控制。如果发明人无法控制，则该发明创造不能被授予专利权；如果发明人可以控制，则发明创造可以被授予专利权。③

(四)案件评释

如前所述，发明创造违反公序良俗包括发明创造违反法律、社会公德和妨

---

① 参见张文显：《法理学》(第5版)，高等教育出版社2018年版，第72～75页。

② 国家知识产权局《专利审查指南》(2019)第2部分第1章第3.1节。

③ 参见北京知识产权法院行政判决书(2016)京73行初3302号、北京市高级人民法院行政判决书(2017)京行终4293号、最高人民法院行政裁定书(2018)最高法行申647号。

害公共利益，属于专利授权的客体条件。我们知道，并非所有的发明创造都能授予专利权，授予专利权的发明创造除了必须具备新颖性、创造性、实用性以外，还需要符合专利的客体条件和形式条件。① 对于专利的客体条件，不同的国家和地区有不同的规定。

美国没有限定专利客体条件，把所有新的有用的制法（Process）、机器（Machine）、制造品（Manufacture）、物质组分（Composition of Matter）及其改进都纳入专利授权范围之内。② 欧洲对于专利客体采用肯定概括式与否定列举式相混合的规定方式，在对具有创造性并能在工业中应用的新发明授予欧洲专利的同时，把科学理论、数学方法、美学创作、智力活动规则、商业方法、计算机程序、医疗方法、动植物品种、违反公序良俗的发明创造等明确排除在专利授权范围之外，其中违反公序良俗的情形主要有三种：（1）煽动暴乱或破坏公共秩序之行为的陈述；（2）种族、宗教或类似的歧视性宣传；（3）犯罪行为和严重色情的主题。③ 日本对于专利客体采用否定列举式的规定方式，把依据核转换方法制造的物质、有害于公序良俗或公共卫生的发明创造等明确排除在专利授权范围之外。④

我国对于专利客体采用类似于欧洲的肯定概括式与否定列举式相混合的规定方式，在将专利客体划定为包含发明、实用新型和外观设计的同时，把违反公序良俗的发明创造以及科学发现、智力活动的规则和方法、疾病的诊断和治疗方法、动物和植物品种、用原子核变换方法获得的物质、对平面印刷品的图案或色彩及其结合作出的主要起标识作用的设计等明确排除在专利授权范围之外。但是，动物和植物品种的非生物学生产方法，包含智力活动的规则和方法（如商业模式、计算机程序）的技术方案，疾病的诊断和治疗方法中使用的仪器或装置、物质或材料，只要符合专利新颖性、创造性、实用性要求，就可以

---

① 参见李明德：《知识产权法》，社会科学文献出版社 2007 年版，第 210 页。

② United States Code Title 35—Patents(2015). 101.

③ European Patent Convention(2000), Art. 52, 53; EPO. Guidelines for Examination in the European Patent Office(2019). Part A, Chapter III, 8.1.

④ 日本特許法(2019)，第 32 条。

被授予专利权。①

从上述国家和地区的有关规定可以看出，对于专利客体的规定方式不外乎三种：肯定概括式、否定列举式和混合式，其中肯定概括式所界定的专利客体范围较为模糊，否定列举式所界定的专利客体范围较为清晰，混合式所界定的专利客体范围则介于中间，但无论采用哪种规定方式，欧洲、日本和我国都明确把违反公序良俗的发明创造排除在专利授权范围之外。但对于违反公序良俗的发明创造专利申请的审查，其认定和排除的时间、方式，欧洲通常在专利申请公开前由专利检索部门完成，时间早，经过检索，对社会造成的危害较小或基本没有危害；我国则在初审时进行审查，在实审时再对发明作进一步审查，时间晚，未经检索先行公开，对社会造成的危害较大。

正因如此，我国2012年问题胶囊事件引发了对于专利的客体条件尤其是发明创造违反公序良俗的热议。2012年4月15日，中央电视台"每周质量报告"节目播出《胶囊里的秘密》，曝光9家药厂13个批次药品所用胶囊重金属铬含量超标，原因是这些胶囊所用原料是旧皮鞋等皮革肥料熬制成的工业明胶。事件持续发酵，截至4月22日，全国各地查扣用工业明胶生产的胶囊7700余万粒，查封非法生产线80条。不仅如此，据反映，问题胶囊相关产品和方法曾获专利保护；4月27日，国家知识产权局正式回应称，分别于2000年和2001年批准的利用皮革废料提取食用明胶的2件专利均已失效，将严格依法排除违反公序良俗的发明创造专利申请。

经检索，问题胶囊相关产品和方法专利之一，是专利号为98112702.9的"高铬明胶"发明专利。该专利的申请日为1998年10月23日，因未缴年费于2004年12月22日终止。根据该专利说明书，该专利产品作为一种食品和药品添加剂的，其铬含量大于2mg/kg，制备方法之一是利用制革工业中剩余的铬革边屑料鞣质而成。而国家标准GB6783－94规定，食品添加剂明胶中铬含量小于2mg/kg；企业标准QB2354－2005规定，药用明胶中对重金属铬的限量要求为2mg/kg；企业标准QB/T4087－2010规定，食用明胶的原料应为动物的骨和

① 《中华人民共和国专利法》(2008)第2、5、25条，国家知识产权局《专利审查指南》(2019)第2部分第1章。

皮等,严禁使用制革厂鞣制后的任何废料。由此,该专利明显违反国家标准和企业标准,其发明创造因违反公序良俗而本应不属于专利授权范围。①

问题胶囊等违反公序良俗的发明创造,虽然欧洲、日本和我国法律都将之明确排除在专利授权范围之外,但如何阻止这样的发明创造获得专利授权却是解决问题的关键。欧洲在专利申请公开前由专利检索部门完成,值得我国学习和借鉴。既然不授予专利权的发明创造所违之法仅限于全国人大及其常委会依照立法程序制定和颁布的法律,发明创造违反法规、规章及其他规范性文件应当归为违反社会公德、妨害公共利益。② 建议对于申请专利的发明创造,包括发明、实用新型和外观设计,都在初审时通过检索完成对其是否违反公序良俗的审查,以防其公开和传播后对社会造成较大危害。

二、发明专利创造性的判断——"加热器"发明专利驳回复审案③

发明专利创造性判断是一个世界性难题,既要明确标准和要素,又要有原则指导和步骤规范。我国发明专利创造性判断标准并不比其他国家更高,需要站在所属领域普通技术人员的角度,针对发明专利权利要求所限定的每一个技术方案所实际解决的技术问题,确定所属或相关领域的现有技术整体上是否存在技术启示,将发明专利的区别技术特征应用到最接近的现有技术,以获得发明专利的区别技术特征所具有的作用功能和技术效果。

(一)案件事实

X(一审原告、二审上诉人、再审申请人)为"用于液体加热容器的加热器"的发明专利(以下简称涉案专利)的申请人,Y(一审被告、二审被上诉人、再审被申请人)为认定涉案专利无效的国务院专利行政部门专利复审委员会。

涉案专利的申请日为2006年9月8日、优先权日为2005年9月9日、公开日为2007年3月14日,其经过实质审查被国家知识产权局于2011年9月26日决定驳回,因其相对于公开日为2001年12月28日的法国专利申请

---

① 参见袁真富:《"毒胶囊制造专利"穿不上合法外衣》,载《东方早报》2012年4月26日,第A23版。

② 参见管荣齐:《中国知识产权法律制度》,知识产权出版社2016年版,第108~109页。

③ 最高人民法院行政判决书(2018)最高法行再131号。

FR2810526A1(以下简称对比文件1)、授权公告日为1987年12月22日的美国专利US4714822(以下简称对比文件5)和公知常识的结合,不具备我国2000年《专利法》第22条第3款所要求的创造性。

X不服国家知识产权局对涉案专利申请作出的驳回决定,于2012年1月11日向Y提出复审请求,并于2014年4月16日对涉案专利权利要求书完成修改和提交替换文本。Y经过审理于2014年5月7日作出维持驳回涉案专利申请决定的第66095号复审请求审查决定(以下简称第66095号复审行政决定),主要理由是涉案专利申请的权利要求1~8都不具备我国2000年《专利法》第22条第3款所要求的创造性,其中权利要求1和权利要求5是两项独立权利要求,其都包含两个并列的技术方案,但对所属领域普通技术人员来说,这些技术方案都是显而易见的或者容易想到的;而权利要求2~4是权利要求1的从属权利要求,权利要求6~8是权利要求5的从属权利要求,但其附加的技术特征均已被现有技术所公开。①

X不服第66095号复审行政决定,向北京市第一中级人民法院(以下简称北京一中院)提起行政诉讼。北京一中院一审认为,涉案专利申请的权利要求1、权利要求5作为两项独立权利要求,与最接近的现有技术即对比文件1相比,分别有两个大体相同的区别技术特征,其中之一已被对比文件5所公开,之二则是所属技术领域的公知常识,所属领域普通技术人员在对比文件1的基础上,容易想到结合对比文件5和所属领域的公知常识,得到权利要求1、权利要求5的技术方案;而权利要求2~4作为权利要求1的从属权利要求,权利要求6~8作为权利要求5的从属权利要求,其附加的技术特征均已被对比文件1和5所公开。因此,涉案专利申请不具备我国2000年《专利法》第22条第3款规定的创造性,判决驳回X的诉讼请求。②

X不服北京一中院一审判决,向北京市高级人民法院(以下简称北京高院)提出上诉。北京高院二审认为,关于涉案专利申请的权利要求1、权利要求5的区别技术特征,因X对北京一中院一审认定不持异议而经审查予以确认,

---

① 国家知识产权局专利复审委员会第66095号复审请求审查决定。

② 北京市第一中级人民法院(2014)一中行(知)初字第10267号行政判决书。

其中一个区别技术特征属于所属领域的公知常识，另一个区别技术特征未被现有技术公开的部分属于所属领域的常规技术手段，因而所属领域普通技术人员在对比文件1的基础上，容易想到结合对比文件5和所属领域的公知常识，得到权利要求1、权利要求5的技术方案；而权利要求2~4作为权利要求1的从属权利要求，权利要求6~8作为权利要求5的从属权利要求，其附加的技术特征均已被对比文件1和5所公开。因此，涉案专利申请不具备创造性，判决驳回上诉、维持原判。①

X不服北京高院二审判决，向最高人民法院申请再审。X申请再审的理由主要有二：(1)涉案专利申请的权利要求1、权利要求5作为独立权利要求，均包含两个并列的技术方案，其创造性应当分别进行认定；而北京高院二审判决把所谓公知常识直接简单叠加，且未注意到两个并列的技术方案所具有的不同创造性高度。(2)第66095号复审行政决定对有关事实的认定错误，包括独立权利要求的区别技术特征及其被现有技术公开、现有技术中沟槽和壁体的作用功能和技术效果等。因此，X请求最高人民法院判决撤销北京一中院一审判决、北京高院二审判决和第66095号复审行政决定。②

(二)法院判旨

最高人民法院再审判决撤销北京高院二审判决、北京一中院一审判决和第66095号复审行政决定。

最高人民法院认为，第66095号复审行政决定关于权利要求1A不具备创造性的认定正确，但关于权利要求1B和权利要求5不具备创造性的认定错误；北京一中院一审判决维持第66095号复审行政决定、北京高院二审判决驳回X上诉，其认定事实和适用法律均有错误。

1. 关于权利要求1的创造性

涉案专利申请的权利要求1以“或者”的方式，限定了两个并列的技术方案1A和1B，其区别在于壁体的设置方式不同，其中技术方案1A中壁体作为单独的一部分附设到所述基板上，技术方案1B中壁体通过在基板面对液体的

---

① 北京市高级人民法院(2017)京行终600号行政判决书。

② 最高人民法院行政判决书(2018)最高法行再131号。

上侧形成沟槽而设置。因为这两个技术方案的保护范围相互独立，故而应当对其创造性分别进行认定。

技术方案1A与最接近的现有技术对比文件1相比，有两个区别技术特征1A和2。其中，区别技术特征1A并未限定壁体有沟槽，故其只有热屏障而无增强热连接的作用功能和技术效果，且这一区别技术特征已被对比文件5所公开；而区别技术特征2不仅被对比文件5所公开，还是所属技术领域的公知常识。因此，现有技术整体上已经给出了实现区别技术特征1A和2的技术启示，故技术方案1A不具有创造性。

技术方案1B与最接近的现有技术即对比文件1相比，有两个区别技术特征1B和2。虽然区别技术特征2已被对比文件5所公开且是所属技术领域的公知常识，但是区别技术特征1B明确限定壁体通过在基板面对液体的上侧形成沟槽而设置，同时具有热屏障和增强热连接的作用功能和技术效果，且这一区别技术特征既没有被现有技术所公开，又未在现有技术中存在相应技术启示，故技术方案1B具备创造性。

由此，涉案专利申请的权利要求1所限定的两个并列的技术方案1A、1B，存在实质性差异和具有不同的作用功能和技术效果，而第66095号复审行政决定和北京一中院一审判决未加区分，笼统地认定权利要求1中现的作用功能和技术效果仅为热屏障，而未考虑技术方案1B增强热连接的作用功能和技术效果。

2. 关于权利要求5的创造性

涉案专利申请的权利要求5也以“或者”的方式，限定了两个并列的技术方案5A和5B，其区别在于连续壁体的设置方式不同。其中，技术方案5A中连续壁体属于至少部分包围检测区域的用于为附设在基板下侧的单独的第二扩散部定位的装置，作为单独的一部分附设到所述基板上；技术方案5B中连续壁体亦属于至少部分包围检测区域的定位装置，但通过在基板面对液体的上侧形成沟槽而设置。因为这两个技术方案的保护范围相互独立，故而应当对其创造性分别进行认定。

技术方案5A中连续壁体同时具有两方面的作用功能和技术效果：(1)作为热屏障，确保检测区域内热传感器免受周围加热元件的影响，提高温度测量的准确性;(2)作为定位装置,确保检测区域中第二扩散部在焊接时处于合适位置。而现有技术中环状沟槽、双壁辐射屏虽然具有热屏障作用,但都不具有确保检测区域中第二扩散部在焊接时处于合适位置的定位功能。技术方案5A既没有被现有技术所公开,又未在现有技术中存在相应技术启示,还不是所属领域的公知常识,故其具备创造性。

技术方案5B中连续壁体除了具有技术方案5A中连续壁体所具有的热屏障和定位两方面作用功能和技术效果以外,还因沟槽设置而具有增强热连接的第三方面作用功能和技术效果。而现有技术不但没有公开连续壁体在检测区域中第二扩散部在焊接时处于合适位置的定位功能,而且没有公开连续壁体在基板面对液体的上侧形成沟槽而设置。因此,技术方案5B没有被现有技术所公开,也未在现有技术中存在相应技术启示,更不是所属领域的公知常识,故而具备创造性。

由此,涉案专利申请的权利要求5所限定的两个并列的技术方案5A和5B,相对于现有技术和所属领域的公知常识的结合均具有创造性。第66095号复审行政决定既未区分技术方案5A和5B,又笼统地认定权利要求5中连续壁体的作用功能和技术效果仅为热屏障,而未考虑其定位和增强热连接的作用功能和技术效果。①

(三)选出理由

本案是《最高人民法院知识产权案件年度报告(2018)》从最高人民法院2018年审结的知识产权和竞争案件中精选的28件典型案件之一,且是仅有的3件典型专利行政案件之一;本案所涉及的同一权利要求中并列技术方案的创造性判断、区别技术特征的作用功能和技术效果认定、以区别技术特征的全部作用功能和技术效果判断创造性3个问题,入选该年度报告所归纳的37个具有一定指导意义的法律适用问题。

1. 同一权利要求中并列技术方案的创造性判断

如果一项权利要求中对同一结构设定了多个并列的技术特征,其相互之

---

① 最高人民法院行政判决书(2018)最高法行再131号。

间存在实质性差异，具有不同的作用功能和技术效果，结合其他技术特征而组成多个保护范围相互独立的技术方案，则应当对其创造性分别进行认定，包括相对于最接近现有技术的区别技术特征、实际解决的技术问题、将区别技术特征应用于最接近现有技术的技术启示等。这些同一权利要求限定的并列和对立的多个技术方案中，一个技术方案不具有创造性，其他技术方案不一定没有创造性，关键是其对所属领域普通技术人员来说显而易见与否。

2. 区别技术特征的作用功能和技术效果认定

在判断一项权利要求所限定的技术方案是否具有创造性时，首先需要根据区别技术特征的作用功能和技术效果来确定该技术方案实际解决的技术问题。而区别技术特征的作用功能和技术效果，在权利要求中限定的和在说明书中记载的并非完全一致或相互对应；倘若二者之间存在实质性差异，则以权利要求中限定的为准，但前提是权利要求中限定的作用功能和技术效果必须在说明书中有相应记载，区别仅在于说明书中记载的多于权利要求中限定的，否则会产生权利要求得不到说明书支持的问题。

3. 以区别技术特征的全部作用功能和技术效果判断创造性

如果说明书所记载的区别技术特征，同时具有多方面的作用功能和技术效果，那么在对权利要求所限定的技术方案进行创造性判断时，应当综合考虑该区别技术特征的全部作用功能和技术效果，以此来确定：(1)权利要求所限定的技术方案实际解决的技术问题；(2)权利要求所限定技术方案的区别技术特征是否已被其他对比文件所公开；(3)现有技术整体上是否给出将区别技术特征应用于最接近现有技术的技术启示。否则，将会割裂区别技术特征与其各方面作用功能和技术效果之间的有机联系，也不符合权利要求所限定的技术方案作出的技术创新贡献。①

(四)案件评释

创造性是发明专利实质条件中最主观、最难以把握的一个，其判断不仅需要明确标准和要素，还要有原则指导和步骤规范。

---

① 《最高人民法院知识产权案件年度报告(2018年)摘要》，载《人民法院报》2019年4月25日，第2版。

1. 发明专利创造性的判断标准

创造性用以确定发明专利的创新高度，是保证发明专利质量的主要措施。一项发明要获得专利授权，必须具备新颖性、创造性、实用性，其中新颖性要求申请专利的发明不同于现有技术，而创造性要求申请专利的发明与现有技术的不同必须达到一定高度。

在不同国家和地区，发明专利创造性的称谓有所不同，在美国称为非显而易见性，在欧洲称为创造性步骤，在日本称为进步性，但其含义和判断标准基本相同。而在我国，发明专利创造性由两部分构成：一是突出的实质性特点，等同于非显而易见性；二是显著的进步，体现为有益的技术效果，而这又是发明专利实用性的主要内涵。①

从形式上来看，似乎我国发明专利创造性的判断标准比美国、欧洲、日本等国家和地区更高，而实际上这些国家和地区发明专利的非显而易见性的判断，是将我国发明专利创造性中突出的实质特点和显著的进步两部分综合起来考虑的。②

2. 发明专利创造性的判断要素

发明专利创造性的要素主要有现有技术、技术领域、技术人员、技术启示和技术效果。③

（1）现有技术：即发明专利申请日以前已经公知公用的技术。虽然新颖性和创造性的判断都以现有技术作为对比，但用以判断新颖性和创造性的现有技术的范围有所不同，其中用以判断新颖性的现有技术不限于任何技术领域，而用以判断创造性的现有技术必须属于相同或相关技术领域。④

（2）技术领域：即发明专利所属或相关的技术领域。技术领域的划分主要体现在专利分类上，世界上主要有三种专利分类法：国际专利分类法、美国专

---

① 参见管荣齐：《中国专利创造性条件的改进建议》，载《法学论坛》2012 年第 3 期。

② 参见国家知识产权局条法司：《新专利法详解》，知识产权出版社 2001 年版，第 147 ~ 148 页。

③ 参见管荣齐：《发明专利的创造性》，知识产权出版社 2012 年版，第 62 页。

④ 参见[美]阿瑟 · R. 米勒、迈克尔 · H. 戴维斯：《知识产权法概要》，中国社会科学出版社 1998 年版，第 57 页。

利分类法和英国德温特专利分类法,我国采用的是国际专利分类法。技术领域的确定基于发明专利的主题,包括申请的主题、申请文件中揭示的主题,分别用以确定发明专利的所属技术领域、相关技术领域,前者比较容易,后者比较困难,还要综合发明专利的名称、主题、功能、用途等因素。①

(3)技术人员:即所属领域普通技术人员,是法律拟制的判断发明专利创造性的主体。如果所属领域普通技术人员认为,申请专利的发明是显而易见的,则不能对该发明授予专利权。由此,所属领域普通技术人员的技术水平,对发明专利创造性的有无至关重要,既不能过高又不能过低,以略高于现有技术的水平为宜,能够获知所属领域中所有的现有技术和其他领域中相关的现有技术。②

(4)技术启示:即把发明专利的区别技术特征应用到最接近的现有技术,获得该发明专利的技术方案的启示。如果现有技术整体上存在这种技术启示,使得所属领域普通技术人员面对发明专利实际解决的技术问题时,有动机将该发明专利的区别技术特征应用到最接近的现有技术,以改进该发明专利最接近的现有技术并获得该发明专利的技术方案,则该发明专利是显而易见的即不具有突出的实质性特点。③

(5)技术效果:包括有益的技术效果和预料不到的技术效果。有益的技术效果是我国发明专利创造性之显著的进步和实用性的内涵之一,鉴于其无谓重复和其他国家和地区的轻视甚至无视,有必要予以删除或者在发明专利申请的实质审查予以忽略。预料不到的技术效果是发明专利创造性判断的辅助考虑因素,不能据此对发明专利创造性的有无直接作出判断,仍应综合各方面的客观证据并遵循发明专利创造性的判断步骤。④

3. 发明专利创造性的判断原则

(1)整体判断原则:在对发明专利创造性进行判断时,不仅要将该发明专

---

① 参见[日]吉藤幸朔:《专利法概论》,宋永林、魏启学译,专利文献出版社 1990 年版,第 118 页。

② 参见管荣齐:《发明专利的创造性》,知识产权出版社 2012 年版,第 100～101 页。

③ 国家知识产权局《专利审查指南》(2019)第 2 部分第 4 章第 3.2.1.1 节。

④ 参见管荣齐:《我国专利实质条件的改进建议》,载《知识产权》2013 年第 10 期。

利作为一个整体来看待,还要将其现有技术从整体上加以考虑。申请专利的发明从整体上来说,包括该发明专利的技术方案本身、所属技术领域、所解决的技术问题和所产生的技术效果,用以确定该发明专利与现有技术之间的区别。现有技术从整体上来说,包括现有技术文件所限定或记载的全部内容,用以确定现有技术是否存在获得发明专利技术方案的技术启示。

(2)多项对比原则:在对发明专利创造性进行判断时,不仅可以将多份现有技术文件结合起来进行对比,也可以将一份现有技术文件中的不同部分结合起来进行对比,还可以将现有技术文件与公知常识结合起来进行对比。但需要注意的是,多项对比必须由所属领域普通技术人员在所属或相关技术领域内进行。经过对比发现,现有技术中存在获得发明专利技术方案的技术启示,则该发明专利不具有创造性。

(3)避免"事后诸葛亮"原则:在对发明专利创造性进行判断时,不仅要以申请日或优先权日作为时间标准,还要以当时所属领域普通技术人员的知识和能力作为技术水平标准。只有站在当时所属领域普通技术人员的角度,将发明专利与申请日或优先权日之前的现有技术进行对比,认定该发明专利不是显而易见的,该发明专利才具有创造性。①

4. 发明专利创造性的判断步骤

对发明专利创造性进行判断,通常按照以下三个步骤进行:

(1)确定发明专利最接近的现有技术。发明专利一般有多项现有技术,通常确定与其最密切相关的一项现有技术为其最接近的现有技术。其中,最密切相关的情形包括:技术领域相同或相近,所解决的技术问题、所产生的技术效果最接近,公开发明专利的技术特征最多。最接近的现有技术是发明专利创造性的基础,以此确定发明专利的区别技术特征和实际解决的技术问题、认定现有技术整体上是否存在获得发明专利的技术启示。

(2)确定发明专利的区别技术特征和实际解决的技术问题。将发明专利的技术方案与其最接近的现有技术文件进行对比,找出发明专利权利要求前

① 参见管荣齐:《发明专利的创造性》,知识产权出版社2012年版,第158~165页。

序部分和特征部分所有的区别技术特征。分析发明专利的区别技术特征所能达到的全部技术效果,包括所属领域普通技术人员根据发明专利的说明书中所记载的内容能够得知的技术效果,结合说明书中所描述的技术问题重新确定发明专利实际解决的技术问题,即发明专利为获得更好的技术效果而对最接近的现有技术所作出的技术改进。

(3)判断发明专利对所属领域普通技术人员来说是否显而易见。以发明专利最接近的现有技术和实际解决的技术问题为基础,确定现有技术整体上是否存在获得发明专利的技术启示,使得所属领域普通技术人员面对发明专利实际解决的技术问题,有动机将发明专利的区别技术特征应用于最接近的现有技术。如果现有技术整体上没有这种技术启示,则该发明专利是非显而易见的即具有突出的实质性特点。①

三、专利实用性的判断——"磁悬浮磁能动力机"发明专利驳回复审案②

专利实用性作为专利授权的重要实质条件之一,要求发明创造的技术方案能够实际实施和重复实施,能够解决技术问题、产生积极效果。发明创造的技术方案对所属领域普通技术人员来说不能够实现,如是其本身的固有缺陷引起的则认定为不具备专利实用性,否则认定为说明书公开不充分。专利实用性的判断在传统技术领域可以适当弱化,但在高新技术领域需要重点关注。

(一)案件事实

X(一审原告、二审上诉人、再审申请人)为"磁悬浮磁能动力机"发明专利申请(以下简称涉案专利申请)的申请人;Y(一审被告、二审被上诉人)为对涉案专利申请作出驳回复审行政决定的国务院专利行政机关所属的专利复审委员会(以下简称专利复审委员会)。

涉案专利申请的申请日是2010年4月15日,其申请号是201010147700.5,公开日是2010年8月25日。根据涉案专利申请的说明书记载,其发明目的是替代汽、油、风、水、核能动力机,应用磁极同性相斥、异性相吸的原理,以少量电能

① 国家知识产权局《专利审查指南》(2019)第2部分第4章第3.2.1.1节。

② 最高人民法院行政裁定书(2016)最高法行申789号。

做启动和控制，以磁能为主要动力，通过特殊结构实现驱动。[①] 涉案专利申请经国家知识产权局实质审查，于2012年6月5日以违反能量守恒定律、不具有实用性为由被驳回。

X不服国家知识产权局对涉案专利申请作出的驳回决定，于2012年8月22日向Y提出复审请求。Y经审查，于2014年6月23日作出第68294号复审请求审查决定（以下简称第68294号驳回复审行政决定），维持国家知识产权局对涉案专利申请作出的驳回决定，其理由是涉案专利申请不具备我国《专利法》第22条第4款规定的实用性，因为涉案专利申请的技术方案中所需使用的能量主要来源于永磁体，但永磁体的磁场只是一种作为能量转换媒介的保守场，永磁体的磁能无法向外界持续提供能量，故涉案专利申请不符合自然规律。[②]

X对第68294号驳回复审行政决定不服，在法定期限内向北京市第一中级人民法院（以下简称北京一中院）提起行政诉讼。北京一中院一审认为，专利实用性要求申请专利的发明创造符合包括能量守恒定律在内的自然规律，而涉案专利申请利用永磁体的磁能为动力来实现节约电能的技术效果，但永磁体的磁场只能作为能量转换的媒介却无法成为持续的能量源，故不符合我国《专利法》(2008)第22条第4款关于专利实用性的要求。因此，北京一中院一审判决维持第68294号驳回复审行政决定。[③]

X对北京一中院一审判决不服，在法定期限内向北京市高级人民法院（以下简称北京高院）提出上诉。北京高院二审认为，由于永磁体的磁能无法成为持续的能量源，且物体的惯性运动不能做功，故涉案专利申请的磁悬浮磁能动力机只依靠少量用于维持的直流电和飞轮转动的动能，在没有其他外部输入能量的情况下无法实现连续运转，不能在产业上使用并产生积极效果，即不具备专利实用性。因此，北京高院二审判决驳回X的上诉，维持北京一中院一审

---

① 中国发明专利申请“磁悬浮磁能动力机”(201010147700.5)公开的说明书。

② 国家知识产权局专利复审委员会第68294号复审请求审查决定。

③ 北京市第一中级人民法院行政判决书(2014)一中行(知)初字第10512号。

判决。①

X对高院二审判决依然不服，向最高人民法院申请再审。X申请再审的理由主要有三：(1)涉案专利申请的技术方案中所需使用的能量并非全部来自内部，还包括用于启动和控制的少量直流电能或电脉冲能量；(2)涉案专利申请的磁悬浮磁能动力机具有特殊内部结构，所建立的动磁场不是保守场，可以向外界持续提供能量；(3)涉案专利申请的能量来源包括动磁场磁能、电脉冲能量、飞轮能量和惯性能量，其中动磁场磁能为主要能源，惯性能量源于惯性运动做功，符合能量守恒定律，具备专利实用性。②

（二）法院判旨

最高人民法院再审裁定驳回X的再审申请。

最高人民法院认为，根据我国《专利法》（2008）第22条第4款，专利实用性的判断应当以专利权利要求书和说明书记载的整体技术内容为依据，以专利技术方案能否解决技术问题、能否在产业上制造或使用为标准。本案中，根据涉案专利申请的权利要求书和说明书的记载，磁悬浮磁能动力机具有特殊的内部结构，其转子外圆上扇形永磁体与定子内圈之间距离由前向后逐渐减小，转子以少量的电脉冲动能启动后总能从后端得到一个使其向前加速的磁场推力而完成其余的圆周运动，即其特殊内部结构所形成的动磁场能够持续提供维持转动的能量，从而利用磁能实现节能环保的效果。由此，涉案专利申请是否具备实用性的关键在于，其利用磁能实现连续运转的技术方案能否在产业上制造或使用。

专利技术方案能够在产业上制造或使用，必须符合自然规律和具有再现性。本案中，根据涉案专利申请公开的整体技术内容，磁悬浮磁能动力机主要由外转子、内转子和飞轮等结构组成，所需能量主要来源于其特殊内部结构形成的动磁场磁能。但众所周知的是，飞轮启动和产生惯性需要外部能量输入，带动外转子旋转还需要能量输出大于能量输入；动磁场需要外部能量输入才能维持，否则不能向外部持续输出磁能。涉案专利申请在较少外部能量输入

① 北京市高级人民法院行政判决书（2015）高行（知）终字第2084号。

② 最高人民法院行政裁定书（2016）最高法行申789号。

的情况下,从内部凭空得到一个更大的输出能量,有违自然规律之一的能量守恒定律,无论其内部结构如何特殊也不可能连续再现,即不能够在产业上制造或使用且产生节能环保的效果,不具备我国《专利法》第22条第4款所规定的专利实用性。

专利实用性的判断不同于专利说明书公开是否充分、专利技术方案能否实现。① 专利实用性的判断即确定专利能否在产业上制造或使用,是基于专利技术方案本身是否存在固有缺陷而言的,与专利说明书公开是否充分、专利技术方案能否实现无关。本案中,涉案专利申请说明书没有公开转子到达最大阻力点时通电驱动的技术内容,包括在负载变化时调节和控制电流大小、通电时长等,在形式上构成说明书公开不充分、技术方案无法实现;但实质上涉案专利申请的技术方案违背自然规律和缺乏再现性,其本身并不存在可以实施的技术信息内容,而非因其说明书公开不充分而无法实现。在这种情况下,应当认定涉案专利申请不具备专利实用性而非说明书公开不充分、技术方案无法实现。②

(三)选出理由

本案是《最高人民法院知识产权案件年度报告(2016)》从最高人民法院2016年审结的知识产权和竞争案件中精选的27件典型案件之一,且是仅有的4件典型专利行政案件之一;本案所涉及的专利实用性的判断要素、"能够制造或者使用"与"能够实现"之间的关系等两个问题,入选该年度报告所归纳的39个具有一定指导意义的法律适用问题。③ 此外,本案还入选《最高人民法院知识产权审判案例指导》第9辑。④

---

① 《中华人民共和国专利法》(2008)第22条第4款、第26条第3款,国家知识产权局《专利审查指南》(2006)第2部分第2章第2.1条、第5章。

② 最高人民法院行政裁定书(2016)最高法行申789号。

③ 参见《最高人民法院知识产权案件年度报告(2016年)摘要》,载《人民法院报》2017年4月26日,第3版。

④ 参见最高人民法院知识产权审判庭:《最高人民法院知识产权审判案例指导》(第9辑),中国法制出版社2017年版,第119页。

1. 专利实用性的判断要素

发明创造具备专利实用性，是指发明创造的技术方案本身符合自然规律，可以实际应用并能够产业化再现。由此，专利实用性的判断需要考虑如下要素：

（1）具备专利实用性的发明创造必须具体化为特定的技术方案。发明创造不能只是认识自然规律而获得的抽象理论或思想观念，如揭示自然界中客观存在的物质、现象、变化过程及其特性和规律的科学发现，不属于专利法意义上改造客观世界的技术方案。具备专利实用性的发明创造必须利用自然规律、采用技术手段（具有技术特征），如指导人们进行思维、表述、判断和记忆的智力活动规则和方法，因未利用自然规律、未采用技术手段而不构成专利法意义上的技术方案。① 发明创造的技术方案本身必须具体、完整、符合自然规律，对所属领域普通技术人员来说能够实际实施，本案涉案专利申请的磁悬浮磁能动力机如同永动机，因违背自然规律、不能实际实施而不具备专利实用性、不授予专利权。

（2）具备专利实用性的发明创造必须能够产业化再现或重复实施。发明创造的技术方案必须能够产业化制造或使用，包括产品发明创造的产业化制造、方法发明创造的产业化使用，其中"产业"涵盖农业、工业、服务业等一二三产业的所有行业，"产业化"是指制造或使用达到一定批量或规模。② 发明创造的技术方案必须具有再现性，对所属领域普通技术人员来说能够重复实施，且不依赖任何随机因素而取得基本相同的实施结果，③那些依赖于特定的自然条件所完成的独一无二的发明创造，如利用特定地形所开凿的运河、所建造的桥梁或堤坝，因其技术方案不能再现或重复实施而不具备专利实用性。④

（3）具备专利实用性的发明创造必须能够解决技术问题、产生有益效果。发明创造所解决的技术问题在现有技术中实际存在，所针对的是现有技术中

---

① 国家知识产权局《专利审查指南》(2019)第2部分第1章第4.1、4.2条。

② 参见尹新天：《中国专利法详解》，知识产权出版社2011年版，第276~278页。

③ 因实施过程中未能确保某些技术条件而导致实施结果不理想的除外。

④ 参见李明德：《知识产权法》，社会科学文献出版社2007年版，第221~223页。

存在的缺陷或不足。发明创造解决技术问题除了利用自然规律、采用技术手段以外,还必须能够取得或产生预期的有益效果,包括经济、技术和社会的效果。有益效果是由构成发明创造的技术特征直接带来或必然产生的,通常表现为产量、质量、效率提高,原材料、能源、工时的节省,操作、控制、使用的简便,环境污染治理、功效性能改善、新用途出现等。与现有技术相比较,明显无益甚至有害、不能产生有益效果的发明创造不具备专利实用性。① 本案涉案专利申请的磁悬浮磁能动力机不能产生节能环保的有益效果,因而不具备专利实用性。

2. “能够制造或者使用”与“能够实现”之间的关系

“能够制造或者使用”是专利实用性的要求。我国专利审查指南明确规定,专利实用性要求发明创造“能够制造或者使用”,是指其技术方案本身具有在产业上制造或使用的可能性;发明创造缺乏专利实用性即不具有在产业上制造或使用的可能性,则是由其技术方案本身的固有缺陷引起的,与其说明书公开是否充分、技术方案能否实现无关。

“能够实现”是说明书充分公开的要求。所谓说明书充分公开,是指说明书对发明创造作出清楚、完整的说明,达到所属领域普通技术人员能够实现的程度。② 其中,“能够实现”是指按照发明创造的说明书记载的技术内容,所属领域普通技术人员能够解决其技术问题并产生预期的技术效果。只有发明创造的说明书充分公开其技术特征和具体实施方式(技术内容),才能达到明创造的技术方案对所属领域普通技术人员来说能够实现的程度。③

“能够制造或者使用”与“能够实现”之间存在竞合关系。如前所述,专利实用性要求发明创造的技术方案能够实际实施和重复实施,能够解决技术问题、产生有益效果,虽是就发明创造的技术方案本身而言的,但也是对所属领域普通技术人员来说的。在专利申请审查、复审或专利无效宣告审查过程中,

---

① 国家知识产权局《专利审查指南》(2019)第2部分第2章第2.2.4条、第5章。

② 参见管荣齐、周阳:《专利说明书充分公开的判断——沃尔尼·朗伯公司与专利复审委员会等发明专利无效案》,载《中国发明与专利》2019年第10期。

③ 《中华人民共和国专利法》(2008)第26条第3款,国家知识产权局《专利审查指南》(2019)第2部分第2章第2.1.3条、第5章第3.2条。

发现发明创造的技术方案对所属领域普通技术人员来说不能实现，如是发明创造的技术方案本身的固有缺陷引起的，则以其不具备专利实用性为由予以驳回或无效，否则以说明书公开不充分为由予以驳回或无效。

(四)案件评释

专利实用性历来都是世界各国专利授权的重要实质条件之一。世界上第一部具有近代专利制度性质的法律——威尼斯共和国 1474 年发明人法(Inventor by Laws)规定："任何人在本城市制造了以前未曾制造过的、新而精巧的机械装置者，一俟改进趋于完善以便能够使用和操作，即应向市政机关登记。"①，其中，"能够使用和操作"即是实用性要求。美国第一部专利法——1790 年促进实用技艺进步法案第 1 部分规定，任何技艺(Art)、制品(Manufacture)、引擎(Engine)、机械(Machine)、装置(Device)及其没有公知公用的改进，只要足够有用和重要(Sufficiently Useful and Important)就可以获得专利权。② 其中，"足够有用"(Sufficiently Useful)无疑是指专利实用性。日本第一部真正意义上的专利法令——1885 年专卖专利条例(Patent Monopoly Ordinance)规定，申请专利的发明创造必须具有新颖性和实用性。③

专利实用性的判断在世界上有两种典型的观点和标准。(1)产业应用性(Industrial Applicability)的观点和标准，仅要求发明创造能够在产业上制造或使用，而不要求其能够产生有益的技术、经济或社会效果。④ 主要为欧洲、日本等大陆法系国家和地区所采用。(2)有用性(Utility)的观点和标准，仅要求发明创造具有微小的有益用途，⑤而不要求其优于能够实现同一用途的现有技术，更不要求其能够产生有益的经济或社会效果，⑥主要为美国所采用。我国专利实用性的判断兼采这两种观点和标准，一方面要求发明创造具有在产业

---

① 参见汤宗舜：《专利法教程》(第 3 版)，法律出版社 2003 年版，第 7 页。

② An Act to promote the progress of useful Arts(1790). Section 1.

③ 特许厅：『工业所有权制度百年史』(上卷)(发明协会，1984 年)71 頁。

④ 参见[日]吉藤幸朔：《专利法概论》，宋永林、魏启学译，专利文献出版社 1990 年版，第 90 页。

⑤ Michelle L. Johnson. *In re Bran and the Utility Examination Guidelines.* : *a Light at the End of the Tunnel*? The state of New Jersey Rutgers Law Review, 1996(49).

⑥ 参见[美]P. D. 罗森堡：《专利法基础》，郑成思译，对外贸易出版社 1982 年版，第 119 页。

上制造或使用的可能性,将那些不符合自然规律、不具有可实施性的发明创造排除在外;另一方面要求发明创造能够产生预期的积极的技术、经济和社会效果,将那些明显无益甚至有害、不能产生有益效果的发明创造排除在外。由此来看,我国的专利实用性要求比美国、欧洲、日本的还要高一些。

专利实用性的判断在传统技术领域趋于弱化但在高新技术领域进一步凸显。在机械、物理、电学、化学等开发和使用较早、发展相当充分的传统技术领域,对于发明创造能否在产业上制造或使用、能否产生预期的有益效果,除了普遍认为应当交予市场衡量而不必给予过多法律关注以外,所属领域普通技术人员具有较高的技术水平而比较容易作出判断。在信息、生物、新材料、新能源等建立在最新科技成就之上发展迅速且影响深远的高新技术领域,①对于发明创造能否产业上制造或使用、能否产生预期的有益效果,除了所属领域普通技术人员不易作出判断以外,该领域发明创造与科学发现、智力活动的规则和方法等之间的边界比较模糊而需要仔细甄别。由此,不同技术领域发明创造的专利实用性判断应当有所不同,在传统技术领域可以适当弱化,包括略去我国《专利法》第22条第4款关于"能够产生积极效果"的要求;②而在高新技术领域则需要重点关注,以防止基础研究成果被少数人垄断。

四、药品专利申请补充实验数据的审查——"作为抗肿瘤剂的5-取代的喹唑酮衍生物"发明专利驳回复审案③

允许药品专利申请补充实验数据是我国《专利审查指南》2017年修改的主要内容之一,也是世界各国药品专利申请审查中的普遍做法,但基本上都采取审慎的态度,以免违背专利先申请原则和公开换保护原则。我国司法实践亦是如此。而中美第一阶段经贸协议第1.10条明确要求放宽对药品专利申请补充实验数据的审查标准,最高人民法院也已就此发布相关司法解释面向社会公开征求意见,但该司法解释的具体条款内容仍有待于进一步商榷。

---

① 参见管荣齐:《发明专利的创造性》,知识产权出版社2012年版,第257、260、274、277页。

② 参见管荣齐:《我国专利实质条件的改进建议》,载《知识产权》2013年第10期。

③ 北京市高级人民法院行政判决书(2017)京行终1642号。

（一）案件事实

X（一审原告、二审上诉人）是一家美国公司，为“作为抗肿瘤剂的5-取代的喹唑酮衍生物”（以下简称涉案药品）的中国发明专利申请的申请人；Y（一审被告、二审被上诉人）是一家中国政府部门下属事业单位，为对涉案药品发明专利申请作出驳回复审行政决定的国务院专利行政部门专利复审委员会。

涉案药品发明专利申请的申请日是2007年9月25日，优先权日是2006年9月26日，公开日是2009年9月16日。国务院专利行政部门于2012年5月30日作出驳回涉案药品发明专利申请的行政决定（以下简称驳回行政决定），其理由是涉案药品发明专利申请的说明书公开不充分，不符合我国《专利法》（2008）第26条第3款的规定。X对驳回行政决定不服，于2012年9月12日向Y请求复审。Y经审查，于2014年7月3日作出第73780号专利复审请求审查决定（以下简称驳回复审行政决定），仍以涉案药品发明专利申请的说明书公开不充分为由维持驳回行政决定。①

X对驳回复审行政决定不服，向北京知识产权法院（以下简称北京知产法院）提起行政诉讼。北京知产法院一审认为，涉案药品属于新的化合物，其用途和/或使用效果只能依赖实验数据加以证实，而不能由所属领域普通技术人员根据现有技术予以确定；涉案药品发明专利申请的说明书仅记载所属领域多项公知的化合物活性验证方法，而没有公开其用途和/或使用效果或者证实其用途和/或使用效果的定性或定量的实验数据，不符合我国《专利法》（2008）第26条第3款关于说明书充分公开的规定；涉案药品发明专利申请过程中补充提交的证实涉案药品用途和/或使用效果的实验数据，是否在申请日时已经完成和充分公开仍需要但尚不能证实，因而不能改变其说明书公开不充分的事实。因此，北京知产法院一审判决驳回X的诉讼请求。②

X对北京知产法院一审判决不服，向北京市高级人民法院（以下简称北京高院）提出上诉。X的上述理由主要有：(1)北京知产法院一审判决认定涉案药品发明专利申请的说明书没有充分公开涉案药品的用途和/或使用效果，与

① 国家知识产权局专利复审委员会第73780号复审请求审查决定。

② 北京知识产权法院行政判决书(2015)京知行初字第2069号。

事实明显不符；并且没有遵循最高人民法院(2014)行提字第 8 号行政判决书所确立的有关裁判规则，[①]适用法律错误。(2)北京知产法院一审判决没有采纳 X 补充提交的证实涉案药品用途和/或使用效果的实验数据，亦没有遵循最高人民法院(2014)行提字第 8 号行政判决书所确立的有关裁判规则，且违背我国政府的相关外交承诺，适用法律错误。[②]

(二)法院判旨

北京高院二审判决驳回 X 的上诉，维持北京知产法院一审判决。

北京高院二审认为，涉案药品发明专利申请的说明书公开不充分，因其没有记载和公开涉案药品的用途和/或使用效果有关信息；补充实验数据不能被接受和采信，因其所证实的涉案药品用途和/或使用效果不能由所属领域普通技术人员从涉案药品发明专利申请公开的内容中得到，其也不符合最高人民法院(2014)行提字第 8 号行政判决书所确立的补充实验数据接受条件。具体如下：

1. 关于涉案药品发明专利申请的说明书充分公开

涉案药品属于新化合物，应当公开其具体医药用途或药理作用、有效量及使用方法，[③]否则所属领域普通技术人员无法根据现有技术预测其用途和/或使用效果能够实现。而涉案药品发明专利申请的说明书没有记载涉案药品用途和/或使用效果的定性或定量实验数据，不能证实涉案药品的用途和/或使用效果对于所属领域普通技术人员来说能够实现。因此，涉案药品发明专利申请说明书的公开没有达到充分的程度，不符合我国《专利法》(2008)第 26 条第 3 款的规定。

虽然所属领域普通技术人员具有运用常规实验手段的能力，按照涉案药品发明专利申请说明书所记载的方法步骤，不需要付出创造性劳动可以获得相关实验数据，但并不一定足以证实涉案药品的用途和/或使用效果能够实

---

① 参见管荣齐、周阳：《专利说明书充分公开的判断——沃尔尼·朗伯公司与专利复审委员会等发明专利无效案》，载《中国发明与专利》2019 年第 10 期。

② 北京市高级人民法院行政判决书(2017)京行终 1642 号。

③ 国家知识产权局《专利审查指南》(2006)第 2 部分第 10 章第 3 节。

现，且我国专利审查指南明确规定新化合物的说明书必须公开其用途和/或使用效果有关信息，[①]在相关实验已经完成且应已获得证实其用途和/或使用效果的实验数据后不在说明书中记载并公开，而要求所属领域普通技术人员通过相关实验去获取这些实验数据，既不合法也不合理。

2. 关于涉案药品发明专利申请过程中补充实验数据

涉案药品发明专利申请过程中可以补充实验数据，用以证实涉案药品的用途和/或使用效果，但这些用途和/或使用效果必须能够由所属领域普通技术人员从其公开的内容中得到。[②] 由此，补充实验数据只有在不破坏专利先申请原则的前提下才可以被接受，其中"不破坏专利先申请原则"主要是指不引入新的技术内容。涉案药品发明专利申请的说明书没有记载证实涉案药品用途和/或使用效果的实验数据，补充提交的实验数据是所属领域普通技术人员根据其记载和公开的内容无法得到的，因而接受和采信补充实验数据就意味着引入新的技术内容、破坏专利先申请原则。

根据我国《专利审查指南》的有关规定，补充提交的证实涉案药品用途和/或使用效果的实验数据需要接受审查，只有当涉案药品的用途和/或使用效果能够由所属领域普通技术人员从其发明专利申请公开的内容中得到时，这些实验数据才能被接受和采信。而 X 补充提交这些实验数据时，没有详细说明或证明其基于何时的技术水平、采用何种方法获得，以及其被接受和采信不引入新的技术内容、不破坏专利先申请原则。在此情况下，所属领域普通技术人员从涉案药品发明专利申请公开的内容中，不能得到补充实验数据用以证实的涉案药品用途和/或使用效果，因而这些实验数据不能被接受和采信。

最高人民法院(2014)行提字第 8 号行政判决书确立了两个必须同时符合的补充实验数据接受条件：一是时间条件，要求补充实验数据所涉及的实验条件、方法等，在申请日或优先权日前由所属领域普通技术人员通过阅读说明书能够直接或容易想到；二是主体条件，要求补充实验数据能够证实，以所属领域普通技术人员的知识水平和认知能力，通过说明书公开的内容可以实现涉

① 国家知识产权局《专利审查指南》(2006)第 2 部分第 10 章第 3 节。

② 国家知识产权局《关于修改〈专利审查指南〉的决定》(2017)第 3.5 节。

案药品发明。本案中,补充实验数据至少不符合时间条件,其提交时没有说明或证明所涉及的实验条件、方法等,以及是否在申请日或优先权日前由所属领域普通技术人员通过阅读说明书能够直接或容易想到。①

(三)选出理由

本案是中国知识产权杂志推选出的"2017 年度全国法院知识产权典型案例"中八大专利行政案件之一。本案的典型意义在于,在最高人民法院(2014)行提字第 8 号行政判决基础上,参照 2017 年《专利审查指南》关于补充实验数据审查的新规,强化了药品专利申请补充实验数据的审查标准。

我国《专利审查指南》于 2017 年修改时,就药品等化学发明的充分公开,增加关于补交实验数据的规定,即在药品等化学发明专利申请日后,允许补交实验数据以说明该发明的技术效果,且所属领域普通技术人员从该发明公开的内容中能够得到。② 但不论在该发明专利申请的实质审查程序中还是在其复审程序及其后续司法审查程序中,通过补入实验数据而对对申请文件所进行的修改,都不得超出原说明书和权利要求书所记载的范围,包括文字记载的内容和根据文字记载的内容以及附图能直接地、毫无疑义地确定的内容。③

针对我国 2017 年专利审查指南关于补充实验数据审查的新规,北京高院于 2017 年 4 月在《当前知识产权审判中需要注意的若干法律问题》中,就专利授权确权案件中补充实验数据的接受和采信,明确提出四点意见:(1)补充实验数据用以证明的技术效果必须在原申请文件中有明确记载,不能用以证明超过原申请文件公开范围的新技术事实;(2)补充实验数据用以证明的技术效果,无论是弥补说明书公开不充分,还是克服创造性缺陷,其接受和采信标准一致;(3)补充实验数据的接受和采信,不仅局限于化学领域,还适用于其他技术领域;(4)补充实验数据的获得,应当采用专利申请日前的实验条件、设备和手段。

---

① 北京市高级人民法院行政判决书(2017)京行终 1642 号。

② 国家知识产权局《专利审查指南》(2019)第 2 部分第 10 章第 3.5 条。

③ 《中华人民共和国专利法》(2008)第 33 条,《专利审查指南》(2019)第 2 部分第 8 章第 5.2.1.1 条。

本案一审和二审判决强化了补充实验数据的审查标准,确立了接受和采信补充实验数据的两个基本原则或前提:(1)专利先申请原则,要求补充实验数据必须是所属领域普通技术人员根据说明书记载和公开的内容能够得到的,用以证明的技术效果必须能够由所属领域普通技术人员从申请文件所公开的内容中得到,不得引入超过原申请文件公开范围的新技术内容;(2)公开换保护原则,要求实验数据通过申请日前相关实验获得后必须在说明书中记载和公开,补充实验数据必须详细说明或证明其基于何时的技术水平、采用何种方法获得,不得既要获得专利保护又隐藏部分技术内容,也不允许先隐藏部分技术内容再补充实验数据,其中"隐藏部分技术内容"包括仅在说明书中公开实验方法,而由所属领域普通技术人员获取或补充实验数据。①

(四)案件评释

药品等化学发明在专利申请过程中补充实验数据,不仅事关其说明书充分公开和权利要求书以说明书为依据,还涉及其实用性和创造性。药品等化学发明属于试验性技术领域,②其是否能够解决技术问题并取得积极效果,主要依赖于实验数据。③ 药品等化学发明如果不被允许在专利申请过程中补充实验数据,可能不能满足"所属技术领域的技术人员能够实现""能够制造或者使用,并且能够产生积极效果""具有突出的实质性特点和显著的进步"等要求,从而不能被授予专利权。因此,美国、欧洲、日本或直接或例外地允许药品等化学发明在专利申请过程中补充实验数据。④

但补充实验数据可能冲击专利先申请原则和公开换保护原则。所谓专利先申请原则,也称为先申请制,是指两个以上申请人就同样的发明创造申请专利的,专利权授予最先提出申请的人。⑤ 现在世界上所有国家都实行先申请

① 北京市高级人民法院行政判决书(2017)京行终1642号。

② 参见张清奎:《化学领域发明专利申请文件的撰写与审查》,知识产权出版社2010年版,第36~40页。

③ 参见张清奎:《化学及药品专利审查中的热点问题回顾和展望——关于实验数据的要求及补救措施》,载《中国发明与专利》2018年第8期。

④ 参见李彦涛:《药品专利审查中的补充实验数据》,载《知识产权》2019年第9期。

⑤ 参见李明德:《知识产权法》,社会科学文献出版社2007年版,第241页。

制,因其促使发明人在完成发明创造后尽早申请专利和向社会公开,既有利于技术传播,又避免重复研发,还便于确权和审查。先申请制的核心要素之一是申请日,以此为时间点界定专利权的归属,这是专利申请文件修改不得超范围、补充实验数据不得引入新技术内容的根源所在。

所谓公开换保护原则,亦即专利合同理论,是指发明者将其符合专利授权条件的发明创造向社会公众公开,社会公众给予或保护其在一定期限内独占实施该发明创造的权利。其中,发明者是合同一方,其合同权利是获得专利保护,合同义务是公开其发明创造;社会公众是合同另一方,由国家代表,其合同权利是获知发明创造内容,合同义务是给予或保护发明创造专利权。① 公开与保护之间的合同对价关系,是药品发明的说明书应当完整地公开其用途和/或使用效果、补充实验数据所证明的技术效果应当由所属领域普通技术人员能够从专利申请公开的内容中得到的根源所在。

正因为补充实验数据必须符合专利先申请原则和公开换保护原则,所以世界各国对其接受和采信都采取审慎的态度。根据欧洲专利审查指南,证明新的技术效果的实验数据原则上不能补入原申请文件,除非该技术效果在原申请文件中已被隐含公开或者与已公开的某一技术效果相关。② 美国联邦巡回上诉法院认为,补充实验数据证明发明取得预料不到的技术效果,或者隐含在专利文件公开的内容中,或者与公开的产品用途具有紧密联系,这时才考虑其是否被接受和采信。③ 根据日本专利审查指南,补充实验数据为支持和确认原说明书记载或预期的技术效果,从原说明书公开的内容中能够认识到或者推导得出,才可以被接受和采信。

我国《专利审查指南》(2017)、北京高院《当前知识产权审判中需要注意的若干法律问题》(2017)以及包括本案在内的司法判例,对于补充实验数据的接受和采信多是审慎的态度。但最高人民法院于 2018 年 6 月 1 日发布《关于审

---

① 参见管荣齐:《发明专利的创造性》,知识产权出版社 2012 年版,第 30 ~ 31、68 页。

② EPO. Guidelines for Examination in the European Patent Office(2013). Part H, Chapter V, 2.2.

③ Weather Eugiueering Corp. of America V. United States, 614 F.2d 281.

理专利授权确权行政案件若干问题的规定(一)(公开征求意见稿)》,其第13条放宽了补充实验数据被接受和采信的范围和条件。根据该条规定,补充实验数据不仅可以用以证明说明书记载的技术效果已经被充分公开,还可以用以证明专利申请或专利具有与对比文件不同的技术效果,其中前者的技术效果是所属领域普通技术人员在申请日根据说明书、附图以及公知常识能够确认的,后者的技术效果是所属领域普通技术人员在申请日从专利申请文件公开的内容可以直接、毫无疑义地确认的。

中美第一阶段经贸协议于2020年1月签署,对中国知识产权保护提出新要求,该协议第1.10条要求药品专利申请在审查程序、复审程序及其后续司法审查程序中,为满足充分公开、创造性等要求,允许补充实验数据。可见,中美第一阶段经贸协议关于药品专利申请补充实验数据的要求,与最高人民法院《关于审理专利授权确权行政案件若干问题的规定(一)(公开征求意见稿)》的有关规定基本上相对应。为了达到中美第一阶段经贸协议的有关要求,可以预料最高人民法院不久后将发布正式的《关于审理专利授权确权行政案件若干问题的规定(一)》,其中关于补充实验数据的条款也将基本上保留原样。相应地,我国专利审查指南的有关内容亦将作出进一步修改,特别是创造性审查中将会引入补充实验数据。

尽管如此,补充实验数据在说明书充分公开、创造性审查中采取不同标准,其依据和理由并不十分充分。无论是说明书充分公开的审查还是创造性审查,都以原专利申请文件记载或隐含的包括技术效果在内的全部内容为基准,补充实验数据只是用以证明原专利申请文件记载或隐含的技术效果。最高人民法院《关于审理专利授权确权行政案件若干问题的规定(一)(公开征求意见稿)》第13条,在说明书充分公开的审查中对补充实验数据采取相对宽松的审查标准,在创造性审查中对补充实验数据采取相对严格的审查标准,不仅涉嫌违背专利先申请原则和公开换保护原则,而且可能是这一司法解释的笔误或者不是其本意。① 无论怎样,对补充实验数据采取更加宽松的统一的审查

---

① 其本意可能与现有表述相反,即在说明书充分公开的审查中对补充实验数据采取相对严格的审查标准,在创造性审查中对补充实验数据采取相对宽松的审查标准。

标准还是比较公平合理和值得期待的。①

五、医疗方法的可专利性——“利用基因组测序诊断胎儿染色体非整倍性”发明专利驳回复审案②

医疗方法有关的权利要求前序部分写明的主题是产品，即便其特征部分记载的是方法特征也不影响其可专利性。不能产业化制造或使用、妨碍行医自由等医疗方法可专利性的限制理由有必要取消或排除，并对“不可专利的医疗方法”和“可专利的医疗方法”重新作出概括性或列举性规定。

（一）案件事实

X（原告）为“利用基因组测序诊断胎儿染色体非整倍性”PCT发明专利申请（以下简称涉案专利申请）的申请人；Y（被告）为对涉案专利申请作出驳回复审行政决定的国务院专利行政机关所属的专利复审委员会（以下简称专利复审委员会）。

涉案专利申请的申请日是2008年7月23日，其申请号是200880108377.1，优先权日是2007年7月23日，进入中国国家阶段日是2010年3月23日，公开日是2010年9月29日。在涉案专利申请审查过程中，X分别于2012年1月9日、11月9日、2013年8月9日、2014年3月3日共4次修改权利要求书。国家知识产权局经实质审查于2014年12月1日驳回了涉案专利申请，驳回决定的理由是权利要求1～15不具备我国《专利法》（2008）第22条第3款规定的专利创造性。

X不服国家知识产权局对涉案专利申请作出的驳回决定，于2015年3月11日向Y提出复审请求，同时提交权利要求书全文修改替换页，对权利要求1～3再次作出修改。Y经审查，于2016年11月16日作出第116200号复审请求审查决定（以下简称第116200号驳回复审行政决定），维持国家知识产权局对涉案专利申请作出的驳回决定。第116200号驳回复审行政决定理由是：涉案专利申请的权利要求1所限定的“用于分析从孕妇个体获得的生物样品中

---

①　参见刘庆辉：《医药专利案件中补交实验数据的审查标准》，载中国知识产权杂志（网络版）2018年6月20日，http://www.chinaipmagazine.com/news-show.asp?id=22440。

②　北京知识产权法院行政判决书（2017）京73行初3261号。

的无细胞的核酸分子的计算机系统”，利用计算机程序对孕妇个体生物样品被测序的标签数据进行分析处理的，以判断孕妇及其体内胎儿是否存在健康状况异常，实质上是一种以有生命的人体为对象、以获得健康状况为直接目的的疾病诊断方法，按照我国《专利法》第25条第1款第3项规定不授予专利权；在权利要求1存在客体缺陷的情况下，其从属权利要求2~15也未克服该缺陷，亦属于我国《专利法》第25条第1款第3项规定不授予专利权的客体。①

X对第116200号驳回复审行政决定不服，在法定期限内向北京知识产权法院（以下简称北京知产法院）提起行政诉讼，请求撤销第116200号驳回复审行政决定、判令Y重新作出相应决定，其理由主要有二：(1)涉案专利申请的发明主题是计算机系统，其权利要求所限定的是一种产品而非方法，不属于我国《专利法》(2008)第25条第1款第3项规定不授予专利权的疾病诊断和治疗方法，第116200号驳回复审行政决定对权利要求类型的事实认定和适用法律错误；(2)国家知识产权局对涉案专利申请作出的驳回决定理由是不具备创造性，第116200号驳回复审行政决定引入驳回决定未提及的新理由，违反我国专利审查指南的有关规定，使得X遭受到审级损失和正当程序权利损害。②

（二）法院判旨

北京知产法院判决撤销第116200号驳回复审行政决定，责令Y对涉案专利申请驳回复审重新作出决定。

北京知产法院认为，涉案专利申请不属于我国《专利法》(2008)第25条第1款第3项规定不授予专利权的医疗方法，第116200号驳回复审行政决定不违反我国专利审查指南中复审请求审查程序的有关规定，具体如下：

1. 涉案专利申请不属于不授予专利权的医疗方法

涉案专利申请的权利要求所保护的主题是以计算机程序流程为依据的功能模块构架，属于产品权利要求而非方法权利要求，不属于我国《专利法》(2008)第25条第1款第3项规定不授予专利权的医疗方法。

首先，产品权利要求不属于我国《专利法》(2008)第25条第1款第3项规

① 国家知识产权局专利复审委员会第116200号复审请求审查决定。

② 北京知识产权法院行政判决书(2017)京73行初3261号。

定不授予专利权的医疗方法。医疗方法即疾病的诊断和治疗方法，旨在对人体或动物体上的病因或病灶进行识别、确定或消除。医疗方法不具有可专利性即属于不授予专利权的发明创造，其理由主要有二：①医疗方法的实施对象是人或动物等个性化的生命体，不能产业化制造或使用，不具备专利实用性；②基于人道主义和社会伦理，为了提高疾病的诊断和治疗效果，不能限制医生对医疗方法的选择自由。但是，医疗方法所使用的仪器或装置、物质或材料具有可专利性，其产品权利要求属于可以授予专利权的发明创造，而不属于不授予专利权的医疗方法。①

其次，产品权利要求无法以结构特征、参数特征清楚地表征时允许以方法特征进行表征。权利要求的类型基本上有两种，即产品权利要求和方法权利要求，其划分或确定标准是权利要求前序部分写明的主题名称，而非权利要求特征部分记载的技术特征。由此，产品权利要求并非都由关于产品结构的技术特征来限定，也可以在结构特征、参数特征无法限定时由方法特征来限定，但由方法特征所限定的产品权利要求的保护主题依然是产品；方法权利要求并非都由关于方法步骤的技术特征来限定，也可以由其所用物质、材料、工具、设备等产品特征来限定，但由产品特征所限定的方法权利要求的保护主题依然是方法。②

最后，涉及计算机程序的专利申请可以包含具备同源性的产品权利要求和方法权利要求。涉及计算机程序的专利申请通常写成一种方法权利要求，但也可以写成一种产品权利要求或者包含两种权利要求。其中，产品权利要求应当写明产品的各个组成部分及其所实现的功能和彼此间的关系，所包含的两种权利要求之间应当彼此对应即具备同源性。涉及计算机程序的专利申请所包含的产品权利要求，虽其保护主题是计算机程序模块架构而非计算机硬件实体装置，但其权利要求类型不能由此转化为或者视为方法权利要求，否

① 《中华人民共和国专利法》(2008)第25条第1款第3项，国家知识产权局《专利审查指南》(2010)第2部分第1章第4.3节。

② 《中华人民共和国专利法实施细则》(2010)第22条第1款，国家知识产权局《专利审查指南》(2010)第2部分第2章第3.1.1节。

则我国专利审查指南不必规定涉及计算机程序的专利申请的产品权利要求撰写规则。[①]

2. 第116200号驳回复审行政决定不违反法定程序

根据我国《专利审查指南》的有关规定，专利复审委员会对国家知识产权局作出的专利申请驳回决定进行复审时，为提高专利授权质量和避免不合理拖延，可以在驳回决定所依据的理由和证据之外，依职权审查在驳回决定中未指出的明显实质性缺陷或者已指出的相同性质缺陷。[②] 这些缺陷主要包括：①明显属于不授予专利权的客体；②明显不具备专利实用性；③专利说明书公开明显不充分；④专利文件修改明显超范围；⑤无法对复审请求进行有效审查的明显缺陷；⑥驳回决定未指出的其他权利要求所存在的导致不合理审查结果的同样缺陷。

本案中，国家知识产权局对涉案专利申请作出驳回决定的理由是其权利要求1～15不具备创造性，而专利复审委员会作出第116200号驳回复审行政决定的理由是其权利要求1～15属于不授予专利权的客体。表面来看，这两个决定的理由不相对应，似乎不符合我国专利审查指南中复审请求审查程序的基本规则。但专利复审委员会在涉案专利申请的驳回决定所依据的理由之外，依职权对涉案专利申请所存在的明显实质性缺陷予以审查和作出决定，符合我国专利审查指南中复审请求审查程序的例外规则。

再从提高专利授权质量和避免不合理拖延的视角来看，如果一项专利申请的权利要求所保护的主题明显属于不授予专利权的客体，就没有必要对其是否存在其他缺陷进行审查，可以径行作出驳回或维持驳回的决定。如果只是为了平衡所谓专利申请人的“审级损失”，而对专利申请明显属于不授予专利权客体的事实视而不见，则会导致专利申请在前后审之间前后震荡和不合理拖延。因此，第116200号驳回复审行政决定程序并无不当，符合我国专利审查指南中复审请求审查程序的有关规定。[③]

---

① 国家知识产权局《专利审查指南》(2010)第2部分第9章第5.2节。

② 国家知识产权局《专利审查指南》(2010)第4部分第2章第1节、第4.1节。

③ 北京知识产权法院行政判决书(2017)京73行初3261号。

(三)选出理由

本案是医疗方法可专利性的典型案例,其典型意义包括:①医疗方法因缺乏专利实用性或保证行医自由而不授予专利权,但其所使用的仪器或装置、物质或材料等产品除外;②涉及计算机程序的专利申请可以写成或包含产品权利要求,且能以关于方法步骤的技术特征来限定;③专利复审委员会对于请求复审的专利申请中存在的明显实质性缺陷,可以在驳回决定所依据的理由之外依职权进行审查。

根据本案判决,医疗方法有关的专利申请,除医疗方法本身的方法权利要求以外,产品权利要求都可以授予专利权。医疗方法本身的方法权利要求不授予专利权,所基于的理由之一是其缺乏专利实用性,具体表现在两个方面:①医疗方法以人或动物等个性化的生命体为实施对象,不具有所属领域普通技术人员重复实施的再现性。但是,并非所有医疗方法都不具有再现性,像已经实现标准化或具有固定用法的医疗方法,基于基因、纳米、干细胞再生等现代高新技术的医疗方法,不受患者个体差异和病情变化的影响。②医疗方法不能产业化制造或使用,医疗服务不属于产业范畴。[①] 但是,根据世界知识产权组织《发展中国家发明示范法》第 116 条,产业包括工业、农业、服务业,而医疗服务属于服务业;[②]欧洲、日本、我国专利审查指南在产业的外延中都没有明确排除医疗服务,且日本专利保护的重点产业包括生物医疗服务。

医疗方法本身的方法权利要求不授予专利权,所基于的理由之二是为保证行医自由,具体表现在两个方面:①医疗方法专利未经许可不得使用。但医疗方法专利许可使用问题,不仅已经体现在《关于〈TRIPs 协议〉与公众健康的多哈宣言》《关于〈TRIPs 协议〉和公共健康的多哈宣言第六段的执行决议》等国际条约中,还可以通过专利强制许可制度、借鉴美国医疗方法专利侵权免责制度加以解决,即使用享有专利权的医疗方法不必事先经过专利权人许可,只需事后向专利权人支付合理的专利使用费。②医疗方法专利抬高医疗服务价格。但医疗方法专利使用费问题,不但相对于医疗方法专利促进医疗进步、提

---

① 国家知识产权局《专利审查指南》(2019)第 2 部分第 5 章第 2 节。

② 参见张晓都:《专利实质条件》,法律出版社 2002 年版,第 5~6 页。

高医疗效果等总的益处而言事小，而且在价值规律和政府干预的联合作用下以及公平、合理、无歧视原则基础上得到有效解决，将医疗方法专利使用费控制在一个相对合理的水平而不会过度虚高。[①]

医疗方法所使用的仪器或装置、物质或材料等，其产品权利要求可以授予专利权。医疗方法有关的专利申请中，所包含的权利要求是否属于可以授予专利权的产品权利要求，以该权利要求的前序部分写明的主题名称来确定。权利要求的类型确定不受以下因素影响：①权利要求的特征部分记载的技术特征，是关于产品结构的技术特征，还是关于方法步骤的技术特征；②权利要求通常写成方法权利要求或产品权利要求，或者包含方法权利要求和产品权利要求；③方法权利要求和产品权利要求彼此对应或具有同源性，基于同一技术特征且并存于同一专利申请的权利要求书。[②] 由此，只要权利要求前序部分写明的主题是医疗方法所使用的仪器或装置、物质或材料等产品，即便该权利要求特征部分记载的是关于医疗方法本身的技术特征，依然可以授予专利权而不属于不授予专利权的医疗方法。

（四）案件评释

医疗方法可专利性的范围在世界各国呈现扩大化趋势。美国在1952年 *Becton-Dickinson* 案以前，对医疗方法以其结果不确定、限制行医自由等理由不授予专利权；[③]但该案以后向医疗方法打开了专利之门，具体措施包括：将医疗方法的结果列入专利实用性审查内容，建立医疗方法专利侵权免责制度，由患者行使医疗方法选择权，对患者身份严格保密；[④]并于1996年修改专利法时增加第287条(c)款，明确规定医疗人员、医疗机构实施医疗方法专利，即便未经专利权人许可也不承担侵权责任。澳大利亚在1972年 *Bernhard Joos* 案以前，

---

① 参见管荣齐：《中国加入TPP的知识产权问题研究》，载《东岳论丛》2014年第2期。

② 北京知识产权法院行政判决书(2017)京73行初3261号。

③ Morton v. New York Eye Infirmary, 17 Fed. Cas. 879. 884(S. D. N. Y. 1862); Ex parte Brinkerhoff, 24 Dec. Comm'r 349 (1883), republished in New Decisions, 27 J. Pat. & Trademark Off. Soc'y 797 (1945); Martin v. Wyeth Inc., 96 F. Supp. 689 (D. Maryland 1951).

④ Becton-Dickinson & Co. v. Robert P. Scherer Corp., 106 F. Supp. 665. 94 U. S. P. Q. 138(N. D. Ill. 1952).

对医疗方法以无专利实用性和不方便为由不授予专利权，但自该案以后取消或排除了医疗方法可专利性的限制理由。① 欧洲专利公约明确不授予医疗方法专利权，但将医疗方法的外延缩至人体或动物体上的外科手术、治疗和诊断方法，而将人体或动物体的测量、特征记录等方法列入可专利范围。② 日本亦明确不授予医疗方法专利权，但将医疗方法的实施对象局限于人体而不包括从人体上分离或排出的东西，③且将生物医疗方法列入可专利范围。④ 尽管如此，医疗方法可专利性的范围扩大或者限制取消仍有限度，像不能产业化制造或使用、妨碍行医自由等限制理由可以取消或排除，像结果不确定、违反公序良俗、属于智力活动规则和方法等限制理由，即便在美国、澳大利亚等明确授予医疗方法专利权的国家也不能取消或排除。

我国医疗方法尤其是中医诊断和治疗方法资源丰富，是在新冠肺炎疫情世界大流行中率先脱险的重要原因之一。以专利换公开、公开换保护，⑤向包括中医诊断和治疗方法在内的医疗方法打开专利之门，即扩大医疗方法可专利性的范围或者取消医疗方法可专利性的限制，在当今世界严峻的公共卫生安全防控情势下显得更为重要。我国专利审查指南规定的医疗方法不授予专利权的两个理由，即不能产业化制造或使用、妨碍行医自由，都属于可以取消或排除的范畴。由此，我国医疗方法可专利性的范围扩大或限制取消，在肯定医疗方法可专利性即删除我国《专利法》(2008)第25条第1款第3项的原则基础上，有必要结合我国《专利法》(2008)第5条、第22条第4款、第25条第1款第2项规定，在我国《专利审查指南》中对于"不可专利的医疗方法"和"可专

---

① Bernhard Joos v Commissioner of Patents, 126 CLR 611 and (1972) AOJP 3431; Anaesthetic Supplies Pty Ltd v Rescare Ltd (1994) AIPC 91-076, 28 IPR 383; Bristol-Myers Squibb Company v FH Faulding & Co Ltd [2000] FCA 316.

② European Patent Convention (2000). Art. 53; EPO. Guidelines for Examination in the European Patent Office(2012). Part G Chapter II 4.2.1.

③ 参见[日]鸿常夫:《日本专利判例精选》，张遵逵、郝庆芬等译，专利文献出版社1991年版，第65~66页。

④ Akimitsu Hirai. The Patentability of Inventions on Medical Activities-A Study of the Tokyo High Court Decision from April 11, 2002. AIPPI Journal. 2003(11).

⑤ 参见管荣齐:《药品专利申请补充实验数据的审查——细胞基因公司专利驳回复审行政纠纷案》，载《中国发明与专利》2020年第3期。

利的医疗方法”重新作出概括性或列举性规定。其中,“不可专利的医疗方法”包括:违反法律、社会公德等公序良俗的医疗方法,属于智力活动的规则和方法而不构成技术方案的医疗方法,不具有再现性或结果不确定的医疗方法;“可专利的医疗方法”包括:运用器械、制品或组合物的医疗方法,不以个性化的生命体为实施对象的医疗方法,利用基因、纳米、干细胞再生等技术的生物医疗方法。①

六、商业模式的可专利性——“‘专利银行’式的专利管理方法”发明专利驳回复审案②

包含技术特征的商业模式不仅整体上属于发明专利客体,而且涵盖其本身的计算机程序。目前我国商业模式的专利保护尚未达到相关产业发展需求,既要适当放宽商业模式的专利客体审查要求,又要适当降低商业模式的专利实质条件审查标准,还要给予商业模式专利所属公众领域足够的自由空间。

(一)案件事实

X(原告)为“一种‘专利银行’式的专利管理方法”发明专利申请(以下简称涉案专利申请)的申请人;Y(被告)为对涉案专利申请作出驳回复审行政决定的国务院专利行政机关所属的专利复审委员会(以下简称专利复审委员会)。

涉案专利申请的申请日是2015年10月17日,其申请号是201510674516.9。国家知识产权局经初步审查于2016年5月4日驳回了涉案专利申请,驳回决定的理由是涉案专利申请不构成我国《专利法》(2008)第2条第2款规定的技术方案,而属于我国《专利法》(2008)第25条第1款第2项规定不授予专利权的智力活动规则和方法。

X不服国家知识产权局对涉案专利申请作出的驳回决定,于2016年7月27日向Y提出复审请求。Y经审查,于2016年11月30日作出第117012号复审请求审查决定(以下简称第117012号驳回复审行政决定),维持国家知识产

① 参见管荣齐:《从TPP知识产权谈判审视医疗方法的可专利性》,载《知识产权》2014年第7期。

② 北京知识产权法院行政判决书(2017)京73行初1548号。

权局对涉案专利申请作出的驳回决定。第117012号驳回复审行政决定理由是：涉案专利申请的权利要求1所限定的用于专利运营商进行专利管理的方法，只是为创新主体提供一种对创新技术进行评估、专利申请、权利分配等服务或管理的商业模式，其“对创新技术有效保护且达到专利运营商和创新主体双赢”仅是一种期许性的管理效果，即其未利用技术手段、未取得技术效果、未解决技术问题，不属于我国《专利法》(2008)第2条第2款规定的发明专利客体，而属于我国《专利法》(2008)第25条第1款第3项规定不授予专利权的智力活动规则或方法；权利要求2～7作为从属权利要求未克服权利要求1所固有的客体缺陷，权利要求8～10所限定的专利管理方法亦存在于权利要求1的客体缺陷，皆因不构成技术方案而不授予专利权。①

X对第117012号驳回复审行政决定不服，在法定期限内向北京知识产权法院(以下简称北京知产法院)提起行政诉讼，请求撤销第117012号驳回复审行政决定、判令Y重新作出相应决定，其理由主要有二：(1)涉案专利申请解决了技术问题，利用了技术手段，取得了技术效果。涉案专利申请所解决的技术问题是专利运营过程中专利成本、价值在不同时间段的合理划分，通过对价值认定、划分、权责分配等具体技术手段进行全新定义，实现创新技术、专利成果、预期收益之间合理分配的技术效果；(2)涉案专利申请是典型的商业模式创新，能够极大刺激人类经济、社会发展。根据我国《专利审查指南》最新修订稿的有关规定，对于既包含商业模式又包含技术特征的专利申请，不得依据我国《专利法》(2008)第25条将其排除在专利客体范围之外。②

(二)法院判旨

北京知产法院判决驳回X的诉讼请求。北京知产法院认为，涉案专利申请未利用技术手段、未获得技术效果、未解决技术问题，不构成我国《专利法》(2008)第2条第2款规定的技术方案，第117012号驳回复审行政决定认定事实、适用法律正确。

根据我国《专利法》(2008)第2条第2款规定，发明专利客体是产品、方法

---

① 国家知识产权局专利复审委员会第117012号复审请求审查决定。

② 北京知识产权法院行政判决书(2017)京73行初1548号。

或其改进的技术方案。其中，技术方案是通常体现为技术特征的技术手段之集合，利用自然规律解决技术问题，并获得符合自然规律的技术效果。一项权利要求所限定的产品、方法或其改进，如果未利用技术手段、未取得技术效果、未解决技术问题，则不属于作为发明专利客体的技术方案。① 商业模式作为一种方法或其改进，如果采用了利用自然规律的技术手段，获得符合自然规律的技术效果，解决了专利法意义上的技术问题，则构成作为发明专利客体的技术方案可以被授予专利权，而不归为不授予专利权的智力活动规则和方法。②

涉案专利申请的权利要求1是一项独立权利要求，其所限定的用于专利运营商进行专利管理的方法，只是专利运营商向创新主体提供创新技术评估、专利申请、权利分配等服务或管理的一种商业模式，仅期许"对创新技术有效保护且达到专利运营商和创新主体双赢"的管理效果，所解决的不是专利法意义上的技术问题，所采用的不是利用自然规律的技术手段，所获得的不是符合自然规律的技术效果，因而不构成作为发明专利客体的技术方案，而属于不授予专利权的智力活动规则和方法。

涉案专利申请的权利要求2、4是权利要求1的从属权利要求，权利要求3是权利要求2的从属权利要求，权利要求5～7是权利要求4的三项从属权利要求，分别在权利要求1的基础上相应增添了一些附加特征，进一步限定了创新技术的专利申请方式、专利申请费用分配方式、权利要求分配方式、专利运营方式、专利回购方式、收益分享方式，但依然没有采用利用自然规律的技术手段，没有获得符合自然规律的技术效果，没有解决专利法意义上的技术问题，即未克服权利要求1所存在的发明专利客体缺陷，因不构成技术方案而不授予专利权。

涉案专利申请的权利要求8是另一项独立权利要求，其所限定的用于专利运营商进行专利管理的方法，则是专利运营商向创新主体提供创新技术评估、专利维持、权利分配等服务或管理的一种商业模式，亦期许"对创新技术有效保护且达到专利运营商和创新主体双赢"的管理效果，同权利要求1一样所解

① 国家知识产权局《专利审查指南》(2010)第2部分第1章第2节。

② 《国家知识产权局关于修改〈专利审查指南〉的决定》(2017)第1条。

决的问题、采用的手段、获得的效果都不是技术上的，即存在权利要求1的发明专利客体缺陷，因不构成技术方案而不授予专利权。

涉案专利申请的权利要求9～10是权利要求8的两项从属权利要求，在权利要求8的基础上增添了一些附加特征，进一步限定了创新技术的维持方式、权利分配方式，但依然没有采用技术手段、获得技术效果、解决技术问题，即未克服权利要求1、8所存在的发明专利客体缺陷，因不构成技术方案而不授予专利权。①

（三）选出理由

本案是我国《专利审查指南》于2017年2月修改后商业模式可专利性的典型案例，其典型意义在于明确将商业模式纳入发明专利客体范围，但要求其构成我国《专利法》(2008)第2条第2款规定的技术方案，即包含技术特征（采用技术手段）、产生技术效果、解决技术问题。

在2017年2月我国《专利审查指南》修改以前，根据我国2010年版的《专利审查指南》，商业模式作为一种商业规则和方法，属于我国《专利法》(2008)第25条第2款规定的智力活动规则或方法范畴，因不构成技术方案而不授予专利权。② 智力活动的规则和方法只是指导人们进行思维、表述、判断或记忆等智力活动，仅产生出抽象的或间接作用于自然的结果，既未采用和产生直接作用于自然的技术手段和技术效果，又未利用自然规律解决专利法意义的技术问题，因而不构成作为发明专利客体的技术方案。作为例外，一项权利要求既包含智力活动的规则和方法又包含技术特征，则从整体上不被认定为智力活动的规则和方法而可以被授予专利权，③但其所包含的智力活动规则和方法本身并不属于专利保护范围。国家知识产权局曾于2004年发布《商业方法相关发明专利申请的审查规则（试行）》（已废止），虽将利用计算机和网络技术实施商业方法的发明（商业方法相关发明）纳入专利客体范围，但要从技术问题、技术手段、技术效果即“技术三要素”审查判断其是否构成作为

---

① 北京知识产权法院行政判决书(2017)京73行初1548号。

② 参见尹新天：《中国专利法详解》，知识产权出版社2011年版，第338～339页。

③ 国家知识产权局《专利审查指南》(2010)第2部分第1章第4.2节。

发明专利客体的技术方案。①

在2017年2月我国专利审查指南修改以后,根据我国2019年版的《专利审查指南》,包含技术特征的商业模式属于发明专利客体,而不属于我国《专利法》(2008)第25条第2款规定的智力活动规则或方法范畴。② 这与我国2010年版《专利审查指南》关于智力活动规则和方法的例外规定不同的是,既包含商业模式又包含技术特征的权利要求,不仅整体上可以被授予专利权,且其所包含的商业模式本身亦属于专利保护范围。当然,基于专利客体法定性原则,增加、变更、减少专利客体应当通过修改专利法来实现。并且,我国《立法法》第80条第2款明确规定,在没有法律、行政法规等作为依据的情况下,部门规章不得增加本部门权力。但我国专利行政机关未在《专利法》第四次修改中提出关于增加商业模式作为专利客体的议案,而是通过修改《专利审查指南》以增加示例的方式将商业模式纳入专利客体范围,似乎有违专利客体法定性原则和我国《立法法》的有关规定。③

本案审判过程中,包含增加商业模式作为专利客体的《专利审查指南》修改决定正在制定过程中,X在诉讼理由中、北京知产法院在判决中都有提及,但遗憾的是Y作为国务院专利行政机关所属机构,在第117012号驳回复审行政决定中和本案答辩中都未考虑这一背景;北京知产法院虽对商业模式的可专利性给出肯定性意见,但依然局限于我国2010年版《专利审查指南》关于智力活动规则和方法的例外规定,没有结合商业模式可专利性的新形势、新要求、新背景而展开说理,更不必说根据专利客体法定性原则和我国《立法法》的有关规定对商业模式的专利客体地位和属性作出评判。④

(四)案件评释

随着计算机、互联网、大数据、云计算等新技术的广泛应用,新的商业模式不断涌现并成为市场主体的核心竞争力,加强商业模式知识产权保护的呼声

---

① 参见电学发明审查部商业方法相关发明审查教材编写小组:《商业方法相关发明专利申请的审查》,知识产权出版社2010年版,第9~10页。

② 国家知识产权局《专利审查指南》(2019)第2部分第1章第4.2节。

③ 参见管荣齐:《新形态创新成果知识产权保护探析》,载《科技与法律》2017年第6期。

④ 北京知识产权法院行政判决书(2017)京73行初1548号。

日益高涨。2015 年 3 月《中共中央、国务院关于深化体制机制改革加快实施创新驱动发展战略的若干意见》首次正式提出商业模式的知识产权保护,但直到 2017 年 2 月国家知识产权局作出关于修改《专利审查指南》的决定才有了商业模式知识产权保护的规章以上规范性文件。

商业模式作为一种商业规则和方法,根据国家知识产权局 2004 年《商业方法相关发明专利申请的审查规则(试行)》(已废止),其利用计算机、互联网、大数据、云计算等技术手段实现各种商业或事务活动。司法实践中,商业模式的知识产权保护大多适用反不正当竞争法中的诚实信用原则或依据著作权中的信息网络传播权,①但原则性条款的适用弹性较大且诚实信用原则存在滥用风险,著作权只保护商业模式的表达而不保护其思想内容,商标权所保护的商业模式内容短小,商业模式整体上难以作为商业秘密进行保护,而专利保护力度大、精准度高且涵盖思想内容,可谓商业模式知识产权保护的优选路径。

世界上对商业模式提供专利保护的典型国家是美国,②但也经历了拒绝保护→扩张保护→限制保护的发展历程。在 1908 年 *Hotel Security Checking Co. v. Lorraine Co.* 案中,美国联邦巡回上诉法院提出和确立了"商业方法例外"原则,将独立实施的商业方法排除在专利客体之外。③ 而在 1998 年 *State Street Bank &Trust Co. v. Signature Financial Group, Inc.* 案中,美国联邦巡回上诉法院废除了"商业方法例外"原则,自此商业方法开始被不加限制地授予专利权。④ 但在 2010 年 *Bilski v. Kappos* 案中,美国联邦巡回上诉法院对商业方法

---

① 在"知产宝"之"裁判文书"栏中,设置"全库检索""本院认为",输入"商业模式"进行搜索,可以搜索到 602 篇案例。其中,著作权合同、权属、侵权纠纷合计 338 篇(侵害作品信息网络传播权纠纷 205 篇),不正当竞争纠纷 146 篇(非类型化或适用诚实信用原则条款的不正当竞争纠纷 137 篇),商标(含企业名称)侵权、行政纠纷合计 89 篇,专利权属、侵权、行政纠纷合计 24 篇。

② 商业方法与商业模式在专利意义上没有实质性差别,美国以及我国有关法律、法规、规章及其他规范性文件所称商业方法亦为商业模式。

③ Hotel Security Checking Co. v. Lorraine Co. ,160 F. 467,469 (2d Cir. 1908).

④ State Street Bank & Trust Co. v. Signature Financial Group, Inc. 149 F.3d 1368 (Fed. Cir. 1998).

专利附加限制条件,将属于抽象概念的商业方法排除在专利客体之外。① 在此基础上,2011 年修订的美国发明法案为提高商业方法专利质量,针对商业方法专利特别设立授权后重审程序。

我国对于涉及商业模式的专利保护,则经历了严格限制→逐步放宽的发展历程。2000 年以前,涉及商业模式的专利申请较少,因其非技术性而被排除在专利客体之外。② 2004 年国家知识产权局《商业方法相关发明专利申请的审查规则(试行)》(已废止),将符合"技术三要素"(技术问题、技术手段、技术效果)的商业方法相关发明纳入专利客体范围。我国 2010 年版《专利审查指南》对于涉及商业方法的专利申请,首先审查其是否构成作为发明专利客体的技术方案,然后审查其是否具备新颖性、创造性等专利实质条件。2017 年 2 月我国《专利审查指南》修改以后,包含技术特征的商业模式不仅整体上属于发明专利客体,而且涵盖其本身的计算机程序。

我国商业模式的专利保护已经进入收获期,如腾讯的网络游戏和社交网络、小米的粉丝产品研发、共享单车等,在为特定企业创造经济收益的同时,也使人们的日常生活更加便利、多样和高效。但商业模式的专利保护是一把"双刃剑",一方面可以鼓励和保护商业模式创新,另一方面可能引发商业模式的专利山峰、专利聚集,从而造成相关市场障碍和损害市场竞争秩序。目前我国商业模式的专利保护尚未达到相关产业发展需求,在鼓励和保护创新与维护市场竞争秩序之间,重点仍然是前者。我国首先要适当放宽商业模式专利客体审查要求,扩大商业模式专利保护范围;其次要借鉴美国商业方法专利授权后重审的做法,适当降低商业模式专利实质条件审查标准。在此基础上,我国要给予商业模式专利所属公众领域足够的自由空间,避免商业模式的"跑马圈地"和限制其应用、再创新。③

---

① Bilski v. Kappos, 561 U.S. 593 (2010).

② 参见管荣齐:《新时代中国知识产权保护国际化对策》,载《学术论坛》2019 年第 4 期。

③ 参见张平、石丹:《商业模式专利保护的历史演进与制度思考——以中美比较研究为基础》,载《知识产权》2018 年第 9 期。

第二节 专利无效行政诉讼前沿判例精解

一、外观设计创造性的判断——“陆风越野车”外观设计专利无效案①

外观设计作为一种特殊的知识产权客体，只有具备创造性才能获得保护。外观设计创造性判断主体不应是一般消费者，而应当具有相应外观设计产品所属领域的普通知识。外观设计创造性应当整体观察和综合判断，独特视觉效果只能作为辅助考虑因素。

（一）案件事实

X（一审原告、二审被上诉人）为“越野车”（陆风 E32 车型）外观设计专利（以下简称涉案专利）的专利权人，Y（一审被告、二审上诉人）为认定涉案专利无效的国务院专利行政部门专利复审委员会。

英国捷豹路虎有限公司（以下简称英国路虎公司）、杰拉德·加布里埃尔·麦戈文（以下简称［英］麦戈文）分别于 2014 年 7 月 25 日、2015 年 8 月 3 日向 Y 请求宣告涉案专利无效，其主要理由是涉案专利不具有创造性，不符合我国《专利法》（2008）第 23 条第 2 款的规定。Y 经审理认为，涉案专利相对于英国路虎公司、［英］麦戈文所提交的对比设计，其在汽车前脸下部、车尾中部等的局部细节改进不为涉案专利产品的一般消费者所关注，即涉案专利在整体视觉效果上与现有设计相比没有明显区别，不具有我国《专利法》（2008）第 23 条第 2 款所要求的创造性，故作出宣告涉案专利全部无效的第 29146 号行政决定（以下简称第 29146 号无效行政决定）。②

X 对第 29146 号无效行政决定不服，向北京知识产权法院（以下简称北知法院）提起行政诉讼。北知法院一审认为，涉案专利相对于英国路虎公司、［英］麦戈文所提交的对比设计，前脸下部的前车灯、进气格栅、进气口、贯通槽、雾灯、护板等，车尾中部的后车灯、装饰板、车牌区、棱边等，其设计特征不同

---

① 北京市高级人民法院行政判决书（2018）京行终 4169 号。

② 国家知识产权局专利复审委员会第 29146 号无效宣告请求审查决定书。

且组合后形成较为显著的视觉差异，足以引起涉案专利产品的一般消费者所关注，即涉案专利在整体视觉效果上与现有设计相比具有明显区别，符合我国《专利法》第23条第2款所规定的创造性要求。由此，北知法院一审判决撤销第29146号无效行政决定，并判令Y重新作出涉案专利无效行政决定。①

Y和英国路虎公司、[英]麦戈文均对北知法院的一审判决不服，向北京市高级人民法院（以下简称北京高院）提起上诉，其主要上诉理由有二：(1)北知法院一审判决对于涉案专利产品一般消费者水平和能力的认定错误，没有注意到我国外观设计创造性特别是其判断主体内涵的变化；涉案专利产品的一般消费者对同类产品的外观设计及其常用手法具有一定了解，因而对其侧面、前面、后面、顶面观察后形成的整体视觉效果具有一定认知。(2)北知法院一审判决对于涉案专利与对比设计具有明显区别的认定错误，夸大不同点而忽略相同点对整体视觉效果的影响，更未考虑所处位置、出现频率等因素的影响权重，不符合"整体观察、综合判断"原则。②

（二）法院判旨

北京高院二审判决撤销北知法院一审判决、驳回X的诉讼请求，即维持第29146号无效行政决定。

北京高院二审认为，外观设计创造性判断的主体是外观设计专利产品的一般消费者，他不是一个人而是外观设计专利产品所属种类的消费者群体，对该种类的外观设计及其常用手法具有常识性了解，对它们之间在形状、图案和色彩上的区别具有一定分辨能力。涉案专利产品是运动型多用途汽车（SUV），其一般消费者应当知晓该类汽车的结构组成、主要部件及其功能和设计特点，以及车身的三维立体形状、各组成部分的比例和位置关系、车身表面装饰件的形状和布局等对整体视觉效果的影响。最高人民法院(2010)行提字第3号行政判决对于一般消费者及其常识性了解作了认定，但其适用2000年《专利法》并参照2006年《专利审查指南》，而本案适用2008年《专利法》和参照2010年《专利审查指南(2010)》，一般消费者的常识性了解范围已经扩大到

① 北京知识产权法院行政判决书(2016)京73行初4497号。
② 北京市高级人民法院行政判决书(2018)京行终4169号。

外观设计的常用方法，因而北知法院一审判决在认定一般消费者的知识水平和认知能力时，援引最高人民法院(2010)行提字第3号行政判决有所不当。

外观设计创造性的判断受到设计空间大小的实质影响。设计空间即设计者创作特定产品外观设计的自由度，[①]其大小对于一般消费者知识水平和认知能力的准确确定有着实质性影响。通常来说，设计空间越大，不同设计之间的细微差异越不易被一般消费者所关注；设计空间越小，不同设计之间的细微差异越容易被一般消费者所关注。当然，设计空间的大小是相对的，除了决定于外观设计产品的技术功能和常见特征，尤其决定于现有设计状况，包括相同或相近种类外观设计产品现有设计的整体状况和各设计特征具体状况。对某一设计特征来说，其现有设计越多、越拥挤，则余留的设计空间越小、越狭窄；其现有设计越少、越罕见，则余留的设计空间越大、越宽阔。根据涉案专利产品的现有设计状况和功能性要求，其整体立体形状和各个组成部件布局的设计空间均比较大。

外观设计创造性的判断遵循"整体观察、综合判断"方法。适用该方法通常分为两个步骤：(1)将涉案专利与现有设计的设计特征进行对应性划分，通过对比确定两外观设计的相同点和不同点；(2)逐一考察相同点、不同点对整体视觉效果的影响程度，通过综合考量所有影响因素及其影响权重而分析得出认定结论。需要注意的是，确定设计特征的影响权重应当基于一般消费者对设计空间的认知，并结合该设计特征在外观设计中所处位置、在现有设计中出现频率及其所受功能、美感等限制，而不能仅依该设计特征在整个外观设计中占比大小，更不能单凭判断者自己直观的视觉感知。其中，设计特征出现频率的确定需要根据现有设计状况，当现有设计中存在相同或基本相同的设计特征时，则该设计特征对整体视觉效果的影响较小；所受功能、美感等限制的影响需要区分功能性设计特征、装饰性设计特征和两者兼具的设计特征，功能性设计特征一般对整体视觉效果的影响较小，装饰性设计特征对整体视觉效果的影响较大，二者兼具的设计特征对整体视觉效果的影响有大有小。

---

① 最高人民法院行政判决书(2010)行提字第5号。

本案争议焦点主要在于涉案专利与现有设计的相同点、不同点对整体视觉效果的影响权重。从相同点来看，整体造型和三维立体轮廓的设计空间较大，特别是悬浮式车顶构成独特设计特征，因而对整体视觉效果具有显著影响；主要装饰件的布局和位置关系、部分装饰件的外形和比例关系对整体视觉效果均具影响，尤其是车前脸的装饰性设计特征易被一般消费者所关注；为一般消费者观察到的局部细节处理对整体视觉效果具有一定影响，尤其是前翼子板上的侧面装饰条构成独特设计特征。从不同点来看，车侧面和其他零部件上的不同点不是惯常设计就是不易被一般消费者观察到的部位；车前面和后面的不同点或者不能被一般消费者所清楚识别，或者不易被一般消费者所关注，或者已经被现有设计所公开，对整体视觉效果基本上没有影响。北知法院一审判决未逐一考察这些相同点、不同点，就笼统地认定其对整体视觉效果的影响。

综合涉案专利与现有设计的相同点、不同点，从涉案专利产品的不同视角考察其对整体视觉效果的影响权重。从车身整体来看，作为相同点的整体造型和三维立体轮廓最易被一般消费者所关注，对整体视觉效果的影响权重较高；从车身侧面来看，作为相同点的悬浮式车顶设计构成其独特设计特征，作为不同点的细微差异不易被一般消费者所关注，但对整体视觉效果的影响权重明显高于前面和后面；从车身前面来看，作为相同点的装饰性设计特征容易被一般消费者所关注、影响权重较高，作为不同点的细微差异对整体视觉效果的影响权重不高；从车身后面来看，其影响权重明显弱于侧面和前面，且不同点已在现有设计中公开或大量出现，因而对整体视觉效果的影响权重明显较小。综合从涉案专利产品的不同视角观察，涉案专利与现有设计的相同点对整体视觉效果的影响权重明显偏高，其不同点对整体视觉效果的影响权重明显偏低。

从外观设计制度的宗旨和要求来考察外观设计专利创造性判断。外观设计制度的宗旨是鼓励和保护外观设计创新，但受到外观设计制度鼓励和保护的外观设计创新必须达到一定高度，无论是全面创新还是改进设计都要与现有设计相比具有明显区别。就作为涉案专利产品的汽车外观设计来说，全面创新是从车身的三维立体形状到所有装饰件的全新设计，改进设计是对车身的三维立体形状和/或主要装饰件的设计作出局部或部分改变。① 本案中，涉案专利与现有设计的不同点主要是对前车灯、后车灯及其相关局部细节作出改变，而未改变车身的三维立体形状和/或主要装饰件的设计，且这些不同点没有对整体视觉效果产生实质性影响，因而不属于外观设计制度鼓励和保护的与现有设计相比具有明显区别的全面创新和改进设计。②

（三）选出理由

本案是2018年中国法院十大知识产权案件之一，且是唯一的涉外知识产权行政案件，不但受到国内外和社会各界广泛关注，而且对我国汽车产业特别是其外观设计创新发展具有重要影响。

本案之所以受到广泛关注，主要原因之一是我国正在实行知识产权严格保护和平等保护，涉案专利被我国法院终审判决宣告无效，体现了我国提高创新发展质量、完善知识产权法治、优化营商环境的决心和行动。知识产权是鼓励和保护创新的制度安排，但受到知识产权鼓励和保护的创新必须达到一定高度，就外观设计而言要与现有设计相比具有明显区别。知识产权保护是营商环境的重要组成部分，我国为提高知识产权保护质效，重新组建国家知识产权局，归属于国家市场监督管理总局，统一专利、商标、地理标志的行政执法；陆续成立最高人民法院知识产权法庭和24家地方知识产权法院（庭），集中管辖和审理专利等技术类知识产权诉讼案件；正在修订的专利法、著作权法，拟引入商标法中的惩罚性损害赔偿制度；对中外企业以同等标准和同样服务保护其知识产权，而其侵犯他人知识产权的行为都应当承担相应不利的法律后果。③

本案之所以重要和典型，因其具体明晰了外观设计创造性判断的主体、方法、标准，对于相关产品的外观设计创新发展具有导向作用。本案终审判决指

① 国家知识产权局专利复审委员会第29146号无效宣告请求审查决定书。

② 北京市高级人民法院行政判决书（2018）京行终4169号。

③ 参见李明德：《严格保护知识产权，创造良好营商环境》，载《人民法院报》2018年4月27日，第1版。

出,外观设计创造性的判断应当基于外观设计专利产品一般消费者的知识水平和认知能力,其中一般消费者不是一个人而是外观设计专利产品所属种类的消费者群体,他对该种类的外观设计及其常用手法具有常识性了解,对它们之间在形状、图案和色彩上的区别具有一定分辨能力;外观设计创造性的判断应当正确适用“整体观察、综合判断”方法,分类考察外观设计的全部设计特征对整体视觉效果的影响程度,结合现有设计以及相关设计特征所受功能、美感等限制,综合考量所有影响因素及其影响权重后分析得出认定结论;外观设计创造性的判断应当以具体设计特征对整体视觉效果的影响权重为量化标准,其中影响权重的确定基于一般消费者对设计空间的认知,并结合该设计特征在外观设计中所处位置、在现有设计中出现频率及其所受功能、美感或技术限制。①

本案终审判决结果将对我国汽车产业发展和外观设计保护产生深远影响。在汽车产业及其外观设计充分发展的当今世界,同类汽车外观设计的改进余地大幅缩小,具有独特设计特征的局部改进即已弥足珍贵,因而在讲求“颜值”的市场风潮之下,汽车业的“跟风”仿造愈演愈烈。随着我国加大知识产权保护力度,汽车制造企业必须转变思路,不断加强自主创新,否则势必在未来更加激烈的市场竞争中被淘汰出局。但是,我国专利法并不保护产品局部的外观设计,②极大挫伤了产品外观设计创新热情。放眼世界,对产品局部外观设计提供保护是大势所趋,美国、日本、韩国、欧盟等国家和地区都已如此。我国专利法亦应将产品局部外观设计纳入保护客体范围。③

(四)案件评释

外观设计是一种特殊的知识产权客体。《保护工业产权巴黎公约》、TRIPs

---

① 北京市高级人民法院行政判决书(2018)京行终4169号。

② 国家知识产权局于2014年修改专利审查指南时增加图形用户界面(GUI)作为外观设计专利客体,似乎不符合我国《立法法》第80条第2款关于部门规章在没有法律或者国务院的行政法规、决定、命令作为依据的情况下不得增加本部门权力的规定。参见《国家知识产权局关于修改〈专利审查指南〉的决定》(2014)第1条;管荣齐:《新形态创新成果知识产权保护探析》,载《科技与法律》2017年第6期。

③ 参见邹碧颖:《专利法修改应引入局部外观设计保护制度》,载《中国知识产权报》2018年7月11日,第2版。

协议等知识产权国际条约对外观设计没有统一定义,不同国家和地区知识产权法律对其具体表述也不尽相同,但对其本身固有的特点却有着基本共识,即:(1)外观设计应与产品相结合;(2)适于工业领域的大量复制;(3)富有美感并对产品起到装饰作用;(4)与现有设计相比应具有新颖性、创造性或独特性;(5)排除功能性的保护。

外观设计所具有的与产品相结合以及富有美感的装饰性特点,使其介于工业产权与版权之间,从而决定了其法律保护模式的多样性。在美国,外观设计主要由专利法予以保护,但美国版权法、商标法、反不正当竞争法分别对构成实用艺术品、商标、商品外观的外观设计提供保护。在欧洲,欧共体委员会先后制定并实施了《关于外观设计法律保护的指令》①(以下简称外观设计指令)与《欧盟理事会共同体外观设计保护条例》(以下简称外观设计条例),对外观设计采取专门法保护模式。在日本,外观设计由专门的《意匠法》提供保护,日本特许厅还制定有专门的《意匠审查基准》。我国对外观设计的法律保护模式与美国类似,将外观设计纳入专利法保护的范畴,同时著作权法保护实用艺术品,商标法保护立体商标,反不正当竞争法保护具有显著性或第二含义的商品外观。

无论是像美国、我国主要以专利法保护的外观设计,还是像欧洲、日本以专门法保护的外观设计,都必须具备创造性或独特性,否则不能获得授权、注册。美国专利法第171条第2款规定:“任何人发明产品的新颖、独创(original)和装饰性的外观设计者,均可按照规定的条件和要求取得该外观设计的专利权。”根据欧盟外观设计指令第3条、外观设计条例第4条,外观设计只有具有一定程度的新颖性和独特性,才能获得外观设计权或作为共同体外观设计而受到保护。日本《意匠法》第3条第2款规定:“如一项外观设计在其申请日前,可以由所属领域普通设计人员根据在日本或海外为公众所知的形状、图案、色彩或其结合容易地创作出来,则这样的外观设计即便满足前款规

---

① 全称为“欧洲议会和理事会关于外观设计法律保护的1998年10月13日第98/71号指令”(The Directive 98/71 of the European Parliament and the Council of 13 October 1998 on the Legal Protection of Designs [1998] O. J. L 289/28)。

定,也不能获得外观设计注册。”

我国外观设计创造性是2008年《专利法》修改时新增加的实质条件,旨在提高外观设计专利授权门槛、保证外观设计专利质量。我国低质量专利主要集中于实用新型和外观设计,其中外观设计专利质量低下的主要原因有二:一是外观设计专利授权不经过实质审查,只需要经过形式审查和明显实质性缺陷审查,其中明显实质性缺陷主要是指明显新颖性缺陷,且通常不进行检索;①二是外观设计专利授权条件要求偏低,在2008年《专利法》修改之前只要求具有新颖性、不得与在先权利冲突,且新颖性只要求不属于现有设计而不包括抵触申请。② 为了提高外观设计专利质量,2008年我国《专利法》修改时对外观设计专利授权增设创造性条件,要求授予专利权的外观设计与现有设计或现有设计特征的组合相比具有明显区别,并且国家知识产权局在2013年修改专利审查指南时允许通过检索进行明显实质性缺陷审查。

我国外观设计创造性判断主体有待进一步提高水平,以最大限度地减少低质量外观设计专利产生的可能性。我国外观设计创造性的判定主体是一般消费者,他对申请日前相同或相近种类产品的外观设计和常用手法具有常识性了解,对两者之间在形状、图案和色彩上的区别具有一定分辨能力。而美国外观设计创造性判断主体为所属领域普通技术(设计)人员,他具有一般创造能力,能够结合多个专利而获得一定技术启示;③欧洲外观设计创造性的判定主体是“知情的使用者”,他对相应产品外观设计的趋势、来源和基本技术知识具有一定的认知;④日本外观设计创造性的判定主体是“当业者”,他具有所属设计领域的普通知识,能够制造或销售该外观设计产品。⑤ 因此,外观设计创造性判断主体不应是一般消费者,他应具有相应外观设计产品所属领域的普通知识。

---

① 《中华人民共和国专利法实施细则》(2010)第44条,国家知识产权局《专利审查指南》(2010)第1部分第3章第1节。

② 《中华人民共和国专利法》(2000)第23条。

③ Ksr International Co. v. Teleflex Inc. et al., 82 U. S. P. Q. 2D 1385 (2007).

④ Woodhouse [2006] E. C. D. R. 11; [2006] R. P. C. 1.

⑤ 日本特許庁,意匠审查基准(2019),第3章「創作非容易性」参照。

我国外观设计创造性判断的原则、方法已经达到发达国家水平，但将独特视觉效果凌驾于原则、方法之上，容易导致低质量外观设计专利的产生。我国将申请专利的外观设计与相同或相近种类产品现有设计进行对比，由一般消费者根据其整体观察考虑二者的差别对整体视觉效果是否具有显著影响，但如果外观设计具有独特视觉效果，则直接认定其具有创造性。而美国在确定现有设计的范围和内容的基础上，从整体上考虑该专利申请和现有设计，通过对比来查明它们之间的区别；①欧洲通过相应产品外观设计与“为公众所知的设计”之间的对比来考察其“整体印象”；②日本将申请注册的外观设计与为公众所知的设计、广为人知的设计进行对比，以判断其是否容易创作。③ 因此，外观设计创造性应当整体观察和综合判断，独特视觉效果只能作为辅助考虑因素。

二、化学发明专利的马库什权利要求——“用于治疗或预防高血压症的药物组合物的制备方法”发明专利无效案④

马库什权利要求属于一种概括性的技术方案，而非多个并列技术方案的集合；马库什权利要求的修改在无效宣告程序中，以不产生具有新性能和作用的一类或单个化合物为原则；马库什权利要求的创造性判断首先遵循“三步法”，而不宜直接适用预料不到的技术效果。

（一）案件事实

X（一审原告、二审上诉人、再审被申请人）为“用于治疗或预防高血压症的药物组合物的制备方法”发明专利（以下简称涉案专利）的无效宣告请求人，Y（一审被告、二审被上诉人、再审申请人1）为认定涉案专利无效的国务院专利行政部门专利复审委员会。

涉案专利申请日为1992年2月21日，授权公告日为2003年9月24日，专利权人为本案一审第三人——日本第一三共株式会社。涉案专利权利要求是

---

① USPTO. Manual of Patent Examining Procedure(2019). 2141.02.

② Guy Tritton, etc., *Intellectual Property in Europe* (Third Edition), London: Sweet & Maxwell, 2008: 568.

③ 日本特許庁，意匠审查基准(2019)，第3章「創作非容易性」参照。

④ 最高人民法院行政判决书(2016)最高法行再41号。

以马库什方式撰写的，其权利要求1的发明主题是一种药物组合物的制备方法，该药物组合物用于治疗或预防高血压，包括将抗高血压剂与其可接受的载体或稀释剂混合，其中抗高血压剂为式1化合物的一种或其可用作药用的盐或酯，且R^4定义下具有1至6个碳原子的烷基，R^5定义下包括羧基、式$COOR^{5a}$基团或式$-CONR^8R^9$基团。根据涉案专利说明书的记载，涉案专利权利要求1所述式I化合物具有多个化合物的活性数据，且相对于现有技术而言具有预料不到的技术效果。①

X于2010年4月23日向Y提出宣告涉案专利无效请求，其主要理由是涉案专利权利要求1不具有创造性，不符合我国《专利法》第22条第3款。在涉案专利无效审查期间，专利权人对涉案专利权利要求1主动作出3处修改，第1处修改是删除“或其可作药用的盐或酯”中“或酯”两字，第2处修改是删除R^4定义下“具有1至6个碳原子的烷基”，第3处修改是删除R^5定义下式$-CONR^8R^9$基团。Y经审理认为，对于第1处修改予以认可和接受，对于第2～3处修改因其不符合我国《专利法实施细则》第68条而不予接受。② X和专利权人对此均无异议，且专利权人于2011年1月14日提交删除“或酯”两字的权利要求书替换页。

在涉案专利权利要求书修改文本的基础上，Y于2011年4月1日作出维持涉案专利有效的第16266号行政决定（以下简称第16266号无效行政决定），其理由是涉案专利权利要求1所述式1化合物相对于X所提供的证据1所述化合物而言具有非显而易见性，具体有三：（1）证据1没有给出得到式1化合物的技术启示，因为该证据没有公开式1化合物，更没有披露该证据所述化合物与式1化合物的烷基之间可以互相替代；（2）X没有提供公知常识证据证明可以发生上述替代，以及替代之后化合物所具有的活性或作用；（3）式1化合物相对于背景技术中最接近的化合物而言，具有预料不到的技术效果。

---

① 中国发明专利“用于治疗或预防高血压症的药物组合物的制备方法”（ZL97126347.7）权利要求书、说明书。

② 本案所称“我国专利法实施细则第68条”，是指《中华人民共和国专利法实施细则》（2002）第68条，现已修改为《中华人民共和国专利法实施细则》（2010）第69条。

X不服第16266号无效行政决定，向北京市第一中级人民法院（以下简称北京一中院）提起行政诉讼。北京一中院一审认为，涉案专利权利要求1所述式1化合物的马库什要素不是并列的技术方案，Y依据我国专利法实施细则第68条不接受第2~3处修改并无法律适用错误；X所提供的证据没有给出所述化合物的烷基替代的技术启示，且式1化合物取得预料不到的技术效果，因而具有我国《专利法》(2008)第22条第3款规定的创造性，Y在修改文本基础上维持涉案专利有效并无认定事实错误。由此，北京一中院一审判决维持第16266号无效行政决定。①

X不服北京一中院一审判决，向北京市高级人民法院（以下简称北京高院）提起上诉。北京高院二审认为，马库什权利要求限定多个可选择要素，这些要素之间可以相互替代，构成多个并列技术方案的集合，因而部分可选择要素即技术方案的删除没有扩大涉案专利保护范围，并不违反我国《专利法实施细则》第68条；涉案专利权利要求1所述式1化合物与证据1所述化合物相比，有一项可选择要素即技术方案未取得预料不到的技术效果，因而不具备我国《专利法》第22条第3款规定的创造性。由此，北京高院二审判决撤销一审判决和第16266号无效行政决定，并责令Y重新作出涉案专利无效行政决定。②

Y不服北京高院二审判决，向最高人民法院申请再审。Y申请再审的理由主要有三：(1)北京高院二审判决对于马库什权利要求法律属性的认定错误，马库什权利要求属于概括性的技术方案而非多个并列技术方案的集合；(2)北京高院二审判决关于马库什权利要求的可选择要素即技术方案可以任意删除的观点错误，否则将会增加众多新权利要求而严重影响社会公众对专利的信赖利益；(3)北京高院二审判决关于涉案专利创造性的认定错误，预料不到的技术效果是专利创造性判断的辅助而非单独考虑因素。③

（二）法院判旨

最高人民法院再审判决撤销北京高院二审判决，维持北京一中院一审判

① 北京市第一中级人民法院行政判决书(2011)一中知行初字第2403号。

② 北京市高级人民法院行政判决书(2012)高行终字第833号。

③ 最高人民法院行政判决书(2016)最高法行再41号。

决和第16266号无效行政决定。

最高人民法院认为，马库什权利要求属于一种概括性的技术方案而非多个并列技术方案的集合。马库什权利要求旨在解决化学发明中多个取代基没有共同上位概念的问题，在一项权利要求中限定多个并列的可选择要素，这些要素具有共同的性能（或作用）、结构（或类型），符合我国《专利法》（2008）第31条第1款和《专利法实施细则》第34条规定的单一性原则。[①] 由此，马库什权利要求具有强大的概括能力，其保护范围涵盖所有具有相同性能（或作用）、结构（或类型）的化合物。为了公平保护社会公众利益，马库什权利要求应当视为一种概括性的技术方案，其可选择要素无论多少都可以相互替代，且具有相同的可以预料的技术效果。

马库什权利要求的修改以不产生新性能或作用的一类或单个化合物为原则。虽然在专利无效审查阶段允许修改权利要求书且修改方式多样化，但鉴于化学发明专利审查和马库什权利要求撰写方式的特殊性，对马库什权利要求的修改应当严格加以限制，不允许任意删除其可选择要素，即使这一删除缩小了涉案专利保护范围，但会产生新性能或作用的一类或单个化合物，从而造成涉案专利保护范围出现不确定性，进而动摇社会公众对专利保护和专利确权制度预期的稳定性。

马库什权利要求的创造性判断依然遵循“三步法”而不宜直接适用预料不到的技术效果。专利创造性判断的基本方法是我国《专利审查指南》所规定的“三步法”，[②]而预料不到的技术效果只是专利创造性判断的辅助考虑因素，[③]用以一种倒推式、特殊性或非普遍适用性的专利创造性判断方法。因此，只有经过“三步法”判断后不能认定专利创造性时，才能依据预料不到的技术效果来作出判断，一般不宜跨过“三步法”而直接适用预料不到的技术效果。本案中，在涉案专利创造性判断时，北京一中院一审判决和第16266号无效行政决

---

① 此处所述“我国专利法第31条第1款和专利法实施细则第34条”，是指《中华人民共和国专利法》（2008）第31条第1款、《中华人民共和国专利法实施细则》（2010）第34条。

② 此处所述“我国专利审查指南”是指国家知识产权局《专利审查指南》（2010）。

③ 国家知识产权局《专利审查指南》（2010）第2部分第4章第3.2.1.1节、第6.3节。

定严格遵循“三步法”，而北京高院二审判决则错误地直接适用预料不到的技术效果。①

（三）选出理由

本案是2017年中国法院十大知识产权案件之一，且是唯一的知识产权行政案件，对化学发明专利申请的撰写和审查具有指导意义。本案所涉及的马库什权利要求的性质、马库什权利要求在无效程序中的修改原则、马库什权利要求的创造性判断方法3个问题，入选《最高人民法院知识产权案件年度报告（2017年）》所归纳的42个具有一定指导意义的法律适用问题。②

本案再审判决指出，马库什权利要求为概括性而非集合性的技术方案。化学发明具有诸多特殊性，其定义和实施需要借助于实验数据或制备方法，其新性能和用途并非意味着结构或组分的改变，其多个取代基没有共同上位概念。马库什权利要求撰写方式适应化学发明的特殊性，一项权利要求可以概括多个并列的可选择要素。马库什权利要求为结构式而非功能性的表达方式，其所有可选择要素应当具有相同的性能（或作用）、结构（或类型），必须符合我国专利法和专利法实施细则所规定的单一性要求。③ 为了限制马库什权利要求的保护范围，不管其包含多少可选择要素，都视为一种概括性的组合方案，即各个可选择要素可以相互替代，所产生的技术效果没有太大差异。

马库什权利要求的修改以不产生具有新性能和作用的一类或单个化合物为基本条件。根据我国《专利审查指南（2010）》，专利无效审查阶段允许修改专利文件，但修改范围仅限于权利要求书且不得改变主题名称、扩大保护范围、超出原记载、增加技术特征，修改方式一般限于删除权利要求或技术方案、补入其他权利要求记载的技术特征、修正明显错误。④ 鉴于化学发明的特殊性和马库什权利要求可能写入所有结构方式，限定马库什权利要求的修改不能

---

① 最高人民法院行政判决书（2016）最高法行再41号。

② 参见《最高人民法院知识产权案件年度报告（2017年）摘要》，载《人民法院报》2018年4月25日，第3版。

③ 《中华人民共和国专利法》（2008）第31条第1款；《中华人民共和国专利法实施细则》（2010）第34条。

④ 国家知识产权局《专利审查指南》（2010）第4部分第3章第4.6节。

产生新性能和作用的一类或单个化合物，否则不仅会损害社会公众利益，还会使得新的权利保护范围不确定、社会公众预期和专利确权制度不稳定。

马库什权利要求的创造性判断仍应遵循“三步法”。马库什权利要求的专利创造性判断，应当首先遵循专利创造性判断的基本方法——“三步法”。只有在经过“三步法”判断后不能认定专利创造性时，才能根据预料不到的技术效果进行判断，通常不宜跨过“三步法”而直接考虑适用预料不到的技术效果，因为预料不到的技术效果只是专利创造性判断的辅助考虑因素。[①] 本案中，在涉案专利创造性判断时，北京一中院一审判决和第16266号无效行政决定严格遵循“三步法”，认定涉案专利权利要求1具有创造性；而北京高院二审判决跨过“三步法”而直接适用预料不到的技术效果，错误地认定涉案专利权利要求1不具有创造性。[②]

（四）案件评释

1. 关于马库什权利要求的性质

马库什权利要求是以美国化学家尤金·马库什（Eugene Markush）命名的。尤金·马库什于1923年将三个紧密关联的化合物列为同一基团的可选择要素而申请一项专利，采用“从含有……的基团中选择”这一语句撰写权利要求，即以通式表示具有相同或相似结构、性能（或作用）的一组化合物，美国专利商标局附条件予以批准。其中，所附条件主要有三：（1）可选择要素之间可以相互替代；（2）权利要求清楚、保护范围准确；（3）可选择要素的结构、用途相同或单一。[③] 从此，马库什权利要求在化学领域广为采用，成为化学发明专利权利要求的典型撰写形式。

马库什权利要求的优势在于其无比强大的概括能力。马库什权利要求以通式概括尽可能多的化合物，寻求最大范围的专利保护，主要表现在三个方面：（1）以一个上位概念概括若干下位实施例；（2）将多个上位概念进行多重组

---

① 国家知识产权局《专利审查指南》（2010）第2部分第4章第3.2.1.1节、第6.3节。

② 最高人民法院行政判决书（2016）最高法行再41号。

③ Adam Sussman, *Million-Card Monte: Reforming the Markush Claim Post-AIA to Save Synthetic Chemical Innovation*, John Marshall Review of Intellectual Property Law. 2013:2.

合;(3)将多个上位概念与若干下位概念进行次组合。[①] 由此,马库什权利要求包含多个并列的可选择要素(马库什要素),可以组合成若干具体化合物(马库什化合物)。但是,这些马库什要素和马库什化合物必须基于一个基础的母核结构(通式),[②]具有相同或相似的性能(或作用)、结构(或类别),属于一个总的发明构思(具有单一性)或概括性的组合方案,[③]并非多个并列技术方案的集合。

2. 关于马库什权利要求的修改

发明专利(申请)文件修改的基本原则是不得超出原说明书和权利要求书记载的范围,包括:(1)原说明书和权利要求书字面明确表述的内容;(2)所属领域普通技术人员根据原说明书及其附图、权利要求书能够直接地、毫无疑义地确定(明确推定)的内容。[④] 其中,"直接地"与"毫无疑义地"之间是"并且"还是"或者"关系,显然对于发明专利(申请)文件的修改范围具有显著影响,但我国专利法及其实施细则、专利审查指南都没有明确规定,而北京一中院在(2009)一中行初字第1917号行政判决书中认定二者之间是"并且"关系,[⑤]将发明专利(申请)文件的修改范围压缩到最小。

发明专利文件的修改在无效宣告程序中除了不得超出原说明书和权利要求书记载的范围以外,其原则还包括:(1)仅限于修改权利要求书;(2)不得改变原权利要求的主题名称;(3)不得扩大原权利要求的保护范围;(4)一般不得增加原权利要求书未记载的技术特征。由此,在无效宣告程序中,只能修改权利要求书,且修改方式一般限于权利要求的删除、权利要求的合并、技术方案的删除3种。其中,"权利要求的删除"主要指向独立权利要求书,"权利要求的合并"限于同一独立权利要求下并列的从属权利要求,"技术方案的删除"限

---

① 参见娄宁、刘银良:《马库什化合物的可专利性研究》,载《中国发明与专利》2011年第3期。

② 参见欧阳石文:《医药生物领域发明专利申请文件撰写与答复技巧》,知识产权出版社2017年版,第65页。

③ 国家知识产权局《专利审查指南》(2017)第2部分第10章第8.1.1节。

④ 国家知识产权局《专利审查指南》(2017)第2部分第8章第5.2.1.1节。

⑤ 参见国家知识产权局专利复审委员会:《专利复审和无效审查决定汇编(2009)电学》(第5卷),知识产权出版社2016年版,第4021页。

于同一权利要求中并列的技术方案。①

马库什权利要求的修改相对于一般发明专利文件受到更加严格的限制。马库什权利要求适应于化学发明的特殊性，包括其定义、实施需要借助于试验数据和/或制备方法，其新的性能或用途并非表示其结构或组分改变而产生新的产品。② 为了寻求最大范围的专利保护，马库什权利要求往往概括尽可能多的可选择要素，而这些要素必须具有相同或相似的性能（或作用）、结构（或类型）。③ 因此，马库什权利要求不允许任意删除其可选择要素，即使不违背无效宣告程序中发明专利文件修改的原则和方式，但具有新的性能或作用的一类或单个化合物的产生，也会造成马库什权利要求的保护范围不确定。④

3. 关于马库什权利要求的创造性判断

发明专利的创造性是指该发明专利与现有技术相比，具有突出的实质性特点和显著的进步。⑤ 其中，“突出的实质性特点”是指发明专利与现有技术相比，对所属领域普通技术人员来说是非显而易见的；“显著的进步”是指发明专利与现有技术相比，能够产生有益的技术效果。判断发明专利与现有技术相比是否显而易见，通常需要遵循三个步骤（“三步法”）：（1）确定与发明专利最接近的现有技术；（2）确定发明专利相对于现有技术的区别特征和实际解决其最接近的现有技术所存在的技术问题；（3）判断现有技术整体上是否存在技术启示，使所属领域普通技术人员将发明专利的区别特征应用到其最接近的现有技术，以获得实际解决现有技术所存在技术问题的技术方案。

预料不到的技术效果是发明专利创造性的辅助考虑因素。发明专利创造性按照“三步法”判断后得出否定性结论，如果该发明专利取得预料不到的技术效果，包括所属领域普通技术人员事先无法预测或推理的质变或新性能、超出预期想象的量变，则说明该发明专利与现有技术相比，对所属领域普通技术人员来说是非显而易见的，且能够产生有益的技术效果，即具有突出的实质性

① 国家知识产权局《专利审查指南》（2010）第4部分第3章第4.6节。
② 国家知识产权局《专利审查指南》（2017）第2部分第10章第1节。
③ 国家知识产权局《专利审查指南》（2017）第2部分第10章第8.1.1节。
④ 最高人民法院行政判决书（2016）最高法行再41号。
⑤ 《中华人民共和国专利法》（2008）第22条第3款。

特点和显著的进步(发明专利创造性)。但如果按照“三步法”可以判断出该发明专利具备创造性,则不再强调其是否取得或产生预料不到的技术效果。[①]

本案中,且不说马库什权利要求所限定的是概括性的组合方案,是否取得或产生预料不到的技术效果只从整体观察而不针对每项可选择要素;即便像北京高院那样将其认定为并列技术方案的集合,是否取得或产生预料不到的技术效果需要审视每个技术方案,但按照专利创造性判断的“三步法”已经可以认定涉案专利具有创造性,包括涉案专利权利要求 1 与最接近的现有技术——证据 1 所述化合物相比具有两项区别技术特征,所属领域普通技术人员根据证据 1 所述化合物非经创造性劳动不能得到涉案专利权利要求 1 所述化合物。在这种情况下,是否取得或产生预料不到的技术效果对于涉案专利创造性的判断已经没有任何考虑价值。[②]

三、专利权利要求以说明书为依据的认定——“电子货品监视用标识器”发明专利无效案[③]

权利要求以说明书为依据旨在维护专利权人与社会公众的利益平衡,其认定应当以说明书充分公开的内容为基础,并不得超出说明书的公开范围。其中,说明书充分公开的内容认定严格限制在权利要求相关的内容范围内,说明书的公开范围定义为所属领域普通技术人员根据说明书记载的内容能够实现的范围。

(一)案件事实

X(一审原告、二审上诉人、再审申请人)为“具有低矫顽磁力特性的偏磁元件的磁力式电子货品监视用标识器”发明专利(以下简称涉案专利)的专利权人;Y(一审被告、二审被上诉人、再审被申请人)为对涉案专利作出无效宣告行政决定的国务院专利行政机关所属的专利复审委员会(以下简称专利复审委员会)。

---

① 国家知识产权局《专利审查指南》(2017)第 2 部分第 4 章第 2.2 节、第 2.3 节、第 3.2.1.1 节、第 5.3 节、第 6.3 节。

② 最高人民法院行政判决书(2016)最高法行再 41 号。

③ 最高人民法院行政判决书(2016)最高法行再 19 号。

涉案专利的申请日是1997年8月21日，其专利号是97197519.1，优先权日是1996年8月28日，授权公告日是2003年12月10日。涉案专利共有47项权利要求，其中权利要求1、4、9、14、20、30都是独立权利要求和产品权利要求，其发明主题都是一种使用在磁力式电子货品监视系统中的标识器，对应的从属权利要求分别是：权利要求2、3，权利要求5~8，权利要求10~13，权利要求15~19，权利要求21~24，权利要求31~36；权利要求25也是独立权利要求和产品权利要求，但其发明主题是一种使用在可以按预定频率发出呈间歇式脉冲串的标识器问询信号的磁力式电子货品监视用系统中的标识器，其从属权利要求是权利要求26~29；权利要求37是独立权利要求和方法权利要求，其发明主题是一种对使用在磁力式EAS系统中的EAS标识器实施活化和退活化用的方法，其从属权利要求是权利要求38~47。①

本案第三人于2010年4月27日向Y请求宣告涉案专利全部无效，其主要理由是涉案专利权利要求未以说明书为依据或得不到说明书支持，不符合我国《专利法》第26条第4款规定。Y经审理认定，涉案专利所要解决的技术问题是获得在常规操作期间不被意外退活化，同时退活化磁场小于利用Hc≥60Oe的偏磁元件的常规标识器的标识器；涉案专利说明书所公开的三个实施例中，第一和第三实施例均存在矛盾描述，所属领域普通技术人员不能实现，因而不属于说明书中充分公开的内容；基于涉案专利所要解决的技术问题和说明书中充分公开的内容，权利要求1~4、6、7、9~12、14~18、20~26、29、30、34、35、37~42、44、46~47得不到说明书支持。因此，Y于2012年2月29日作出第18161号无效宣告请求审查决定(以下简称第18161号专利无效行政决定)，宣告涉案专利在权利要求5、8、13、19、27、28、31~33、36、43、45基础上维持有效。②

X对第18161号专利无效行政决定不服，向北京市第一中级人民法院(以下简称北京一中院)提起行政诉讼。北京一中院一审认定，涉案专利说明书中

---

① 中国发明专利“具有低矫顽磁力特性的偏磁元件的磁力式电子货品监视用标识器”(97197519.1)权利要求书、说明书。

② 国家知识产权局专利复审委员会第18161号无效宣告请求审查决定书。

第一个和第三个实施例均存在矛盾描述，所属领域普通技术人员不能实现；权利要求1～3、9～12、14～18、25、26、29、37、38～42、44、46、47概括过宽，不仅包含了专利权人推测、效果难以确定的内容，还覆盖了不能解决涉案专利所要解决的技术问题且难以达到预期技术效果的实施方式；权利要求20～24概括过宽，包含了专利权人推测且效果难以确定的内容；权利要求4、6、7、30、34、35覆盖了不能解决涉案专利所要解决的技术问题且难以达到预期技术效果的实施方式。因此，北京一中院一审判决维持第18161号专利无效行政决定。①

X对北京一中院一审判决不服，向北京市高级人民法院（以下简称北京高院）提起上诉。北京高院二审认定，涉案专利的技术贡献仅在于从低场稳定性、漂移梯度、矫顽磁力等方面选择和限定说明书所列举的三种物质材料，将之适用于磁力式电子货品监视系统中的标识器；而权利要求1～4、6、7、9～12、14～18、20～26、29、30、34、35、37～42、44、46～47通过选择部分参数或指标来限定适用于磁力式电子货品监视系统中标识器的物质材料，所属领域普通技术人员有合理理由质疑仅具备部分参数或指标的物质材料可能并不限于说明书所列举的三种，即这些权利要求所限定的物质材料可能超出了说明书的公开范围；即便说明书所记载的实施例不存在公开不充分的问题，也不能克服权利要求未以说明书为依据的缺陷。因此，北京高院二审判决驳回X的上诉，维持北京一中院一审判决。②

X对北京高院二审判决不服，向最高人民法院申请再审。X申请再审的理由主要有：(1)关于涉案专利所要解决的技术问题。首先，涉案专利权利要求1～47分为八组，分别解决不同的技术问题；其次，技术问题的确定应当根据权利要求的区别技术特征，参照说明书所记载的发明目的、技术效果等内容。(2)关于说明书中第一、第三实施例。说明书关于第一、第三实施例的公开是充分的，即使不考虑这两个实施例，相关权利要求也能得到说明书的支持。(3)关于涉案专利的技术贡献。判断权利要求是否以说明书为依据，应当考虑权利要求的保护范围与其技术贡献相匹配。(4)关于涉案专利各项权利要求。

---

① 北京市第一中级人民法院行政判决书(2012)一中知行初字第2111号。

② 北京市高级人民法院行政判决书(2013)高行终字第961号。

涉案专利各项独立权利要求均能够得到说明书的支持，所属领域普通技术人员根据说明书充分公开的内容，能够解决其技术问题和获得相应技术效果。①

（二）法院判旨

最高人民法院再审判决撤销北京高院二审判决、北京一中院一审判决，以及第18161号专利无效行政决定对权利要求5、8、13、19、27、28、32、36、43、45有效的认定，责令专利复审委员会对这些权利要求重新作出无效宣告审查决定。

1. 在认定涉案专利权利要求是否以说明书为依据时，如何理解涉案专利所要解决的技术问题？

根据我国《专利法》(2008)第26条第4款并参照专利审查指南的有关规定，权利要求限定的保护范围应当与其技术贡献程度、说明书充分公开的技术内容相适应。② 如果权利要求限定的保护范围过于宽泛，包括了无法实现的技术方案，并且所属领域普通技术人员根据说明书充分公开的内容以及现有技术的整体状况，仍然无法合理确定、排除该技术方案，则应当认定该权利要求未能"以说明书为依据"。因此，正确认定涉案专利所要解决的技术问题和所要实现的技术效果，对于认定涉案专利权利要求是否以说明书为依据具有重要意义。

根据我国《专利法实施细则》(2002)第18条第1款规定，说明书中应当写明涉案专利所要解决的技术问题、实现的技术效果以及具体实施方式等，③再结合说明书中记载的背景技术、发明目的等相关内容，可以对涉案专利所要解决的技术问题和实现的技术效果进行认定。综合考虑说明书中有关背景技术、发明目的、有益效果、具体实施方式等内容，涉案专利相对于背景技术作出的改进主要在于以特定材料制作偏磁元件，以使得标识器更容易退活化，并且标识器不会因"存储、运输或装卸时所可能会出现的磁场作用"而意外退活化。

---

① 最高人民法院行政判决书(2016)最高法行再19号。

② 《中华人民共和国专利法》(2008)第1条、第26条第4款，国家知识产权局《专利审查指南》(2010)第2部分第2章第3.2.1条。

③ 《中华人民共和国专利法实施细则》(2002)第18条第1款。

我国《专利法》(2008)第26条第4款规定的"以说明书为依据"涉及的主要是权利要求书与说明书的相互关系问题,相应地应当以说明书本身记载的相关内容为基本依据来认定涉案专利要解决的技术问题和实现的技术效果。我国《专利审查指南》第2部分第4章第3.2.1.1条关于"技术问题"的规定,是在判断权利要求是否具有创造性时,根据权利要求与"最接近的现有技术"的区别技术特征所重新确定的"实际解决的技术问题",可能不同于涉案专利要解决的技术问题,不能直接作为认定权利要求是否以说明书为依据的基础。

2. 关于涉案专利说明书中记载的第一实施例、第三实施例是否充分公开?对认定涉案专利权利要求是否以说明书为依据有何影响?

参照我国《专利审查指南》(2010)第2部分第2章第3.2.1条规定,在认定权利要求是否以说明书为依据时,应当以说明书中充分公开的技术内容为基础。由此,说明书中未能充分公开的内容,不宜作为认定权利要求是否以说明书为依据的基础。本案中,说明书中第一、第三实施例的技术内容均存在明显矛盾,所属领域普通技术人员对其真实性、客观性产生合理怀疑,无法确认其能够解决所要解决的技术问题和实现相应技术效果,应当认定该其未能充分公开而不能作为认定权利要求是否以说明书为依据的基础。

涉案专利说明书中记载的三个实施例中,仅有第二实施例充分公开,可以结合说明书中记载的其他有关内容,对涉案专利权利要求是否以说明书为依据进行认定。第二实施例作出的主要贡献在于以特定的材料SB1制作偏磁元件,以2628CoA合金材料作为可激活型元件,并且可激活型元件在较低磁场水平下具有屏蔽作用,使得标识器及其中的偏磁元件在较低的退磁化磁场中不被意外退磁化。

3. 关于权利要求1~47是否以说明书为依据,符合我国《专利法》第26条第4款规定?

结合我国《专利法》(2008)第1条规定,我国《专利法》(2008)第26条第4款规定的"权利要求应当以说明书为依据",是维护权利人与社会公众的利益平衡,防止专利权侵蚀公有领域,为后续创新保留必要空间的重要制度保障。

根据涉案专利说明书的记载,SB1材料、2628CoA合金以及由其制作的标识器具有多种材料特性，权利要求仅仅限定某项或某几项特性及其参数范围，则其保护范围涵盖数目无法穷尽的各种已知甚至未知材料制作的偏磁元件以及标识器。而对于哪些具体材料可用于实施涉案专利技术方案，所属领域普通技术人员难以作出合理的预测。因此，权利要求1～4、6、7、9～12、14～18、20～26、29、30、37～42、44、46～47的保护范围明显超出了涉案专利说明书充分公开的程度和涉案专利的技术贡献程度，而权利要求34、35缺乏具体实施方式支持。

为了监督专利复审委员会依法行政，避免错误维持有效的权利要求损害第三人合法权益和社会公共利益，根据我国《行政诉讼法》第6条规定对维持有效的权利要求一并进行审理。涉案专利权利要求5、8、13、19、27、28、36、43、45中没有限定制作偏磁元件、磁致伸缩元件的具体材料，而是以偏磁元件或标识器具有的某种或某几种特性及其参数范围来限定其保护范围。涉案专利说明书中没有公开有关Metglas2628MB材料的具体实施方式，所属领域普通技术人员不能合理确认权利要求32能够解决所要解决的技术问题和实现相应技术效果。

我国《专利法》(2008)第22条第3款、第26条第4款分别对专利创造性和权利要求以说明书为依据作出规定，即使权利要求具备专利创造性，其记载的技术特征和限定的技术方案整体上是否概括适当，仍然需要依据我国《专利法》(2008)第26条第4款规定进行认定。尤其是在权利要求相对于现有技术的区别技术特征概括得过于宽泛、未能以说明书为依据的情况下，只能依据我国《专利法》(2008)第26条第4款规定请求宣告该权利要求无效。专利创造性、权利要求以说明书为依据分别从不同角度，对权利要求的合法性进行规范和调整。

根据我国《行政诉讼法》第70条规定，本案可以区分不同权利要求以及不同的法律规定，对第18161号专利无效行政决定中相关认定分别处理，部分撤销第18161号专利无效行政决定中认定错误的部分。这不仅可以避免已被宣告无效的权利要求又回复为有效状态，对既已稳定的权利义务关系和社会公众的合理信赖造成损害；还可以避免不必要地增加专利复审委员会重新作出审查决定的行政成本，甚至将本案拖入循环诉讼。①

（三）选出理由

本案是认定专利权利要求以说明书为依据的典型案例，是《最高人民法院知识产权案件年度报告（2017）》从最高人民法院2017年审结的知识产权案件中精选的33件典型案件之一。本案所涉及的权利要求以说明书为依据的立法目的、权利要求以说明书为依据中技术问题的确定、权利要求以说明书为依据与创造性的关系三个问题，入选该年度报告所归纳的42个具有一定指导意义的法律适用问题。②

1. 权利要求以说明书为依据的立法目的

权利要求以说明书为依据旨在维护专利权人与社会公众的利益平衡，防止专利权侵蚀公有领域，为后续创新保留必要空间。根据我国《专利法》第1条规定，在一定期限内授予专利权的目的在于鼓励发明创造，提高创新能力，促进科学技术进步和经济社会发展。由此，在适用我国《专利法》第26条第4款关于"权利要求以说明书为依据"的规定时，亦应当符合我国《专利法》第1条规定的立法目的，一方面允许专利权人在说明书充分公开的内容基础上，通过合理概括的方式撰写权利要求，以获得适度的保护范围；另一方面要求权利要求的保护范围与说明书充分公开的范围相适应，以免其保护范围过宽而与其技术贡献不相称，影响公众利益、科学技术进步和经济社会发展。③

2. 权利要求以说明书为依据中技术问题的确定

我国《专利法》（2008）第26条第4款规定涉及的主要是权利要求书与说明书的相互关系问题，相应地应当以说明书本身记载的相关内容为基本依据来认定涉案专利要解决的技术问题和实现的技术效果。在认定权利要求是否以说明书为依据时，可以结合说明书中记载的背景技术及其存在的缺陷，发明内容中"发明目的""所要解决的技术问题""有益效果"，以及具体实施方式中

① 最高人民法院行政判决书（2016）最高法行再19号。

② 参见《最高人民法院知识产权案件年度报告（2017年）摘要》，载《人民法院报》2018年4月25日，第3版。

③ 参见尹新天：《中国专利法详解》，知识产权出版社2011年版，第367页。

与“技术问题”“有益效果”相关的内容等，对涉案专利所要解决的技术问题和实现的技术效果进行认定。

我国《专利审查指南》第2部分第4章第3.2.1.1条规定的“实际解决的技术问题”，是在判断权利要求是否具有创造性时，根据权利要求与“最接近的现有技术”的区别技术特征而重新确定的，可能不同于涉案专利所要解决的技术问题，不能直接作为认定权利要求以说明书为依据的基础。因为，“实际解决的技术问题”会随着“最接近的现有技术”的不同而动态改变，在认定权利要求以说明书为依据时并不一定涉及，更不一定符合我国《专利法》第26条第4款的立法目的。

3. 权利要求以说明书为依据与创造性的关系

权利要求以说明书为依据与创造性分别从不同角度对权利要求进行规范和调整，共同保障专利制度的运行符合立法目的。我国专利法对权利要求以说明书为依据与创造性分别作出规定，[①]即使权利要求具备我国《专利法》(2008)第22条第3款规定的创造性，对于其中记载的包括区别技术特征在内的各项技术特征是否概括适当，以及权利要求限定的技术方案整体上是否概括适当，仍然需要依据我国《专利法》(2008)第26条第4款规定进行认定。尤其是在权利要求相对于现有技术具备区别技术特征，且现有技术整体上未能给出技术启示的情况下，如果该区别技术特征概括得过于宽泛、未能以说明书为依据，则只能依据我国《专利法》(2008)第26条第4款规定请求宣告相应权利要求无效。

(四) 案件评释

权利要求以说明书为依据的认定，所涉及的专利立法目的、技术问题的确定、与创造性的关系等，其核心是权利要求书与说明书的相互关系问题，从我国《专利法》和《专利审查指南》的有关规定来看，主要表现在两点：(1) 权利要求所保护的技术方案从说明书充分公开的内容中得到或概括得出，其中说明书充分公开与权利要求以说明书为依据的关系不顺；(2) 权利要求所保护的技

① 《中华人民共和国专利法》(2008) 第22条第3款、第26条第4款。

术方案不得超出说明书的公开范围，其中说明书的公开范围含义不清。

1. 权利要求以说明书为依据与说明书充分公开的关系

根据我国《专利审查指南》第2部分第2章第3.2.1条规定，权利要求书以说明书为依据是指权利要求得到说明书的支持，即权利要求书中每一项权利要求所保护的技术方案，所属技术领域普通技术人员能够从说明书充分公开的内容中得到或概括得出。由此，权利要求以说明书为依据的认定应当以说明书中充分公开的内容为基础，说明书中未充分公开的内容不得作为权利要求的依据，因而认定说明书中充分公开的内容成为认定权利要求以说明书为依据的前置程序。我国《专利法》(2008)第26条第3款规定说明书充分公开，第4款规定权利要求以说明书为依据，亦是遵循了这样的前后顺序。

但是，说明书充分公开与权利要求以说明书为依据毕竟是两个独立的事实，尤其是驳回或无效专利的两个独立的理由，在认定权利要求以说明书为依据时一并审查说明书充分公开，无论从有关法律规定还是从专利审查和司法实践来看都有不妥。如果驳回或无效理由中既有权利要求以说明书为依据又有说明书充分公开，则不会造成超越请求范围审查的程序性问题；如果驳回或无效理由中只有权利要求以说明书为依据而没有说明书充分公开，则一并审查说明书充分公开就会超越请求范围、违法法定程序。为此，权利要求以说明书为依据的认定中，对于说明书充分公开的内容认定，严格限制在说明书中与该权利要求相关的内容范围内，且只作事实认定而在决定或裁判部分不给出结论。①

权利要求以说明书为依据与说明书充分公开的关系问题，在美国、日本不如在我国和欧洲突出。根据美国专利法第112条和专利审查指南的有关规定，权利要求书并不单独存在而是作为说明书的一部分，权利要求以说明书为依据与说明书充分公开是一致的，即要求所属领域普通技术人员能够实施。② 根

① 参见管荣齐、周阳：《专利说明书充分公开的判断——沃尔尼·朗伯公司与专利复审委员会等发明专利无效案》，载《中国发明与专利》2019年第10期。

② United States Code Title 35—Patents (2019). 112; USPTO. Manual of Patent Examining Procedure (2018). 608.01.

据日本专利法第36条和专利审查指南的有关规定，权利要求所保护的技术方案应当在说明书中公开，及至所属领域普通技术人员能够认识到所要解决的技术问题会被实际解决的范围内，将权利要求以说明书为依据与说明书充分公开统一起来。① 根据欧洲专利公约第83～84条和专利审查指南的有关规定，权利要求以说明书为依据与说明书充分公开的要求是分开的，与我国一样存在两者的关系问题需要解决。②

2. 权利要求以说明书为依据中说明书的公开范围含义

我国《专利审查指南》没有正面明确界定说明书的公开范围含义，仅在涉及权利要求的概括时以否定的方式间接予以规定，即权利要求的概括如果包含专利权人推测的内容，而其效果又难于预先确定和评价，则超出了说明书公开的范围。③ 如果权利要求所保护的技术方案是从说明书公开的内容中概括得出的，则权利要求以说明书为依据的认定，应当以权利要求不超出说明书公开的范围为标准。说明书公开的范围含义不明确，就无从全面、准确地认定权利要求以说明书为依据，仅能套用上位概念概括或并列选择方式概括的具体情形作出。

美国、日本、欧洲都有类似于说明书的公开范围概念。美国表述为"所属领域普通技术人员能够实施的范围"，④日本表述为"所属领域普通技术人员能够认识到所要解决的问题会被实际解决的范围"，⑤欧洲则表述为"说明书和附图给出的合理程度"。⑥ 这三种表述实质相似或基本相同，都界定了权利要求可以扩展的最大范围，即"所属领域普通技术人员在说明书内容的基础上能够合理扩展的范围"。但是，美国、日本、欧洲都没有类似于"从说明书充分公开的内容得到或概括得出"的表述。

---

① 日本特許法(2020)，第36条；日本特許庁，特許・実用新案審査基準(2015)，第II部第1章第1節。

② European Patent Convention(2016). Art. 83－84; EPO. Guidelines for Examination in the European Patent Office(2019). Part F-Chapter III－IV.

③ 国家知识产权局《专利审查指南》(2010)第2部分第2章第3.2.1条。

④ USPTO. Manual of Patent Examining Procedure (2018). 608.01.

⑤ 日本特許庁，特許・実用新案審査基準(2015)，第II部第1章第1節。

⑥ EPO. Guidelines for Examination in the European Patent Office(2019). Part F-Chapter III.

我国《专利审查指南》有必要增加对“说明书的公开范围”的解释。参考美国和日本对类似概念的相关表述，将“说明书的公开范围”定义为“所属领域普通技术人员根据说明书记载的内容能够实现的范围”。这一定义不仅系统完整地给出了说明书的公开范围含义，还通过“能够实现”体现出对说明书充分公开的要求，即所属领域普通技术人员根据说明书公开的内容，能够实施权利要求所保护的技术方案，并解决其所要解决的技术问题、达到预期的技术效果。①

四、专利说明书充分公开的判断——沃尔尼·朗伯公司发明专利无效案②

专利说明书充分公开的要求包括“清楚、完整”和“能够实现”，对化学产品而言应当记载其确认、制备和用途。专利说明书不能满足充分公开的要求，就可以请求宣告该专利无效。解决技术问题虽是专利说明书充分公开的判断要素之一，但首先要确认所属领域普通技术人员能否再现技术方案。为证明专利说明书充分公开而补充的证据，即便其形成和提交于专利申请日后也应当予以考虑。

（一）案件事实

X（一审原告、二审上诉人、再审被申请人）为“结晶[R-(R*,R*)]-2-(4-氟苯基)-β,δ-二羟基-5-(1-甲基乙基)-3-苯基-4-[(苯氨基)羰基]-1H-吡咯-1-庚酸半钙盐”发明专利（以下简称涉案专利）的专利权人，Y（一审被告、二审被上诉人、再审申请人1）为认定涉案专利无效的国务院专利行政部门专利复审委员会。

X于1996年7月8日提交涉案专利申请，并于2002年7月10日获得专利授权，专利号为ZL96195564.3，优先权日为1995年7月17日。涉案专利权利要求1的发明主题为含1-8摩尔水的Ⅰ型结晶阿托伐他汀水合物（以下简称涉案专利产品），其特征表现为研磨2分钟后使用Cukα射线测量的根据2θ、d-面间距和大于20%的相对强度表示的X-射线粉末衍射图（XPRD）。

① 参见秦声、曹怡勤：《浅析权利要求书应当以说明书为依据》，载《中国发明与专利》2018年增刊第1期。

② 最高人民法院行政判决书（2014）行提字第8号。

作为本案一审第三人、再审申请人2的北京嘉林药业股份有限公司（以下简称北京嘉林公司）和作为本案一审第三人的张某分别向Y请求宣告涉案专利无效，Y合并审理后于2009年6月17日作出宣告涉案专利全部无效的第13582号行政决定（以下简称第13582号无效行政决定），主要理由是涉案专利说明书对涉案专利产品含1－8摩尔水及其制备方法的公开不充分，违反我国《专利法》第26条第3款的规定。

X对第13582号无效行政决定不服，向北京市第一中级人民法院（以下简称北京一中院）提起行政诉讼。北京一中院一审认为，涉案专利说明书不仅没有明确认定涉案专利产品含1－8摩尔水，也没有通过实验验证不同含水量的涉案专利产品具有相同XPRD，即涉案专利说明书对涉案专利产品含1－8摩尔水的公开不充分，没有达到所属领域普通技术人员能够实现的程度，故北京一中院一审判决维持第13582号无效行政决定。①

X对北京一中院一审判决不服，向北京市高级人民法院（以下简称北京高院）提起上诉。北京高院二审认为，北京一中院一审判决和第13582号无效行政决定在判断涉案专利说明书公开是否充分时，均没有明确涉案专利所要解决的技术问题，因而没有整体考虑"与要解决的技术问题相关的化学物理性能参数"，却是片面强调涉案专利产品的含水量，从而得出涉案专利说明书公开不充分的错误结论，故北京高院二审判决撤销北京一中院一审判决和第13582号无效行政决定，由Y就涉案专利无效宣告请求重新审查并作出决定。②

Y和北京嘉林公司对北京高院二审判决不服，向最高人民法院申请再审。Y和北京嘉林公司申请再审理由主要有两点，一是北京高院二审判决对于"发明""清楚、完整""解决其技术问题"的理解和认定，在客体、逻辑顺序和方式方法等方面均存在错误；二是涉案专利说明书没有公开涉案专利产品的含水量测定数据和制备方法，以及在不同含水量下涉案专利产品的XPRD数据不变

---

① 北京市第一中级人民法院行政判决书（2009）一中知行初字第2710号。

② 北京市高级人民法院行政判决书（2010）高行终字第1489号。

的证据。①

（二）法院判旨

最高人民法院认为，涉案专利说明书不符合我国《专利法》（1992）第26条第3款的规定，北京高院二审判决撤销第13582号无效行政决定系适用法律错误，故判决撤销北京高院二审判决、维持北京一中院一审判决。

涉案专利申请日、优先权日均在1993年1月1日后、2001年7月1日前，故本案发明专利权无效行政纠纷适用我国1992年《专利法》。根据该法第26条第3款，涉案专利说明书应当对涉案专利的"发明主题"作出"清楚、完整"的说明，达到所属领域普通技术人员"能够实现"的程度。其中，涉案专利的"发明主题"是"含1－8摩尔水的I型结晶阿托伐他汀水合物"，"清楚、完整"的说明内容包括涉案专利的组成部分（含1－8摩尔水）和结构特征（XPRD数据），"能够实现"的程度即所属领域普通技术人员可以再现技术方案、解决技术问题和产生预期效果。北京高院二审判决没有考虑涉案专利技术方案的可再现性，而是首先考虑涉案专利所要解决的技术问题，颠倒了"能够实现"判断的逻辑顺序。

涉案专利为典型的化学产品发明专利。化学属于实验性科学，化学发明结果和实施的影响因素众多且交叉错杂，需要借助定性或定量的实验数据或谱图才能验证和确认。因此，化学产品发明专利说明书对于"发明主题""清楚、完整""能够实现"的要求更高，应当记载和公开该化学产品发明确认所需的化学结构和化学、物理性能参数，以及所属领域普通技术人员"能够实现"该化学产品发明的制备方法。本案中，涉案专利权利要求1以涉案专利产品的组成部分（含1－8摩尔水）和结构特征（XPRD数据）限定其特征，争议焦点在于根据涉案专利说明书公开的内容，是否能够确认不同含水量的涉案专利产品具有相同XPRD，是否能够确认并制备得到涉案专利产品。

涉案专利权利要求1限定不同含水量的涉案专利产品具有相同XPRD，涉案专利说明书应当对此作出"清楚、完整"的说明。由于水合物中水的占位或

---

① 最高人民法院行政判决书（2014）行提字第8号。

含水量的多寡是否影响其 XPRD 并不存在统一教导，且没有证据证明涉案专利产品中“水不占位，不影响晶体的 XPRD”而非“水会占位，会影响晶体的 XPRD”，更没有证据证明涉案专利产品所含之水属于通道水而非占位水等其他结晶水，而涉案专利说明书仅记载涉案专利产品的无水形式和水合形式等价，故所属领域普通技术人员不能从涉案专利说明书中确认不同含水量的涉案专利产品具有相同 XPRD。

水含量对于涉案专利产品的确认是必不可少的，与涉案专利所要解决的技术问题也密切相关，涉案专利说明书应当对此作出“清楚、完整”的说明。化学产品发明的确认是指所属领域普通技术人员根据该发明专利说明书中公开的内容，能够清楚地确认该发明专利权利要求所保护的化学产品发明。水含量是涉案专利产品的组成部分和结构特征，但涉案专利说明书中没有相应定性或定量的实验数据或谱图。涉案专利产品所含之水为结晶水而非吸附水，但结晶水中通道水、占位水等与晶体结合的紧密程度不同，直接影响涉案专利产品的药物规格和存储稳定性这一技术问题的解决。因此，所属领域普通技术人员根据涉案专利说明书公开的内容，不能确认涉案专利产品含 1 – 8 摩尔水、满足严格药物规格和具有更好存储稳定性。

就化学产品发明的角度而言，涉案专利说明书应当记载和公开涉案专利产品的制备方法。化学产品发明专利说明书所应记载的制备方法至少一种，并说明所用的原料物质、工艺步骤和条件、专用设备等，以使所属领域普通技术人员能够实施该制备方式。[①] 由于涉案专利说明书没有对涉案专利产品所含之水作出“清楚、完整”的说明，所属领域普通技术人员无论从涉案专利说明书的一般记载还是具体实施例中，都无法确信可以受控地制备得到涉案专利产品。[②]

（三）选出理由

本案是 2015 年中国法院十大知识产权案件之一，且是唯一的知识产权行

---

① 国家知识产权局《专利审查指南》（2010）第 2 部分第 2 章第 2.1.3 节，第 10 章第 1 节、第 3.1 节。

② 最高人民法院行政判决书（2014）行提字第 8 号。

政案件，对专利说明书的撰写及其公开不充分的无效纠纷处理等确立了法律标准。本案所涉及的化学产品发明专利说明书充分公开的判断、专利说明书充分公开与其要解决的技术问题之间的关系、专利说明书充分公开的补充证据认定 3 个问题，入选《最高人民法院知识产权案件年度报告（2015 年）》所归纳的 38 个具有普遍指导意义的法律适用问题。[①]

化学产品发明专利说明书应当记载该化学产品的确认、制备和用途。关于化学产品的确认，其专利说明书应当记载化合物的化学名称、化学结构式和化学、物理性能参数，组合物的组分及其化学和/或物理状态、可选择范围、含量范围和对性能的影响，仅用结构和/或组成不能够清楚描述的化学产品的化学、物理参数和/或制备方法。关于化学产品的制备，其专利说明书应当记载至少一种制备方法及其所用的原料物质、工艺步骤和条件、专用设备等，化合物的制备实施例。关于化学产品的用途，其专利说明书应当记载实现该产品用途的定性或定量实验数据，新的药物化合物或组合物的具体医药用途或药理作用、有效量及使用方法、实验室试验或临床试验的定性或定量数据。[②] 本案中，涉案专利产品属于化合物，其说明书应当记载其化学结构和化学物理性能参数、至少公开一种制备方法、定性或定量实验数据。[③]

专利说明书充分公开的要素之一是解决技术问题。我国 1992 年《专利法》第 26 条第 3 款规定，专利说明书应当对"发明主题"作出"清楚、完整"的说明，达到所属领域普通技术人员"能够实现"的程度。[④] 其中，"能够实现"是指所属领域普通技术人员根据专利说明书公开的内容，既可以再现技术方案，又可以解决技术问题和产生预期效果。[⑤] 由此，专利说明书要满足"能够实现"的要求，必须同时具备再现技术方案、解决技术问题和产生预期效果三要素，其判断顺序是首先要看所属领域普通技术人员能否再现技术方案，然后再看其

---

① 参见《最高人民法院知识产权案件年度报告（2015 年）摘要》，载《人民法院报》2016 年 4 月 25 日，第 3 版。

② 国家知识产权局《专利审查指南》（2010）第 2 部分第 10 章第 3.1 节。

③ 最高人民法院行政判决书（2014）行提字第 8 号。

④ 《中华人民共和国专利法》（1992）第 26 条第 3 款。

⑤ 国家知识产权局《专利审查指南》（2010）第 2 部分第 2 章第 2.1.3 节。

能否解决技术问题和产生预期效果。本案中,北京高院二审判决对于所属领域普通技术人员能否再现技术方案未作判断,而是越过第一步直接进入第二步对能否解决技术问题进行判断,颠倒了"能够实现"判断的逻辑顺序。

专利说明书充分公开的认定可以考虑补充提交的证据。根据我国 1992 年《专利法》第 26 条第 3 款,所属领域普通技术人员"能够实现"的时间点应当是专利申请日,但相应证据的形成和提交时间并非以该时间点之前为限。在专利申请日后形成和提交的实验性证据,如果可以证明专利申请日前的所属领域普通技术人员,根据专利说明书公开的内容"能够实现"该专利技术方案,那么该证据不能因其形成和提交时间在专利申请日后而不予考虑。补充提交的实验性证能否采纳主要审查两个条件,一是时间条件,即专利申请日前的所属领域普通技术人员,通过阅读专利说明书可以直接得到或容易想到实验条件、方法等;二是主体条件,即以专利申请日前所属领域普通技术人员的知识和能力为基准。①

(四)案件评释

充分公开既是专利说明书撰写的要求,也是专利无效宣告的理由。专利无效宣告制度作为世界各国专利法的重要组成部分,虽然对专利审查机关具有纠错功能、对专利权人具有防御功能,但最主要的是对被诉侵权人具有抗辩功能。② 专利无效宣告制度的抗辩功能具体体现在专利侵权诉讼中,被诉侵权人为了对抗专利权人的侵权指控,通常采用釜底抽薪的抗辩策略,向国家有关机关请求宣告涉案专利权无效,如果被诉侵权人主张的专利无效宣告理由成立,则专利侵权诉讼自然失去赖以存在的权利基础。③ 根据我国《专利法实施细则》第 65 条第 2 款,专利无效宣告理由之一是不符合我国《专利法》第 26 条第 3 款,即专利说明书公开不充分,不满足"清楚、完整"和"能够实现"的要求。

专利说明书应当充分公开即满足"清楚、完整"和"能够实现"的要求。专利说明书应当"清楚",包括"主题明确""表述准确",其中"主题明确"是指专

① 最高人民法院行政判决书(2014)行提字第 8 号。

② 参见刘蕾:《论专利无效宣告制度的防御功能》,载《知识产权》2014 年第 12 期。

③ 参见李明德:《知识产权法》,社会科学文献出版社 2007 年版,第 298 ~ 300 页。

利说明书应当写明要解决的技术问题、应采用的技术方案、所产生的有益效果,“表述准确”是指专利说明书应当使用所属领域的技术术语、准确地表达技术内容。专利说明书应当“完整”,包括理解和实现该专利所需的所属领域普通技术人员不能从现有技术中直接、唯一地得到的所有内容,如技术领域、技术背景、技术问题、技术方案、有益效果、附图说明、具体实施方式。专利说明书应当达到所属领域普通技术人员“能够实现”的程度,即全部并依次满足再现技术方案、解决技术问题和产生预期效果的要求。

鉴于化学发明描述、实施的特殊性,其专利说明书应当满足更高的充分公开要求。化学产品发明专利说明书应当记载该化学产品的确认、制备和用途,其中化学产品确认的内容包括化合物的名称、结构式和性能参数,组合物的组分及其状态、范围、含量和影响;化学产品制备的内容包括制备方法、实施例,以及所用原料、工艺、设备等;化学产品用途的内容包括实现该用途的实验数据,新药物的用途或作用、有效量和使用方法。化学方法发明专利说明书应当记载该方法所用的原料物质、工艺步骤和条件、对目的物质性能的影响,化学产品用途发明专利说明书应当记载该化学产品及其使用方法、所取得的效果和有关实验数据。另外,化学发明专利说明书通常包含一定实施例,且应当在专利申请日前提交。①

专利说明书不能满足充分公开的要求,就可以向国家有关机关请求宣告该专利无效。专利无效纠纷的管辖机关、审理程序和裁决方式,在不同国家有所不同。德国、美国都由法院管辖、审理和裁决专利无效纠纷,其中德国一审是联邦专利法院,二审是联邦最高法院;美国一审是50个州的89家联邦地区法院,②二审是联邦巡回上诉法院,三审是联邦最高法院。日本专利行政机关和法院都可以管辖和审理专利无效纠纷,但其裁决机关是专利行政机关,法院可以对专利无效宣告行政决定进行审查和变更;而在专利侵权诉讼中法院可以就个案有关事实进行认定,其一审是大阪、东京地方法院,二审是知识产权

---

① 国家知识产权局《专利审查指南》(2010)第2部分第2章第2.1节、第10章第3节。

② 若加上哥伦比亚特区、波多黎各、美属维尔京群岛、关岛、北马里亚纳群岛,共有94个联邦地区法院。

高等法院，三审是最高法院。我国只能由专利行政机关管辖、审理和裁决专利无效纠纷，法院可以对专利无效宣告行政决定进行司法审查但不能直接变更，[①]致使专利无效宣告程序冗长复杂和亟待改善。

五、植物新品种的可专利性——“杂交稻培育方法”发明专利无效案[②]

我国专利法规定植物新品种属于不授予专利权的客体，而植物新品种的生产方法可以授予专利权，但我国专利审查指南又将植物新品种的生物学生产方法排除在专利客体之外，这不符合植物新品种的品种权与专利权融合、并存的国际趋势，有违专利客体法定原则和我国立法法、专利法的有关规定，不利于我国对基因工程等现代生物技术的开发应用，无法真正保护育种者的主要合法权益。

（一）案件事实

X（原告）为“一种利用两系法培育亚种间杂交稻组合的方法”发明专利（以下简称涉案专利）的无效宣告请求人；Y（被告）为对涉案专利作出无效宣告行政决定的国务院专利行政机关所属的专利复审委员会（以下简称专利复审委员会）。

涉案专利的申请日是1998年6月10日，其专利号是98111352.4，授权公告日是2001年1月31日。涉案专利有申请公开、授权公告两套文本，其中授权公告文本的权利要求1～7的发明主题是一种杂交稻的培育方法，所采用的技术手段包括：利用特定父母本配制杂交种（权利要求1），父母本安全隔离和调节花期（权利要求2），父母本适期和积温差播种（权利要求3），父母本合理密植和适宜行比（权利要求4），母本抽穗时喷施赤霉素（权利要求1、5），破口期、始穗期和齐穗期连续防治粒黑粉病（权利要求6），整个生育期去杂去劣（权利要求7）；授权公告文本与申请公开文本相比，权利要求1删除了利用两系法、亚种间杂交、安全隔离、适期播种、合理密植、适宜行比、调节花期、合理使用920，人工辅助授粉、防治粒黑粉病、去杂去劣等技术特征，权利要求6删除了使用灭黑灵防治粒黑粉病的技术特征，权利要求7删除了母本培矮64S中去除散

① 参见管荣齐：《中国知识产权法律制度》，知识产权出版社2016年版，第188～190页。

② 北京市高级人民法院行政判决书（2013）高行终字第1972号。

粉现象的高温敏变异株的技术特征。

X于2012年7月18日向Y提出涉案专利无效宣告请求，其理由包括：(1)涉案专利所获杂交稻“两优培九”属于植物品种，其权利要求1～7不符合我国《专利法》(2008)第25条第1款第4项规定；(2)涉案专利申请文件的修改扩大了涉案专利保护范围，其权利要求1、6、7不符合我国《专利法》(2008)第33条规定。[①] Y经审理认为，涉案专利权利要求1～7所限定的是一种杂交稻的培育方法而非植物品种，并不属于我国《专利法》(2008)第25条第1款第4项规定不授予专利权的主题；权利要求1、6、7修改的内容在原说明书中有相应文字记载，或者根据原说明书的文字记载能够直接地、毫无疑义地确定，所属领域普通技术人员结合原说明书和权利要求书的记载能够得到，不违反我国《专利法》第33条关于专利申请文件修改不得超范围的规定。因此，Y于2013年1月18日作出维持涉案专利有效的第20033号无效宣告请求审查决定(以下简称第20033号专利无效行政决定)。[②]

X对第20033号专利无效行政决定不服，向北京市第一中级人民法院(以下简称北京一中院)提起行政诉讼，其理由包括：(1)涉案专利主题虽是一种方法，但所属领域普通技术人员公知，水稻的父母本一旦选定则其植物品种确定，选定其具体的父母本即是确定其植物品种；(2)涉案专利权利要求1的修改对于有关技术特征的删除，超过了我国《专利法》(2008)第33条规定的范围。北京一中院一审认为，涉案专利权利要求1～7所限定的是一种杂交稻的培育方法，属于植物品种的生产方法而非植物品种本身，依照我国《专利法》第25条第2款可以授予专利权；涉案专利权利要求1所删除的内容既不是其必要技术特征，又不是达到其技术效果所必不可少的技术特征，也不需要改进其他技术特征以实现相同的技术效果，而是根据原说明书的文字记载能够直接地、毫无疑义地确定，故涉案专利权利要求1的修改没有违反我国《专利法》(2008)第33条规定。因此，北京一中院一审判决维持第20033号专利无效行

---

① 《中华人民共和国专利法》(2008)第25条第1款第4项、第33条。

② 国家知识产权局专利复审委员会第20033号无效宣告请求审查决定书。

政决定。[①]

X对北京一中院一审判决不服,向北京市高级人民法院(以下简称北京高院)提起上诉,请求撤销北京一中院一审判决并依法改判。X的上诉理由包括:(1)涉案专利客体实质上是一种属于科学发现的植物品种,根据我国《专利法》第25条规定不应得到专利保护;(2)涉案专利权利要求1的修改超出了法定范围,根据我国《专利法》(2008)第33条规定不应予以允许。[②]

(二)法院判旨

北京高院二审判决驳回X的上诉,维持北京一中院一审判决。北京高院二审认为,涉案专利客体属于可以授予专利权的植物品种生产方法,涉案专利权利要求1的修改没有超出原说明书记载的范围。

根据我国《专利法》(2008)第25条第1款第4项和第2款规定,植物新品种不授予专利权,但植物新品种的生产方法可以授予专利权。本案中,涉案专利权利要求1~7所限定的是一种杂交稻的培育方法而不是杂交水稻本身,属于植物品种的生产方法而非植物品种本身,依照我国《专利法》(2008)第25条第2款规定可以授予专利权。

根据我国《专利法》(2008)第33条和《专利审查指南》(2010)的有关规定,发明专利申请文件的修改不得超出原说明书和权利要求书记载的范围,包括:(1)原说明书和权利要求书文字记载的内容;(2)根据原说明书和权利要求书文字记载的内容以及说明书附图能直接地、毫无疑义地确定的内容。[③] 本案中,涉案专利权利要求1修改所删除的内容,不属于其解决相关技术问题并实现其技术效果所必不可少的必要特征,且根据原说明书的文字记载能够直接地、毫无疑义地确定,因而不违反我国《专利法》(2008)第33条关于专利申请文件修改不得超范围的规定。[④]

(三)选出理由

本案是植物新品种可专利性的典型案例,其典型意义包括:(1)植物新品

---

① 北京市第一中级人民法院行政判决书(2013)一中知行初字第1801号。

② 北京市高级人民法院行政判决书(2013)高行终字第1972号。

③ 国家知识产权局《专利审查指南》(2010)第2部分第8章第5.2.1.1节。

④ 北京市高级人民法院行政判决书(2013)高行终字第1972号。

种属于不授予专利权的客体,但植物新品种的生产方法可以授予专利权;(2)发明专利申请文件修改的内容应当在原说明书和权利要求书中有相应文字记载,或者根据原说明书和权利要求书的文字记载以及说明书附图能够直接地、毫无疑义地确定。

1. 关于植物新品种及其生产方法的可专利性

如前所述,我国专利法只保护植物新品种的生产方法而不保护植物新品种本身,其主要原因是我国植物新品种由作为专门行政法规的植物新品种保护条例提供保护。但是,并非所有的植物新品种生产方法都可以授予专利权,只有植物新品种的非生物学生产方法才是专利客体,而植物新品种的生物学生产方法同植物新品种一样不授予专利权。植物新品种的生物学生产方法和非生物学生产方法的区分主要取决于人的技术介入程度,如果人的技术介入对植物新品种的生产目的或效果起了控制性或决定性作用,则这种方法属于非生物学生产方法,否则属于生物学生产方法。①

本案中,两审判决都明确涉案专利客体属于植物新品种的生产方法而非植物新品种本身,因而依照我国《专利法》(2008)第25条第2款规定可以授予专利权,但没有进一步明确其属于植物新品种的生物学生产方法还是非生物学生产方法。当然,从涉案专利文件的申请公开文本还是授权公告文本来看,人的技术介入对涉案专利所要达到的目的或效果都起到了控制性或决定性作用,因而涉案专利客体属于植物新品种的非生物学生产方法,参照我国《专利审查指南》的有关规定可以授予专利权。但无论如何,本案两审判决没有对涉案专利客体深入区分和定性,不得不说是一个重大遗憾。

本案引人深思的还有一点是,我国《专利法》明确规定植物新品种的生产方法可以授予专利权,而作为部门规章的《专利审查指南》将植物新品种生产方法之一的生物学生产方法排除在外。这犹如《专利审查指南》2017年修改时以增加示例的方式将商业模式、计算机程序纳入专利客体范围,②只不过前者以作为部门规章的《专利审查指南》缩小法律规定的专利客体范围,后者以作

① 国家知识产权局《专利审查指南》(2019)第2部分第1章第4.4节。

② 《国家知识产权局关于修改〈专利审查指南〉的决定》(2017)第1~4条。

为部门规章的《专利审查指南》扩大法律规定的专利客体范围,但都有违专利客体法定性原则和我国《立法法》关于部门规章在没有法律或者国务院的行政法规、决定、命令作为依据的情况下不得增加本部门权力的规定。①

2. 关于发明专利权利要求修改的范围和原则

为了及时改正专利申请文件的用词不严谨、表述不准确、撰写不恰当等缺陷,最大可能地保证专利信息传递、专利技术实施、专利权利保护、专利价值实现、专利制度运行准确无误,允许在初步审查、实质审查、驳回复审、无效宣告等阶段修改专利申请文件。② 但是,专利权的取得实行先申请制,③即两个以上的人提出相同专利申请的,专利权授予最先申请的人,④其中相同专利申请就发明而言存在保护范围相同的权利要求。鉴于发明专利保护范围由其权利要求决定,为了公正地保护发明人利益和处理同时提出的相同专利申请,有必要对发明专利权利要求的修改在规则层面和原则层面加以限制。

在规则层面,发明专利权利要求的修改不得超出原说明书和权利要求书记载的范围。为此,发明专利权利要求的修改只允许增加或者删除一项或多项权利要求,增加或变更独立权利要求的技术特征,变更独立权利要求的类型、主题名称及其相应的技术特征,将独立权利要求相对于最接近的现有技术正确划界,修改从属权利要求的引用部分或限定部分,而不允许删除权利要求的技术特征。虽然我国《专利审查指南》关于权利要求的不允许删除中仅明确列举了不允许删除独立权利要求的必要技术特征,但这并不意味着允许删除独立权利要求的非必要技术特征、从属权利要求的必要技术特征和非必要技术特征。⑤

---

① 参见管荣齐:《新形态创新成果知识产权保护探析》,载《科技与法律》2017 年第 6 期。

② 参见尹新天:《中国专利法详解》,知识产权出版社 2011 年版,第 410 页。

③ 参见管荣齐:《专利授权原则和商标注册原则改进建议》,载肖强主编:《应用法学研究》,法律出版社 2012 年版,第 213 ~ 221 页。

④ 《中华人民共和国专利法》(2008) 第 9 条第 2 款。

⑤ 国家知识产权局《专利审查指南》(2019) 第 2 部分第 3 章第 6 节,第 8 章第 5.2.2 节、第 5.2.3.3 节。

在原则层面，发明专利权利要求的修改不得扩大该权利要求的保护范围。[1] 权利要求由技术特征构成，其所包含的技术特征多少决定着该权利要求保护范围的大小。一般来说，权利要求所包含的技术特征越多，该权利要求的保护范围越大；其所包含的技术特征越少，该权利要求的保护范围越小。由此，发明专利权利要求的修改允许增加或变更技术特征，使该权利要求的保护范围缩小或保持不变；但不允许删除权利要求的技术特征，以避免该权利要求的保护范围扩大，损害其他发明人利益和社会公众利益。本案中，两审判决就涉案专利权利要求的有关修改，只考虑其没有超出原说明书和权利要求书记载的范围，而没有考虑其扩大了相应权利要求的保护范围，是本案两审判决的另外一个重大遗憾或引人深思的问题点。[2]

（四）案件评释

本案引发的植物新品种及其生物学生产方法的可专利性问题，因为国际上尤其是美国对之提供全面的专利保护而成为关注焦点。世界上植物新品种的权利形式主要有品种权和专利权两种，其中品种权主要源于国际植物新品种保护联盟（UPOV）《保护植物新品种国际公约》，着重保护植物新品种的有性或无性繁殖材料，而不保护植物新品种的开发技术；[3]植物新品种的专利权没有统一的国际法渊源，在多数国家和地区着重保护植物新品种的开发技术，但在美国、意大利、匈牙利等国亦保护植物新品种本身。植物新品种的两种权利形式呈现出融合、并存的趋势，美国对植物新品种提供全面专利保护的同时，对有性繁殖的植物新品种辅以品种权保护；欧洲、澳大利亚、巴西虽对植物新品种本身不提供专利保护，但像我国一样将植物新品种的生产方法纳入专利客体范围。品种权与专利权融合、并存的结果是，越来越多国家和地区开始或扩大植物新品种专利保护，要么以专利权保护为主、品种权保护为辅，植物新品种相关专利涵盖植物新品种相关的所有发明创造；要么以品种权保护为

---

① 参见管荣齐：《专利文件修改超范围的审查——“爆破作业智能管理系统”发明专利无效行政纠纷案》，载《中国发明与专利》2020 年第 5 期。

② 北京市高级人民法院行政判决书（2013）高行终字第 1972 号。

③ 参见刘平、陈超：《植物新品种保护通论》，中国农业出版社 2011 年版，第 38 页。

主、专利权保护为辅，植物新品种相关专利只及于品种权客体之外的发明创造。①

我国专利法将植物新品种本身、专利审查指南将植物新品种的生物学生产方法排除在专利客体之外，至少存在五个方面的问题：(1)植物新品种相关专利只及于植物新品种的非生物学生产方法而不涵盖植物新品种本身和植物新品种的生物学生产方法，不符合植物新品种的品种权与专利权融合、并存尤其是植物新品种专利保护扩大化的国际发展趋势；(2)植物新品种相关专利不涵盖植物新品种的生物学生产方法，有违专利客体法定原则和我国《立法法》关于部门规章在没有法律或者国务院的行政法规、决定、命令作为依据的情况下不得增加本部门权力的规定；(3)植物新品种相关专利只及于植物新品种的非生物学生产方法，违反我国《专利法》(2008)第11条关于方法专利的法律效力延伸至该专利方法直接获得的产品的规定；(4)植物新品种相关专利不涵盖植物新品种本身和植物新品种的生物学生产方法，不利于我国在国际上处于领先水平的人工合成胰岛素、杂交水稻、人类基因组测序、干细胞技术等现代生物技术的开发应用；②(5)植物新品种相关专利不涵盖在植物新品种生产方法中占据主导地位的生物学生产方法，杂交育种、诱变育种、单倍体育种、多倍体育种、基因工程育种、细胞工程育种等育种者的主要合法权益无法得到保护。③

六、专利文件修改超范围的审查——"爆破作业智能管理系统"发明专利无效案④

专利文件修改可以发生在专利申请的初步审查阶段、实质审查阶段、驳回复审阶段，也可以发生在专利无效宣告审查阶段。只要专利文件修改的内容没有扩大专利保护范围，对于专利文件修改超范围的审查就应当坚持宽容的原则。如果专利文件修改针对的是审查意见通知书所指出的缺陷，专利权授

---

① 参见管荣齐、薛智胜：《从TPP知识产权规则审视植物新品种的可专利性》，载《知识产权》2016年第3期。

② 参见牛文元：《中国科学发展报告2011》，科学出版社2011年版，第182页。

③ 参见王曙光：《知识产权法》，中国政法大学出版社2013年版，第200页。

④ 北京市高级人民法院行政判决书(2010)高行终字第249号。

予后因专利文件修改超范围被宣告无效，则未尽到审查职责、造成专利瑕疵的专利行政侵权行为应当承担损害赔偿责任。

（一）案件事实

X（一审原告、二审上诉人）为“爆破作业智能管理系统”发明专利（以下简称涉案专利）的专利权人；Y（一审被告、二审被上诉人）为对涉案专利作出无效宣告审查行政决定的国务院专利行政机关所属的专利复审委员会（以下简称专利复审委员会）。

涉案专利的申请日是2005年7月1日，授权公告日是2007年2月14日，其审定授权的权利要求1所限定的技术特征之一是“WEB查询系统用于分析爆破检查数据，生成爆破作业报表和爆破违规操作报告”，而申请公开的权利要求1的相应记载只有“程序自动分析爆破检查数据，生成爆破作业报表和爆破违规操作报告”。[①] 北京龙德时代科技发展有限公司（以下简称北京龙德公司）于2008年9月28日向Y提出涉案专利无效宣告审查请求，并于2008年10月20日补充涉案专利无效宣告审查理由，其一是涉案专利权利要求的修改超出了原专利文件记载的范围，不符合我国《专利法》（2008）第33条的规定。

Y经审查，于2009年3月13日作出第13255号专利无效宣告审查行政决定（以下简称第13255号专利无效行政决定），以涉案专利文件修改超范围为由宣告涉案专利全部无效，具体在于：涉案专利权利要求在涉案专利申请审查过程中有过修改，修改后涉案专利权利要求1所限定的“WEB查询系统用于分析爆破检查数据，生成爆破作业报表和爆破违规操作报告”这一技术特征，在涉案专利的原说明书和权利要求书中都没有明确的文字记载，也不能根据原权利要求书所记载的“程序自动分析爆破检查数据，生成爆破作业报表和爆破违规操作报告”直接且毫无疑义地确定。[②]

X对第13255号专利无效行政决定不服，向北京市第一中级人民法院（以下简称北京一中院）提起行政诉讼。北京一中院一审认为，涉案专利的原说明

① 中国发明专利“爆破作业智能管理系统”（200510043965. X）授权公告的和申请公开的权利要求1。

② 国家知识产权局专利复审委员会第13255号专利无效宣告审查行政决定。

书和权利要求书均没有明确记载"WEB 查询系统用于分析爆破检查数据,生成爆破作业报表和爆破违规操作报告"这一技术特征,且根据涉案专利的原说明书和权利要求书的相应记载,选择检索条件和爆破记录、数据检索并非"分析爆破检查数据",得到查询结果不一定包括"生成爆破作业报表",显示违规报告也不等同于"生成爆破违规操作报告",即不能直接且毫无疑义地确定原权利要求书所记载的"自动分析爆破检查数据、生成爆破作业报表和爆破违规操作报告"是由"WEB 查询系统"完成的。因此,北京一中院一审判决维持第 13255 号专利无效行政决定。①

X 对北京一中院一审判决不服,向北京市高级人民法院(以下简称北京高院)提出上诉。X 的上诉理由主要有:(1)北京一中院一审判决适用法律错误,将专利审查指南中"直接地、毫无疑义地确定"理解为"直接且毫无疑义地确定";(2)北京一中院一审判决违反法定程序,未评述和采信 X 在一审中提交的司法鉴定意见书;(3)第 13255 号专利无效行政决定认定事实错误,将原权利要求书记载的"程序"认定为"计算机信息管理系统";(4)涉案专利权利要求的修改没有超出原专利文件记载的范围,"WEB 查询系统"设定或选择检索条件和爆破记录、进行数据检索的过程就是"分析爆破检查数据"的过程,得到查询结果包括"生成爆破作业报表"和"生成爆破违规操作报告",显示违规报告是"生成爆破违规操作报告"的另一种表述。②

(二)法院判旨

北京高院二审判决驳回 X 的上诉,维持北京一中院一审判决。

北京高院二审认为,根据我国《专利法》(2008)第 33 条的规定,在发明专利申请审查过程中,专利申请人可以对其最初提交的原专利文件进行修改,但不得超出最初提交的原说明书和权利要求书记载的范围。根据我国《专利审查指南》(2010)第 2 部分第 8 章的有关规定,原说明书和权利要求书记载的范围包括:(1)原说明书和权利要求书文字记载的内容;(2)根据原说明书和权利

---

① 北京市第一中级人民法院行政判决书(2009)一中行初字第 1917 号。

② 北京市高级人民法院行政判决书(2010)高行终字第 249 号。

要求书文字记载的内容以及说明书附图能直接地、毫无疑义地确定的内容。①其中,“直接地、毫无疑义地确定”从字面上理解,与“直接且毫无疑义地确定”并无区别。

涉案专利权利要求1所限定的“所述WEB查询系统用于分析爆破检查数据,生成爆破作业报表和爆破违规操作报告”这一技术特征,在涉案专利的原说明书和权利要求书中没有明确的文字记载。根据原说明书和权利要求书记载的“程序自动分析爆破检查数据,生成爆破作业报表和爆破违规操作报告”“WEB查询系统主要用于爆破违规报告查询等”,也不能直接地、毫无疑义地得出:选择检索条件和爆破记录、数据检索就是分析爆破检查数据的过程,得到查询结果包括“生成爆破作业报表”,显示违规报告就是“生成爆破违规操作报告”,即不能直接地、毫无疑义地确定“自动分析爆破检查数据、生成爆破作业报表和爆破违规操作报告”的操作是由WEB查询系统完成的。

而根据涉案专利的原说明书和权利要求书的记载,“自动分析爆破检查数据、生成爆破作业报表和爆破违规操作报告”的操作,由“计算机信息管理系统”“WEB查询系统”之一或者共同完成;其中“计算机信息管理系统”的主要功能是对爆破数据进行汇总、分析、传输、管理、查询等,且该系统的软件分工负责分析、管理、打印或浏览各种报表等;而“WEB查询系统”的主要功能是对爆破违规报告进行查询,包括数据检索、浏览违规报告。由此,“自动分析爆破检查数据、生成爆破作业报表和爆破违规操作报告”的“程序”应是“计算机信息管理系统”而非“WEB查询系统”。

另外,X在一审中提交的司法鉴定意见书属于新的证据,并非第13255号专利无效行政决定所依据的证据,而且该证据也不能证明X所主张的主要事实,即不能从涉案专利的原说明书和权利要求书文字记载的内容和根据原说明书和权利要求书文字记载的内容以及说明书附图能直接地、毫无疑义地确定的内容,可以得出涉案专利权利要求1所限定的“WEB查询系统用于分析爆破检查数据、生成爆破作业报表和爆破违规操作报告”这一技术特征。②

---

① 国家知识产权局《专利审查指南》(2006)第2部分第8章第5.2.1.1条。

② 北京市高级人民法院行政判决书(2010)高行终字第249号。

（三）选出理由

本案是典型的因修改超范围而被宣告无效的专利行政纠纷案，被国家专利行政机关专利复审委员会编入《专利复审和无效审查决定汇编（2009）电学》（第1卷）。[①] 本案的典型意义主要在于，在《专利法》（2008）第33条、《专利法实施细则》和《专利审查指南》有关规定的基础上，进一步明确了发明专利文件修改超范围的审查标准，尤其是引出了准确认定原说明书和权利要求书记载范围的问题。

发明专利文件修改可以发生在发明专利申请初步审查阶段，也可以发生在发明专利申请实质审查阶段，还可以发生在发明专利申请驳回复审阶段、发明专利无效宣告审查阶段。在发明专利申请初步审查阶段，发明专利申请文件的修改应当针对国家专利行政机关发出的审查意见通知书所指出的缺陷，且修改的内容不得超出在申请日提交的原说明书和权利要求书记载的范围。在发明专利申请实质审查阶段，发明专利申请文件的修改可以在请求实质审查时主动提出，也可以在收到国家专利行政机关发出的发明专利申请进入实质审查阶段通知书之日起的3个月内主动提出，还可以针对国家专利行政机关发出的审查意见通知书所指出的缺陷，但修改的内容都不得超出原说明书和权利要求书记载的范围。在发明专利申请驳回复审阶段，发明专利申请文件的修改可以在提出复审请求时进行，也可以在对专利复审委员会的复审通知书作出答复时进行，但应当仅限于消除驳回决定或者复审通知书指出的缺陷，且不得超出原说明书和权利要求书记载的范围。在发明专利无效宣告审查阶段，发明专利申请文件的修改对象仅限于权利要求书，修改方式一般限于权利要求或其包含的技术方案的删除、权利要求的进一步限定，修改内容既不得扩大原专利的保护范围又不得超出原说明书和权利要求书记载的范围。[②]

无论是发生在发明专利申请初步审查阶段、发明专利申请实质审查阶段，

---

① 参见国家知识产权局专利复审委员会：《专利复审和无效审查决定汇编（2009）电学》（第1卷），知识产权出版社2016年版，第4010～4021页。

② 《中华人民共和国专利法》（2008）第33条；《中华人民共和国专利法实施细则》（2010）第51条第1款、第3款，第61条第1款，第69条；国家知识产权局《专利审查指南》（2019）第1部分第1章第3.4节，第2部分第8章第5.2节，第4部分第2章第4.2节、第3章第4.6节。

还是发生在发明专利申请驳回复审阶段、发明专利无效宣告审查阶段，发明专利文件修改都不得超出原说明书和权利要求书记载的范围。如前所述，原说明书和权利要求书记载的范围包括原说明书和权利要求书文字记载的内容和根据原说明书和权利要求书文字记载的内容以及说明书附图能直接地、毫无疑义地确定的内容。① 其中，“直接地、毫无疑义地确定”在本案的北京一中院一审判决、北京高院二审判决中都解释为“直接且毫无疑义地确定”，即将并列修饰动词“确定”的两个副词“直接地”和“毫无疑义地”之间的关系认定为“并且”关系，但还可以将这两个并列修饰动词的副词之间的关系理解为“或者”关系。根据汉语中两个副词并列修饰动词的使用方式，前一副词后不加“地”而加顿号，后一副词后加“地”则其间是“并且”关系，两个副词后都加“地”且其间不加顿号则是“并且”关系，两个副词后都加“地”且其间加顿号则是“或者”关系。由此，本案两审判决对于“直接地”和“毫无疑义地”之间的关系认定值得商榷。

为了准确认定原说明书和权利要求书记载的范围，有必要对原说明书和权利要求书文字记载的内容尤其是根据原说明书和权利要求书文字记载的内容以及说明书附图能直接地、毫无疑义地确定的内容作出进一步解释。原说明书和权利要求书文字记载的内容，即修改的内容在原说明书和/或权利要求书中有完全相同的文字记载；根据原说明书和权利要求书文字记载的内容以及说明书附图能直接地、毫无疑义地确定的内容，即修改的内容与原说明书和/或权利要求书的文字记载虽不完全相同，但结合原说明书附图可以确定二者之间构成实质相同或等同。由此，对于原说明书和权利要求书记载范围的认定，尤其是对于根据原说明书和权利要求书文字记载的内容以及说明书附图能直接地、毫无疑义地确定的内容进一步解释，只要发明专利文件修改的内容没有扩大发明专利保护范围，且与原说明书和/或权利要求书的文字记载之间结合原说明书附图构成实质相同或等同，无论是在发明专利申请初步审查阶段、发明专利申请实质审查阶段，还是在发明专利申请驳回复审阶段、发明

---

① 国家知识产权局《专利审查指南》(2006)第2部分第8章第5.2.1.1条。

专利无效宣告审查阶段,都应当坚持宽容的原则,即一般不作出发明专利文件修改超范围的认定。

(四)案件评释

本案除了进一步明确专利文件修改超范围的审查标准以外,还引申出另一个更加深层次的重要问题是,在发明专利申请初步审查阶段或发明专利申请实质审查阶段,针对国家专利行政机关发出的审查意见通知书所指出的缺陷而修改发明专利文件,最终通过国家专利行政机关审查和授予发明专利权,但后来被专利复审委员会以发明专利文件修改超范围为由宣告发明专利权全部无效,导致相关权利人公开了其技术方案、支付了专利申请费用而没有获得任何回报,其损害赔偿责任应当如何承担?

国家专利行政机关在履行职责时,侵犯公民、法人或其他组织的合法权益造成损害的,依法应当承担侵权责任。① 为了表述方便,将国家专利行政机关在履行职责时侵犯公民、法人或其他组织的合法权益造成损害的行为称为"专利行政侵权行为",将国家专利行政机关因专利行政侵权行为依法应当承担的侵权责任称为"专利行政侵权责任"。由此,专利行政侵权行为(责任)与一般民事侵权行为(责任)相比具有四个特点:(1)专利行政侵权行为(责任)人特殊,只能是国家专利行政机关及其授权组织、工作人员;(2)专利行政侵权行为(责任)的性质特殊,可以按照民法通则定性为民事侵权行为(责任),也可以按照民事诉讼法、国家赔偿法定性为行政侵权行为(责任);(3)专利行政侵权行为(责任)的法律适用特殊,可以选择适用民法通则、民事诉讼法、国家赔偿法;②(4)专利行政侵权行为(责任)的归责原则和举证责任特殊,因作为被侵权人的公民、法人或其他组织相对于作为侵权人的国家专利行政机关而言处于弱者地位,应当适用无过错责任原则,③被侵权人对侵权人的过错无须

① 《中华人民共和国民法通则》(1986)第121条,《中华人民共和国行政诉讼法》(2017)第2条,《中华人民共和国国家赔偿法》(2012)第2条。

② 参见陈太清:《论行政侵权的民事责任》,载《法治论丛》2010年第1期。

③ 参见王利民、郭明龙:《民事责任归责原则新论——过错推定规则的演进:现代归责原则的发展》,载《法学论坛》2006年第6期。

举证。①

专利行政侵权行为(责任)主要发生在专利申请审查程序、专利无效宣告审查程序、专利强制许可程序中。在专利申请审查程序中,国家专利行政机关不予受理专利申请、对申请日的确定有误、视为未要求优先权、视为撤回专利申请、视为放弃取得专利权的权利、不予恢复权利等,经专利行政复议或专利行政诉讼而被撤销;国家专利行政机关驳回专利申请,经专利复审、专利行政诉讼而被撤销;国家专利行政机关未尽到审查职责,造成专利权存在瑕疵而在授权后被全部或部分宣告无效,并且对权利人或其利害关系人的合法权益造成损害,依法应当承担专利行政侵权责任。在专利无效宣告审查程序中,国家专利行政机关宣告专利权无效,经专利行政诉讼而被撤销,并对权利人或其利害关系人的合法权益造成损害,依法应当承担专利行政侵权责任。在专利强制许可程序中,国家专利行政机关给予实施专利的强制许可,经专利行政诉讼而被撤销,并对权利人或其利害关系人的合法权益造成损害,依法应当承担专利行政侵权责任。

鉴于专利行政侵权行为对权利人或其利害关系人的合法权益造成损害,那么专利行政侵权责任形式主要是赔偿损失,其法律依据主要是民法通则和国家赔偿法。对于专利行政侵权损害赔偿,大陆法系国家直接适用民法或者明确行政赔偿法是民法的一个特别法,如日本1947年国家赔偿法第4条规定:"国家或公共团体之损害赔偿责任,除前三条之外,依民法之规定";而英美法系国家普遍认为行政赔偿法不是民法的特别法而是民法的一部分,行政赔偿法只是将民事责任的有关规定适用于政府侵权行为。② 我国传统上属于大陆法系国家,《国家赔偿法》与《民法典》之间是特别法与一般法的关系,法院在审判实践中处理专利行政侵权案件时,应当优先适用《国家赔偿法》的有关规定,《国家赔偿法》无规定的则适用《民法典》的规定,③即便《国家赔偿法》所规定的损害赔偿范围和数额远远不及《民法典》的规定。具体到本案,国家专利行

① 参见Steven L. Emanuel:《Torts》(英文版),中信出版社2003年版,第313~319页。
② 参见郑成思:《侵权责任、损害赔偿与知识产权保护》,载《环球法律评论》2003年第4期。
③ 参见范冠峰:《行政侵权精神损害赔偿制度的法理基础》,载《政法论丛》2004年第6期。

政机关未尽到审查职责、造成涉案专利瑕疵的行为，属于专利申请审查程序中的专利行政侵权行为，应当按照国家赔偿法向权利人或其利害关系人承担损害赔偿责任。

第三节　专利侵权行政诉讼前沿判例精解

专利侵权纠纷的行政处理和司法审判之间的竞合——“含1－N－乙基庆大霉素Cla或其盐的药用制剂及制备方法”发明专利侵权案①

专利权人或其利害关系人就同一专利侵权纠纷，已经向法院起诉的，则不得再请求知识产权行政机关处理；但反之不然，即已经请求知识产权行政机关处理的，如果附加要求证据保全、财产保全、排除妨碍、恢复原状、赔偿损失等，则仍可再向法院起诉。所谓“同一专利侵权纠纷”，是指涉案专利和纠纷事实相同、主要请求和理由基本相同，并不要求当事人完全一致。

（一）案件事实

X（一审原告、二审上诉人）为“一种含1－N－乙基庆大霉素Cla或其盐的药用制剂及制备方法”发明专利（以下简称涉案专利）的被控侵权产品（硫酸依替米星氯化钠注射液）制造（生产）、销售商，Y（一审被告、二审被上诉人）为作出辽知执字（2009）1号《专利侵权纠纷处理决定书》的省级知识产权行政管理部门。

涉案专利权人有两个，一是江苏省微生物研究所有限责任公司（以下简称江苏微生物公司），二是常州方圆制药有限公司（以下简称常州方圆公司）。江苏微生物公司于2008年11月14日向Y提出申请，要求对X的涉案专利侵权行为进行处理。Y受理以后，追加常州方圆公司为共同请求人，并于2009年4月10日作出辽知执字（2009）1号《专利侵权纠纷处理决定书》（以下简称被诉专利行政决定）。根据该被诉专利行政决定，认定涉案专利合法有效，在保护

---

① 辽宁省高级人民法院行政判决书（2011）辽行终字第16号。

期之内应受保护;X未经涉案专利权人许可而生产、销售被控侵权产品,其技术特征完全覆盖了涉案专利的权利要求;经调解双方当事人未能达成一致,故责令X自收到被诉专利行政决定之日起停止生产、销售涉案专利的被控侵权产品。①

X对Y作出的被诉专利行政决定不服,向辽宁省沈阳市中级人民法院(以下简称沈阳中院)提起行政诉讼。X诉称,被诉专利行政决定认定X侵权的主要证据不足,适用法律错误;涉案专利权人及其独占被许可人帮助X取得药品注册批件,并且多年向X供应被控侵权产品所用原料药,这些行为表明涉案专利权人同意X实施涉案专利;涉案专利权人明知X从2004年5月开始生产、销售被控侵权产品,但于2008年11月才向Y提出行政处理申请,已经超过《辽宁省专利保护条例》第20条规定的2年时效,故请求撤销被诉专利行政决定。Y辩称,涉案专利的保护范围非常明确,X未经涉案专利权人许可而实施专利已构成侵权,被诉专利行政决定符合法律规定应予维持。

沈阳中院认为,Y提供的证据能够证明X未经专利权人授权许可,生产、销售的被控侵权产品落入涉案专利的保护范围;Y根据《专利法》第57条第1款,对X侵害涉案专利的行为作出被诉专利行政决定,认定事实和适用法律正确;涉案专利专利权人及其独占被许可人向X供应原料药和帮助取得药品注册批件,都不能明确证明X已取得实施涉案专利的许可;X从2004年5月生产、销售被控侵权产品,到2008年11月14日涉案专利权人提出行政处理申请,其侵权行为一直处于连续状态,因而不存在超越2年请求时效的问题。故此,沈阳中院一审判决驳回X的诉讼请求。②

X不服一审判决,向辽宁省高级人民法院(以下简称辽宁高院)提起上诉。X上诉称,Y受理本案违反法定程序,因为涉案专利权人江苏微生物公司等就X生产被控侵权产品,已经在先向海南省海口市中级人民法院(以下简称海口中院)起诉,X将此情告知Y并恳请其驳回涉案专利的行政处理申请或者暂缓审理,但Y置之不理并在海口中院判决前作出被诉专利行政决定,有违国家知

① 辽宁省知识产权局《专利侵权纠纷处理决定书》[辽知执字(2009)1号]。
② 辽宁省沈阳市中级人民法院行政判决书(2010)沈中行初字第28号。

识产权局《专利行政执法办法》第5条第1款第5项规定；沈阳中院一审判认定事实不清，因为常州方圆公司一直向X供应原料药，其对于X生产被控侵权产品是明知的、默许的。Y答辩称，X在一审中认可Y有作出被诉专利行政决定的法定职权，且海口中院审理的专利侵权纠纷案件与本案无关。

辽宁高院进一步查明，江苏微生物公司将涉案专利以不同形式分别许可给不同厂家实施，包括许可海南爱科制药有限公司（以下简称海南爱科公司）生产销售硫酸依替米星大输液；海口中院于2004年8月31日受理原告海南爱科公司诉被告X等、第三人江苏微生物公司等侵害涉案专利的诉讼，并于2009年4月29日作出（2009）海中法民三重字第2号民事判决书，因海南爱科公司未实际取得涉案专利独占或排他实施许可，其诉讼请求缺乏事实和法律依据，故驳回海南爱科公司的诉讼请求；[①]海口中院所作（2009）海中法民三重字第2号民事判决书，已经发生法律效力。

（二）法院判旨

辽宁高院终审判决，撤销沈阳中院作出的一审判决和Y作出的被诉专利行政决定。

根据我国《专利法》及其实施细则，专利权人或其利害关系人（专利实施许可合同的被许可人、专利权的合法继承人）可以就专利侵权纠纷向法院起诉，也可以请求省、自治区、直辖市或设区的市等地方知识产权行政部门处理。[②]根据国家知识产权局《专利行政执法办法》，请求地方知识产权行政部门处理专利侵权纠纷的前提条件是，专利权人或其利害关系人没有就该纠纷向法院起诉。[③]之所以如此规定，是为了避免同一专利侵权纠纷的行政处理和司法审判的结果不一致，否则既浪费专利执法资源，又造成行政权和司法权的冲突。本案中，海南爱科公司作为专利实施许可合同的被许可人，已经就涉案专利侵权纠纷向海口中院起诉，请求判定X等侵害涉案专利权；海口中院于2004年8

---

① 海南省海口市中级人民法院民事判决书（2009）海中法民三重字第2号。

② 《中华人民共和国专利法》2000年第57条、2008年第60条；《中华人民共和国专利法实施细则》2002年第78条、2010年第79条。

③ 国家知识产权局《专利行政执法办法》2001年第5条第1款、2010年第8条第1款、2015年第10条第1款。

月31日立案受理,并追加涉案专利权人江苏微生物公司为第三人。在海口中院就涉案专利侵权纠纷立案后,Y又受理针对涉案专利侵权纠纷的行政处理申请,且在海口中院判决前作出被诉专利行政决定,不但违反国家知识产权局《专利行政执法办法》的有关规定,而且涉嫌以行政权干预司法审判。沈阳中院对Y处理涉案专利侵权纠纷是否符合规定条件未作审查,该不当之处应予纠正。

根据我国《专利法》(2008)第11条,认定专利侵权必须同时满足两个构成要件:(1)被控侵权人实施了涉案专利,包括为生产经营目的制造(生产)、销售被控侵权产品;(2)被控侵权人实施涉案专利未经其专利权人许可,其中"专利权人"包括其合法继承人。根据我国《专利法》(2008)第12条,涉案专利权人许可他人实施其专利,应当与被许可人订立涉案专利实施许可合同,其中专利实施许可合同的形式不限于书面,支付专利实施许可使用费的方式包括销售分成等。因此,不能以未订立书面实施许可合同为由而认定未经专利权人许可。本案中,Y以未订立书面实施许可合同为由而认定X实施涉案专利未经其专利权人许可,属于认定事实不清、主要证据不足;沈阳中院一审维持Y作出的被诉专利行政决定,判决驳回X的诉讼请求,其不当之处亦应纠正。[①]

(三)选出理由

本案是同一专利侵权纠纷的行政处理和司法审判之间竞合的典型案例。

如本案终审判决所述,根据我国专利法及其实施细则的有关规定,当发生专利侵权纠纷时,涉案专利权人或其利害关系人(专利实施许可合同的被许可人、专利权的合法继承人)有两条渠道寻求公力救济:(1)涉案专利权人或其利害关系人向法院起诉;(2)涉案专利权人或其利害关系人请求省、自治区、直辖市或设区的市等地方知识产权行政部门处理。[②] 一般而言,涉案专利权人或其利害关系人对这两条公力救济渠道享有自主选择权,但这种自主选择权是否可以随意行使而不受任何限制,尤其是就同一专利侵权纠纷是否可以既向法

① 辽宁省高级人民法院行政判决书(2011)辽行终字第16号。

② 《中华人民共和国专利法》2000年第57条、2008年第60条,《中华人民共和国专利法实施细则》2002年第78条、2010年第79条。

院起诉又请求地方知识产权行政部门处理，即同一专利侵权纠纷的行政处理和司法审判之间的竞合关系如何，对此我国《专利法》(2008)及其实施细则没有作出明确规定。

而根据国家知识产权局《专利行政执法办法》的有关规定，涉案专利权人或其利害关系人请求地方知识产权行政部门处理其专利侵权纠纷，应当符合五个条件：(1)请求人是涉案专利权人或其利害关系人(专利实施许可合同的被许可人、专利权的合法继承人)；(2)有明确的被控侵权人(被请求人)；(3)有明确、具体的请求事项及其事实和理由；(4)属于受案的地方知识产权行政部门的管辖范围；(5)没有就同一专利侵权纠纷向法院起诉。[①] 这五个条件缺一不可，其中前三个主要是就专利侵权纠纷的行政处理申请书的格式和内容而言的，第四个是就各级地方知识产权行政部门受案范围而言的，第五个则是就同一专利侵权纠纷的行政处理和司法审判之间竞合而言的。由此，知识产权行政机关不应受理已经在法院起诉的同一专利侵权纠纷。

同一专利侵权纠纷的行政处理和司法审判之间竞合的关键之一，是对"同一专利侵权纠纷"的认识和理解。"同一专利侵权纠纷"是指涉案专利和纠纷事实相同，诉讼或处理请求和主要理由基本相同，并不要求行政处理程序中的当事人与司法审判的诉讼当事人完全一致。[②] 本案中，Y 处理的辽知执字(2009)1 号专利侵权纠纷与海口中院受理的(2009)海中法民三重字第 2 号专利侵权纠纷，涉案专利都是"一种含 1 – N – 乙基庆大霉素 Cla 或其盐的药用制剂及制备方法"发明专利，纠纷事实都是 X 生产、销售硫酸依替米星氯化钠注射液而侵害涉案专利权，并且主要请求和理由基本相同，只是当事人不完全相同，理当属于"同一专利侵权纠纷"，在海口中院受理后，Y 不应再处理。

(四)案件评释

根据我国现行专利法的有关规定，各级地方知识产权行政机关的专利行

---

① 国家知识产权局《专利行政执法办法》2001 年第 5 条第 1 款、2010 年第 8 条第 1 款、2015 年第 10 条第 1 款。

② 参见李蕊：《专利行政机关不应受理已经起诉的同一专利侵权纠纷》，载《人民司法(案例)》2012 年第 2 期。

政执法范围包括：(1)认定专利侵权行为成立；(2)责令被控侵权人立即停止专利侵权行为；(3)申请法院强制执行关于责令停止侵权的行政处理决定；(4)应当事人请求，就专利侵权损害赔偿数额进行调解；(5)查处假冒专利行为。[①] 为此，国家知识产权局先后颁行《专利行政执法办法》《专利行政执法操作指南（试行）》《专利侵权判定和假冒专利行为认定指南》《专利侵权行为认定指南（试行）》《专利行政执法证据规则（试行）》《专利纠纷行政调解指引（试行）》，旨在规范专利行政执法的程序、手续和行为，提高专利行政执法工作的质量。比较而言，国家知识产权局就专利行政执法所颁行的这些规范性文件，其精细度和前瞻性值得法院参考和借鉴。

虽然知识产权行政机关的专利行政执法不如法院的相应司法审判范围广泛，但其中认定侵权成立、责令停止侵权、侵权赔偿调解等，却是以民事责任为归宿行使准民事司法权的行为，必然与法院的相应司法审判职能发生冲突。依据法治理念，除非宪法或法律另有规定，任何行政行为都要接受司法审查，以保证其合法性和维护行政相对人及其他利害关系人的合法权益。TRIPs 协议明确规定，任何知识产权行政决定，都要经受司法审查后才能生效。[②] 国家知识产权局为了避免其专利行政执法与法院相应司法审判职能冲突发生，在《专利行政执法办法》中为行政处理专利侵权纠纷设定了一个前提条件，即没有就同一专利侵权纠纷向法院起诉。但这一制度安排只是知识产权行政机关单方面的，法院方面是否也应有类似制度安排，即在专利权人或其利害关系人就专利侵权纠纷请求地方知识产权行政机关处理以后，法院是否不应再对同一专利侵权纠纷进行受理和审判了呢？

有人基于"一事不再理"原则认为，专利权人或其利害关系人就同一专利侵权纠纷，已经向法院起诉的，则不得再请求知识产权行政机关处理；反之亦然，即已经请求知识产权行政机关处理的，则不得再向法院起诉。[③] 且不说这

---

① 《中华人民共和国专利法》(2008)第 60 条、第 63 ~ 64 条。

② WTO, Agreement on Trade-Related Aspects of Intellectual Property Rights(1994), Art. 62.

③ 参见李蕊：《专利行政机关不应受理已经起诉的同一专利侵权纠纷》，载《人民司法（案例）》2012 年第 2 期。

一判断不符合“原命题正确,其逆命题不一定正确”的逻辑推理规则,也不说其在我国《专利法》(2008)及其实施细则、最高人民法院司法解释没有明确的类似规定,单就知识产权行政机关的专利行政执法与法院的相应司法审判职能范围比较来看,专利侵权纠纷的行政处理也仅限于认定侵权成立、责令停止侵权、侵权赔偿调解等,而其司法审判还可以采取证据保全、财产保全、强制执行等措施和判令承担排除妨碍、恢复原状、赔偿损失等责任。① 因此,对应要求法院同知识产权行政机关一样,为避免同一专利侵权纠纷解决冲突而不受案,是不可能的,也是不现实的。比较妥当的做法是,专利权人或其利害关系人就同一专利侵权纠纷,已经请求知识产权行政机关处理的,如果附加要求证据保全、财产保全、排除妨碍、恢复原状、赔偿损失等,则仍可再向法院起诉。

① 《中华人民共和国专利法》(2008)第67条,《中华人民共和国民事诉讼法》(2017)第100条、第224条,《中华人民共和国侵权责任法》(2010)第15条。

第三章　其他专利诉讼前沿判例精解

一、专利保护的法律边界——"QQ 企鹅"因恶意提起知识产权诉讼损害责任纠纷案①

专利保护必须明确划定其法律边界,但专利权与其他合法权利存在交叉、重合或冲突,因而要求专利权不得与在先取得的其他合法权利相冲突,并不得妨碍在后善意取得的其他合法权利。不仅如此,专利权还向其他权利领域、公共领域不断扩张,因而限定专利权只保护专利权法意义上的发明创造及其实施行为。

(一)案件事实

X(一审原告)为"QQ 企鹅"系列美术作品著作权和注册商标专用权(以下简称涉案在先权利)的权利人,被诉恶意提起知识产权诉讼的受害人;Y(一审被告)为被诉恶意提起知识产权诉讼的侵权行为人,原"音箱"(Xzeit 迷你企鹅型)外观设计专利(以下简称涉案专利)的专利权人。

涉案在先权利所涉及的"QQ 企鹅"系列美术作品包括

---

① 广东省高级人民法院民事判决书(2019)粤民终 407 号。

“QQ 企鹅”LOGO 系列和生活系列，于 2000 年 8 月 15 日创作完成，于 2001 年 6 月 20 日分别取得“作登字：19 – 2001 – F – 486 号”“作登字：19 – 2001 – F – 488 号”著作权登记证书；所涉及的“QQ 企鹅”注册商标是图形商标“”，于 2002 年 12 月 7 日注册公告，注册号是第 1915548 号。① X 自 2000 年起将涉案在先权利所涉及的“QQ 企鹅”作为其即时通信软件的形象和商标使用，在相关公众中具有较高的知名度。X 曾于 2011 年 3 月 9 日以 Y 等销售 QQ 迷你音箱的行为侵犯涉案在先权利为由，向深圳市福田区人民法院提起(2011)深福法知民初字第 348 号、第 349 号民事诉讼（以下分别简称 348 号案、349 号案）；双方当事人于 2011 年 5 月 23 日达成和解协议，Y 同意立即停止销售 QQ 迷你音箱的行为，并向 X 等支付赔偿款 2.5 万元；Y 在调解过程中还承诺，在 1 个月之内撤回涉案专利的申请。

涉案专利的申请日是 2008 年 12 月 23 日，专利号是 200830254103.6，授权公告日是 2010 年 1 月 13 日。② Y 曾于 2016 年 2 月 25 日以 X 等侵犯涉案专利权为由，向广东省深圳市中级人民法院（以下简称深圳中院）提起(2017)粤 03 民初 236 号民事诉讼（以下简称 236 号案），要求确认 X 等侵权并判令 X 等向 Y 支付专利使用费 90 万元；X 则以涉案专利与涉案在先权利相冲突为由，于 2016 年 3 月 21 日向国家知识产权局专利复审委员会（以下简称专利复审委员会）请求宣告涉案专利无效。专利复审委员会经审查认定，涉案专利产品的卡通企鹅形象与涉案在先权利所涉及的“QQ 企鹅”LOGO 系列美术作品构成实质相似，两者虽有细微差异但在表现手法、设计元素的运用等方面均高度一致，违反我国《专利法》(2008)第 23 条关于外观设计不得与在先权利相冲突的规定，遂于 2016 年 7 月 7 日作出宣告涉案专利全部无效的第 29537 号无效宣告请求审查决定书（以下简称第 29537 号专利无效行政决定）。③ 由此，深圳中院于 2016 年 8 月 5 日裁定驳回了 Y 对 236 号案的起诉。④

---

① 中国注册商标第 1915548 号“”商标信息。

② 中国外观设计专利“音箱”(Xzeit 迷你企鹅型)(200830254103.6)审查信息。

③ 国家知识产权局专利复审委员会第 29537 号无效宣告请求审查决定书。

④ 广东省深圳市中级人民法院民事裁定书(2017)粤 03 民初 236 号。

此后,X向深圳中院提起本案诉讼,请求判令Y向X赔偿经济损失和合理费用共计200万元,并在指定网站、报纸显著位置赔礼道歉、消除影响,其理由是Y明知涉案专利不符合授权条件仍然恶意提起236号案,给X造成律师费、差旅费、公证费、商誉损失、预期可得利益等损失和费用。深圳中院一审认为,民事诉讼活动应当遵循诚实信用原则,当事人要善意、审慎地行使自己的权利,不得损害他人和社会公共利益,否则恶意起诉属于滥用民事权利和诉讼权利,给相对人造成损害的应当承担赔偿责任;Y明知X享有并已使用涉案在先权利,不仅利用我国外观设计专利不实质审查制度而违背诚实信用原则恶意申请涉案专利,还不履行其在348号案、349号案调解过程中作出的撤回涉案专利申请之承诺,并提起236号案将X拖入专利侵权诉讼,其主观恶意明显、情节恶劣,构成恶意提起知识产权诉讼。因此,深圳中院一审判决Y赔偿X经济损失及维权合理开支共计50万元。①

Y对深圳中院一审判决不服,向广东省高级人民法院(以下简称广东高院)提起上诉。Y的上诉理由主要有二:(1)深圳中院一审判决以348号案、349号案的调解书和调解笔录作为证据,并以此认定本案事实、证明Y具有主观恶意,违反有关法律规定。(2)X在236号案之前就明知Y对涉案专利享有外观设计专利权,却在236号案以后才申请宣告涉案专利无效,其具有主观恶意。②

(二)法院判旨

广东高院二审判决驳回Y的上诉,维持深圳中院一审判决。广东高院二审认为,Y提起236号案具有明显的主观恶意,对X合法权益所造成的损害应当承担赔偿责任,348号案、349号案调解书和调解笔录可以作为书证使用,具体如下:

1.关于恶意提起知识产权诉讼的主观过错

Y恶意提起知识产权诉讼的主观过错体现在三个方面:(1)Y提起236号案前明知X拥有涉案在先权利。在348号案、349号案中,X提交了其拥有涉案在先权利的有关证书和信息,Y对X所拥有的涉案在先权利已经知悉、没有

---

① 广东省深圳市中级人民法院民事判决书(2017)粤03民初632号。

② 广东省高级人民法院民事判决书(2019)粤民终407号。

异议，且承认和承诺停止侵害涉案在先权利。(2)Y 提起 236 号案前明知涉案专利不符合法定授权条件。Y 在涉案专利的申请、无效和 236 号案诉讼中均委托专利代理机构或律师，有能力判断涉案专利因与涉案在先权利相冲突而不符合法定授权条件，且在 348 号案、349 号案调解中承诺撤回涉案专利申请，但仍然利用外观设计专利不实质审查制度而申请获得涉案专利。(3)Y 明知其提起 236 号案缺乏权利基础和损害他人权益。Y 提起 236 号案前已经知悉涉案专利因不符合法定授权条件而自始不存在，但仍然以涉案专利为权利基础并委托专业律师提起 236 号案，且将该案诉讼程序及其引发的专利无效宣告程序进行到底，属于能够预见其行为产生损害他人合法权益的结果而故意为之，严重违反我国《民事诉讼法》第 13 条规定的诚实信用原则，其主观恶意明显、情节较为恶劣。

2. 关于恶意提起知识产权诉讼的损害赔偿

Y 提起 236 号案将 X 拖入专利侵权诉讼，给 X 合法权益造成直接损害和不利影响，赔偿数额的确定应当综合考虑三个方面因素：(1)X 因 236 号案和本案所遭受的实际损失，包括：①X 因 236 号案所实际支出的费用，主要有律师费、差旅费、无效宣告请求费、公证保全费等；②X 因 236 号案所遭受的可得利益损失，主要是 236 号案对 X 与第三方合作生产销售 QQ 企鹅音箱所带来的不利影响；③X 因本案所实际支出的费用，主要有一审律师费、二审律师费、差旅费等。(2)Y 提起 236 号案的主观恶意程度。Y 明知 X 拥有涉案在先权利、涉案专利不符合法定授权条件、236 号案缺乏权利基础和损害他人权益，其提起 236 号案和将有关程序进行到底的行为严重违反诚实信用原则、主观恶意明显、情节较为恶劣。(3)涉案在先权利所涉及的“QQ 企鹅”的知名度。至迟在 348 号案、349 号案调解结案时，因 X 提交涉案在先权利的有关证据，Y 已经知悉“QQ 企鹅”具有较高知名度。

3. 关于调解书和调解笔录的证据效力

Y 与 X 在 348 号案、349 号案中达成和解的事实客观存在，其调解书和调解笔录可以作为本案认定事实的依据。《民诉法解释》第 107 条规定诉讼和解或调解中认可的事实不适用于后续诉讼仅限于同一案件而不包括不同案件，即当事人在某一案诉讼和解或调解中认可的事实可以作为另一不同案件的定案根据,有关和解协议或调解书及其庭审笔录可以在另一不同案件中作为书证使用。由于348号案、349号案与本案的案由、当事人、诉讼请求、事实和理由均不同,因而348号案、349号案的调解书和调解笔录可以在本案中作为书证使用,Y在348号案、349号案和解、调解中认可的事实可以作为本案的定案根据,包括对X所拥有的涉案在先权利没有异议、承认和承诺停止侵害涉案在先权利、承诺撤回涉案专利申请等。[①]

(三)选出理由

本案是2019年中国法院十大知识产权案件之一,且是唯一的因恶意提起知识产权诉讼损害责任纠纷案件,对于合理确定专利保护的法律边界、惩戒恶意获取和滥用专利权、鼓励和保护诚信创新和善意维权具有积极意义。

专利保护必须明确划定其法律边界,但专利权与其他知识产权、其他民事权利(以下合并简称其他合法权利)之间存在交叉、冲突或重合。(1)专利权与其他知识产权之间存在交叉、冲突或重合。一方面,作品及其表演、录音、录像、广播等著作权客体,[②]文字、图形、声音、颜色组合、三维标志、地理标志、商品外观等商标权客体,都可以申请获得外观设计专利权;另一方面,以他人在先合法取得的著作权客体、商标权客体申请获得外观设计专利,就会造成专利权与著作权、商标权发生冲突。(2)专利权与其他民事权利之间存在交叉、冲突或重合。专利权不仅涵盖所有权、用益权、担保权、合同债权、侵权损害赔偿权,还是物权、债权、继承权、股权等其他民事权利的客体,[③]例如,物权的客体包括可以转让的专利权,合同债权、侵权损害赔偿权等债权都涉及专利权,企业名称权、肖像权、健康权等人身权与专利权存在冲突或重合,[④]继承权、股权的客体

---

① 广东省高级人民法院民事判决书(2019)粤民终407号。

② 参见李明德:《以〈民法总则〉推动知识产权法修订》,载《经济参考报》2017年6月13日,第8版。

③ 参见梁慧星:《民法总论》(第2版),法律出版社2004年版,第70~71页。

④ 《中华人民共和国民法总则》(2017)第110条、第114~115条、第118条;《中华人民共和国物权法》(2007)第223条第5项;《中华人民共和国合同法》(1999)第324条第3款、第342条;《中华人民共和国侵权责任法》(2009)第2条;《中华人民共和国公司法》(2013)第27条;《中华人民共和国专利法》(2008)第6条、第10条、第12条;国家知识产权局《专利审查指南》(2017)第4部分第5章第7节。

包括专利权。[①]

鉴于专利权与其他合法权利之间交叉、冲突或重合的复杂性，专利保护的法律边界除了在个案中根据具体案情进行厘定以外，可以本着一般民事权利优先的法律精神确立两个基本原则：(1)专利权不得与在先取得的其他合法权利相冲突。解决权利冲突的基本原则是保护在先权利，但在前后两项权利的客体有相同之处却不完全相同时，如从属专利与原专利、美术作品及其与其他要素构成的外观设计，[②]则不能以原专利权、美术作品著作权简单否定从属专利权、外观设计专利权，而应允许前后两项权利共存，但在后权利的行使不得损害在先权利且经在先权利人同意。(2)专利权不得妨碍在后善意取得的其他合法权利。[③] 在专利权之后取得的其他合法权利，专利侵权产品及其物权、债权、股权等与专利权客体完全相同的，在不知道侵权、来源合法、支付合理对价的情况下善意取得；与专利权客体有相同之处却不完全相同的，则根据专利权不得与在先取得的其他合法权利相冲突的例外原则允许共存。

本案中，涉案专利与涉案在先权利相冲突，其中涉案专利所涉及的外观设计是“QQ 企鹅”形象，涉案在先权利所涉及的美术作品、注册商标是“QQ 企鹅”图案，因两者没有实质差别即完全相同而不适用专利权不得与在先取得的其他合法权利相冲突的例外原则；X 在 236 号案后取得对 Y 恶意提起知识产权诉讼的损害赔偿请求权，该权利虽与涉案专利有关且是在涉案专利之后善意、合法取得的，但因涉案专利被宣告无效即自始不存在而不再属于涉案专利的在后权利，所以也不适用专利权不得妨碍在后善意取得的其他合法权利的原则。

(四)案件评释

专利保护的法律边界之所以不够清晰可辨，还在于专利权向其他权利领域、公共领域不断扩张。(1)专利权的客体不断扩张，具体表现为数量上升、种类增加和条件放宽。我国专利申请量高居世界首位，比其他四大专利强国的

---

① 参见唐广良：《知识产权制度对民事立法的几点启示》，载《知识产权》2015 年第 10 期。

② 参见尹新天：《中国专利法详解》，知识产权出版社 2011 年版，第 312 ~ 314 页。

③ 参见王闯：《知识产权的权利边界与裁判方法》，载《人民司法》2016 年第 22 期。

美国、日本、韩国、德国的总和还要多；专利客体种类相继于1992年增加食品、饮料和调味品以及药品和用化学方法获得的物质，2008年增加遗传资源，2014年增加图形用户界面，2017年增加商业模式；①专利权客体的禁止性条件都有例外，②实质性条件趋于弱化。③（2）专利权的效力不断扩张，主要指向其空间效力、时间效力和对事效力。专利权的空间效力即其地域范围，我国《民事诉讼法》第265条关于涉外民事诉讼管辖的规定类似于最低联系原则。④专利权的时间效力即其有效期限，我国1992年将发明专利有效期限由15年延长至20年，实用新型和外观设计专利有效由“5+3”年延长至10年；专利权的对事效力即其实施范围，我国1992年扩大至产品进口、依照专利方法直接获得的产品，2000年扩大至发明和实用新型专利产品的许诺销售，2008年扩大至外观设计专利产品的许诺销售。⑤

为了规制专利客体和效力不当扩张，以防止其侵入或者挤压其他权利空间，应当限定专利权只保护专利法意义上的发明创造和实施行为。（1）专利权只保护专利法意义上的发明创造，必须符合发明、实用新型和外观设计的定义，其中发明是指对产品、方法所提出的具有新颖性、创造性、实用性的技术方案，实用新型是指对产品的形状、构造或者其结合所提出的具有新颖性、创造性、实用性的技术方案，外观设计是指对产品的形状、图案或者其结合以及色彩与形状、图案的结合所作出的具有新颖性、创造性、实用性的工业设计；⑥必

① 《全国人民代表大会常务委员会关于修改〈中华人民共和国专利法〉的决定》（1992）第2条；《全国人民代表大会常务委员会关于修改〈中华人民共和国专利法〉的决定》（2008）第3条；《国家知识产权局关于修改〈专利审查指南〉的决定》（2014）第1条；《国家知识产权局关于修改〈专利审查指南〉的决定》（2017）第1条。

② 国家知识产权局《专利审查指南》（2019）第2部分第1章第3.1.1节。

③ 参见管荣齐：《论非实施性专利权主体的权利和行为限制》，载《法律科学》（西北政法大学学报）2019年第3期。

④ 《中华人民共和国民事诉讼法》（2017）第265条。

⑤ 《全国人民代表大会常务委员会关于修改〈中华人民共和国专利法〉的决定》（1992）第1条、第13条；《全国人民代表大会常务委员会关于修改〈中华人民共和国专利法〉的决定》（2000）第6条；《全国人民代表大会常务委员会关于修改〈中华人民共和国专利法〉的决定》（2008）第6条。

⑥ 《中华人民共和国专利法》（2008）第2条；国家知识产权局《专利审查指南》（2019）第2部分第1章第2节。

须具有新颖性、创造性、实用性,其中创造性之“(显著的)进步”和实用性之“能够产生积极效果”没有必要;[①]不得违反法律、社会公德或者妨害公共利益,其中违反法律本质上也违反社会公德或妨害公共利益,但以法律来判断的标准更明确、结果更统一;不能属于科学发现、智力活动的规则和方法、疾病的诊断和治疗方法、动物和植物品种、用原子核变换方法获得的物质、主要起标识作用的平面设计,但不同国家有不同规定且都趋于放宽。(2)专利权只保护专利法意义上的实施行为,必须经过专利权人许可,且专利许可备案要求提交书面合同;必须为生产经营目的,不禁止单个或极少量制造、非营利性转让以及私人方式、教学科研、行政审批实施专利;必须在专利有效期内,将专利申请日到授权日的临时保护期间、专利年费缴费期满日后的滞纳期间从专利有效期中减除;不得滥用专利的垄断性权利,不得损害公共利益和公共健康,赋予专利权人充分实施专利和防止权利滥用的法定义务,对专利蟑螂的专利不予保护或允许无效;不得阻碍先用权人实施和他人合理实施、善意实施,其中先用权人实施不局限于非生产经营目的,允许其所制造的产品投入销售以及转让或许可他人实施。[②]

二、专利有效性行政判决对侵权认定的作用——“凝汽器真空维持系统”实用新型专利侵权案[③]

为了解决专利诉讼程序复杂冗长的问题,最高人民法院建立了“先行裁驳、另行起诉”制度,并将适用范围扩展至专利有效性行政判决,但没有改变专利有效性审查及其行政诉讼、专利侵权民事诉讼两元分立的格局。有必要借鉴德国、美国、日本的相应做法,赋予专利侵权民事诉讼管辖法院直接审查专利有效性的司法职权,将国家知识产权局专利复审委员会定性为准司法机构,最高人民法院知识产权法庭可以判决变更专利有效性行政决定。

(一)案件事实

X(一审原告、二审上诉人、再审被申请人)为“一种火力发电厂凝汽器真

① 参见管荣齐:《我国专利实质条件的改进建议》,载《知识产权》2013 年第 10 期。

② 参见管荣齐:《中国知识产权保护的法律边界》,载《学术论坛》2020 年第 1 期。

③ 最高人民法院民事裁定书(2018)最高法民申 4543 号。

空维持系统”实用新型专利(以下简称涉案专利)的专利权人,Y(一审被告、二审被上诉人、再审申请人)为被诉侵权产品(真空维持设备)的制造者。

涉案专利的申请日是2012年2月24日,专利号是201220064029.2,授权公告日是2012年11月14日。涉案专利权利要求1限定一种火力发电厂凝汽器真空维持系统,包括凝汽器、抽真空系统组件和真空维持系统,所述真空维持系统包括进气管路、进气手动阀、真空泵、出气管路,所述出气管路出气端连接抽真空系统组件出气端。① 案外人曾于2016年6月20日向国家知识产权局专利复审委员会(以下简称专利复审委员会)请求宣告涉案专利无效,专利复审委员会于2016年6月20日作出第29410号无效宣告请求审查决定(以下简称第29410号专利无效行政决定),维持涉案专利有效。②

X于2017年以Y等侵害涉案专利权为由向山东省济南市中级人民法院(以下简称济南中院)提起民事诉讼,请求判令Y等停止侵权、赔偿损失。济南中院一审判决认定,被诉侵权产品“出气管路出气端直接排入大气”的技术特征与涉案专利“出气管管路出气端连接抽真空系统组件出气端”的技术特征不相同,亦因连接方式明显不同、现有证据不能体现节能效果相同而不构成等同特征,故被诉侵权产品没有落入涉案专利保护范围、不侵犯涉案专利权。因此,济南中院一审判决驳回X的诉讼请求。③

X对济南中院一审判决不服,向山东省高级人民法院(以下简称山东高院)提起上诉。山东高院二审认定,被诉侵权产品“出气管路出气端直接排入大气”的技术特征与涉案专利“出气管路出气端连接抽真空系统组件出气端”的技术特征相比,虽然两者的出气管路出气端连接方式不相同但构成等同特征,故被诉侵权产品落入了涉案专利保护范围、侵犯了涉案专利权。因此,山东高院二审判决撤销济南中院一审判决,Y等立即停止制造被诉侵权产品并赔偿X经济损失及合理开支共计60万元。④

---

① 中国实用新型专利“一种火力发电厂凝汽器真空维持系统”(201220064029.2)审查信息、权利要求书。

② 国家知识产权局专利复审委员会第29410号无效宣告请求审查决定书。

③ 山东省济南市中级人民法院民事判决书(2017)鲁01民初148号。

④ 山东省高级人民法院民事判决书(2017)鲁民终1290号。

Y 等对山东高院二审判决不服，向最高人民法院申请再审。Y 等申请再审的主要理由是，北京知识产权法院（以下简称北京知产法院）于 2017 年 12 月 20 日作出（2016）京 73 行初 4921 号行政判决（以下简称第 4921 号专利有效性行政判决），认定涉案专利权利要求 1 不具备我国《专利法》（2008）第 22 条第 3 款规定的专利创造性，判决撤销专利复审委员会第 29410 号专利无效行政决定。①

（二）法院判旨

最高人民法院再审裁定指令山东高院再审本案。最高人民法院再审认定，本案已有新的证据，足以证明二审判决认定侵权的基本事实发生了实质性变化。

最高人民法院再审查明，案外人对专利复审委员会第 29410 号专利无效行政决定不服，向北京知产法院提起行政诉讼。北京知产法院一审认定涉案专利要求 1 不具有创造性，于 2017 年 12 月 20 日作出第 4921 号专利有效性行政判决，撤销第 29410 号专利无效行政决定，责令专利复审委员会重新作出无效宣告审查决定。② 案外人对北京知产法院第 4921 号专利有效性行政判决不服，向北京市高级人民法院（以下简称北京高院）提起上诉。北京高院二审认定涉案专利要求 1 不具有创造性，于 2018 年 5 月 17 日作出（2018）京行终 1121 号行政判决（以下简称第 1121 号专利有效性行政判决），维持北京知产法院第 4921 号专利有效性行政判决，责令专利复审委员会重新作出无效宣告审查决定。③

最高人民法院再审认为，本案经山东高院二审判决之后，已有北京高院作出的第 1121 号专利有效性行政判决，认定涉案专利权利要求 1 不具有创造性，不符合我国《专利法》（2008）第 22 条第 3 款规定。在专利复审委员会对涉案专利重新作出无效宣告审查决定前，虽然专利权人还有可能对涉案专利权利要求作出修改，但根据北京高院第 1121 号专利有效性行政判决，已经足以认定

---

① 最高人民法院民事裁定书（2018）最高法民申 4543 号。
② 北京知识产权法院行政判决书（2016）京 73 行初 4921 号。
③ 北京市高级人民法院行政判决书（2018）京行终 1121 号。

涉案专利权利要求1应当被宣告无效,并可以在本案中对被诉侵权人是否构成专利侵权作出认定,而无须等待专利复审委员会作出新的决定。由此,能够避免在专利复审委员会作出新的决定前,专利权人申请执行本案生效判决,出现我国《专利法》(2008)第47条第2款规定的"已经履行或者强制执行的专利侵权纠纷处理决定""不具有追溯力"的情形。①

本案被最高人民法院指令山东高院再审后,山东高院另行组成合议庭进行了审理。山东高院再审查明,专利复审委员会于2018年12月24日作出第38429号无效宣告请求审查决定(以下简称第38429号专利无效行政决定),宣告涉案专利全部无效。② 根据《专利侵权司法解释二》第2条规定的"先行裁驳,另行起诉"制度,鉴于涉案专利已被专利复审委员会宣告全部无效,故山东高院再审裁定驳回X基于涉案专利的起诉;如第38429号专利无效行政决定被生效的行政判决撤销的,X基于新证据可以另行起诉。③

(三)选出理由

本案是专利有效性行政判决对侵权认定作用的典型案例,是《最高人民法院知识产权案件年度报告(2018)》从最高人民法院2018年审结的知识产权案件中精选的28件典型案件之一。本案的典型意义主要在于,涉案专利已被生效行政判决认定应当被宣告无效,法院可以据此在民事诉讼中对是否构成专利侵权作出认定,而无须等待专利复审委员会作出新的决定。④

我国专利有效性审查程序即专利确权程序,包括专利有效性行政审查及其后续的专利有效性行政诉讼程序,与专利侵权民事诉讼程序两元分立。专利有效性行政审查由专利复审委员会负责,专利有效性行政诉讼指定由北京知产法院管辖,专利侵权民事诉讼则由3家知识产权法院、21家知识产权法庭和未成立知识产权专门审判机构的省市区指定法院管辖,法管辖机关不同造成相应程序复杂冗长、相应案件久拖不决,甚至陷入专利侵权诉讼、专利有效

---

① 江苏省高级人民法院民事裁定书(2018)苏民再47号。

② 国家知识产权局专利复审委员会第38429号无效宣告请求审查决定书。

③ 山东省高级人民法院民事判决书(2019)鲁民再468号。

④ 参见《最高人民法院知识产权案件年度报告(2018年)摘要》,载《人民法院报》2019年4月25日,第2版。

性行政审查、专利有效性行政诉讼的程序循环。[①] 最高人民法院知识产权法庭(以下简称最高院知产法庭)的成立,标志着专利等技术类知识产权案件上诉管辖尤其是终审裁判统一的问题得以有效解决,但专利等技术类知识产权诉讼程序复杂冗长、审判质效低下的问题仍然亟待研究解决。

为此,《专利侵权司法解释二》第2条规定了"先行裁驳、另行起诉"制度,即在专利复审委员会作出专利有效性行政决定宣告专利无效以后,专利侵权民事诉讼管辖法院可以先行裁定驳回起诉,无须等待不服专利有效性行政决定而提起专利有效性行政诉讼的裁判结果;如果专利有效性行政决定最终被专利有效性行政判决撤销,通过"另行起诉"给专利权人以司法救济途径。[②] 但是,专利复审委员会作出专利有效性行政决定宣告专利有效后,专利有效性行政诉讼管辖法院判决认定专利无效而撤销专利有效性行政决定,而专利复审委员会尚未重新作出专利有效性行政决定时,专利侵权民事诉讼管辖法院是否还可以"先行裁驳"呢?

最高人民法院对本案的再审判决明确了这一问题的答案。专利复审委员会作出专利有效性行政决定宣告专利有效的情况下,专利有效性行政诉讼管辖法院关于撤销专利有效性行政决定的判决生效后,专利复审委员会重新作出专利有效性行政决定前,根据专利有效性行政判决已经足以认定涉案专利应当被无效,并可以据此对被诉侵权人是否构成专利侵权作出认定,则无须等待专利复审委员会作出新的专利有效性行政决定及其后续专利有效性行政诉讼判决结果,[③]专利侵权民事诉讼管辖法院可以对专利侵权民事诉讼案件先行裁定驳回起诉(先行裁驳);如果新的专利有效性行政决定最终被新的专利有效性行政判决撤销,则允许专利权人基于新的证据"另行起诉"。最高人民法院对本案的再审判决扩大了"先行裁驳、另行起诉"制度适用的情形或范围。

(四)案件评释

尽管"先行裁驳、另行起诉"制度从"繁简分流"的司法政策出发可以部分

① 参见管荣齐:《新形势下知识产权司法保护体系改革研究》,载《天津大学学报》(社会科学版)2017年第6期。

② 《最高人民法院关于审理侵犯专利权纠纷案件应用法律若干问题的解释(二)》第2条。

③ 最高人民法院民事裁定书(2018)最高法民申4543号。

破解专利诉讼程序复杂冗长的难题，但没有改变专利有效性审查程序（专利确权程序）与专利侵权民事诉讼程序两元分立的格局。尤其是专利有效性审查程序（专利确权程序）实质上实行三审终审，对专利复审委员会的专利有效性行政决定不服的，可以向北京知产法院提起行政诉讼；对北京知产法院的一审判决仍然不服的，还可以向最高院知产法庭上诉；[①]但无论是北京知产法院还是最高院知产法庭，都不能直接判决变更专利有效性行政决定。并且，专利有效性行政审查与行政诉讼的模式和性质不相对应，专利有效性行政审查采用的是民事诉讼模式，双方当事人相互对抗，不仅可以引入新证据还可以和解或调解结案；而在专利有效性行政诉讼中，既不能引入新证据又不能和解，专利复审委员会恒定为被告，与第三人联合对抗原告，导致真正有争议的双方当事人诉讼地位失衡。[②]

相对而言，德国、美国、日本审查专利有效性的做法值得我国借鉴。德国审查专利有效性由专门法院管辖并实行两审终审，德国联邦专利法院一审，德国联邦最高法院二审；德国法院审查专利有效性采用职权主义民事诉讼方式（纠问式），既可以依职权调查取证，又可以提示争议焦点、同当事人辩论，还可以调解结案或作出实体性判决。[③] 美国审查专利有效性由专利侵权民事诉讼管辖法院负责，50 个州的 89 家联邦地区法院一审，[④]美国联邦巡回上诉法院二审，美国联邦最高法院三审；美国法院审查专利有效性采用当事人主义民事诉讼方式（对抗式），当事人处于主动地位，陪审团负责“事实审”，法官负责“法律审”，不能依职权调查取证。[⑤] 日本审查专利有效性主要由日本特许厅负责，对其作出的专利有效性行政决定不服，直接向日本知识产权高等法院上诉；日本专利侵权诉讼管辖法院可以在个案中审查专利有效性，大阪、东京地方法院一

---

① 参见管荣齐、周阳：《专利说明书充分公开的判断——沃尔尼·朗伯公司与专利复审委员会等发明专利无效案》，载《中国发明与专利》2019 年第 10 期。

② 参见郃中林：《知识产权授权确权程序的改革与完善》，载《人民司法》2010 年第 19 期。

③ Germany Patentgesetz（2017）. §81－121.

④ 若加上哥伦比亚特区、波多黎各、美属维尔京群岛、关岛、北马里亚纳群岛，共有 94 个联邦地区法院。

⑤ 参见霍宪丹：《大陆法系与英美法系诉讼制度之比较》，载《黑龙江省政法管理干部学院学报》1999 年第 1 期。

审，日本知识产权高等法院二审，日本最高法院三审；日本法院审查专利有效性采用职权主义的民事诉讼方式（纠问式），与德国基本相同。

为此，我国有必要打破专利有效性审查程序（专利确权程序）与专利侵权民事诉讼程序两元分立的局面，尤其要实现专利有效性行政审查及其行政诉讼、专利侵权民事诉讼有机衔接。首先，赋予专利侵权民事诉讼管辖法院直接审查专利有效性的司法职权，凡是法院已经受理的专利侵权民事诉讼，当事人只能向该法院而不能再向知识产权行政机关申请宣告涉案专利无效。[①] 为了稳妥起见，可以先从北京、上海、广州的三家知识产权法院开始试行，然后再推向 21 家知识产权法庭和尚未成立知识产权专门审判机构的省市区指定法院。其次，将专利复审委员会定性为准司法机构，专利侵权民事诉讼当事人以外的人申请宣告专利无效的，由专利复审委员会受理、审查和作出决定，对专利有效性行政决定不服的，以无效宣告申请人和被申请人为诉讼双方当事人、专利复审委员会为诉讼第三人，直接向最高院知产法庭提起诉讼并实行一审终审，最高院知产法庭有权判决变更专利有效性行政决定。

三、专利确权行政诉讼二审期间当事人撤回起诉的审查——三星发明专利无效案[②]

专利确权行政诉讼二审期间裁定准许当事人撤回起诉，除经其他当事人同意外，还不得损害国家利益、社会公共利益、他人合法权益；一审裁判只有经过二审程序实体审理后发现确有错误时才能撤销，这时当事人重新起诉不构成重复起诉而应当予以受理。

（一）案件事实

X（一审第三人、二审上诉人）为“用于在移动通信系统中发送和接收随机化小区间干扰的控制信息的方法和装置”发明专利（以下简称涉案专利）的专利权人；Y（一审原告、二审被上诉人）为涉案专利的无效宣告请求人。

涉案专利的申请日是 2008 年 1 月 7 日，其专利号是 200880007435.1，优先

① 参见李明德：《专利权与商标权确权机制的改革思路》，载《华中科技大学学报》（社会科学版）2007 年第 5 期。

② 北京市高级人民法院行政判决书（2019）京行终 1498 号。

权日是2007年1月5日,授权公告日是2014年7月23日。涉案专利共有20项权利要求,其中权利要求1是独立权利要求和方法权利要求,其发明主题是一种用于在单载波频分多址SC-FDMA系统中发送控制信息的方法,其从属权利要求是权利要求2~3;权利要求6是独立权利要求和方法权利要求,其发明主题是一种用于在单载波频分多址SC-FDMA系统中接收控制信息的方法,其从属权利要求是权利要求7~10;权利要求11是独立权利要求和产品权利要求,其发明主题是一种用于在单载波频分多址SC-FDMA系统中发送控制信息的装置,其从属权利要求是权利要求12~15;权利要求16是独立权利要求和产品权利要求,其发明主题是一种用于在单载波频分多址SC-FDMA系统中接收控制信息的装置,其从属权利要求是权利要求17~20。①

Y于2016年9月2日向Y请求宣告涉案专利权利要求1~20全部无效。国家知识产权局专利复审委员会(以下简称专利复审委员会)经审理认定,独立权利要求1、6、11、16及其从属权利要求不缺少必要技术特征,符合我国《专利法实施细则》第21条第2款规定;权利要求1、6、11、16能够得到说明书的支持,符合我国《专利法》(2008)第26条第4款规定;权利要求1相对于最接近现有技术具备新颖性,权利要求1相对于最接近现有技术结合公知常识或结合其他现有技术或结合其他现有技术以及公知常识都具备创造性,在此情况下权利要求2~20也具备新颖性、创造性,符合我国《专利法》(2008)第22条第2、3款规定。因此,专利复审委员会于2017年10月26日作出第33697号无效宣告请求审查决定(以下简称第33697号专利无效行政决定),维持涉案专利有效。②

Y对第33697号专利无效行政决定不服,向北京知识产权法院(以下简称北京知产法院)提起行政诉讼。北京知产法院一审认定,虽然权利要求1记载的技术特征能够解决涉案专利要解决的技术问题,因而权利要求1~20都不缺少必要技术特征;涉案专利说明书记载了"为不同时隙产生不同的正交码"的

---

① 中国发明专利"用于在移动通信系统中发送和接收随机化小区间干扰的控制信息的方法和装置"(200880007435.1)权利要求书。

② 国家知识产权局专利复审委员会第33697号无效宣告请求审查决定书。

技术特征，因而权利要求1、6、11、16能够得到说明书支持；权利要求1相对于最接近现有技术结合公知常识或/和其他现有技术具备创造性，因而权利要求1～20都具备创造性；但从在先专利申请中不能直接地、毫无疑义地得出"为不同时隙产生不同正交码"的技术特征，涉案专利不享有相应的优先权。因此，北京知产法院一审判决撤销第33697号专利无效行政决定，责令专利复审委员会就涉案专利无效宣告请求重新作出审查决定。①

X对北京知产法院一审判决不服，向北京市高级人民法院（以下简称北京高院）提起上诉。X的上诉理由主要有：(1)本案应当裁定准许Y撤回起诉，撤销北京知产法院一审判决。Y已经提交撤回起诉的申请，且X已明确表示没有异议，专利复审委员会也表示坚持第33697号专利无效行政决定的认定，亦无证据表明准许Y撤回起诉会损害国家利益、社会公共利益或他人合法权益，应当参照已有类案进行处理。(2)即便进行实体审理，涉案专利亦能够享有优先权。涉案专利权利要求1中"不同时隙产生不同的正交码"指的是在某一小区内为不同时隙产生不同的正交码。根据在先专利申请说明书的记载结合附图以及正交换码的含义，所属领域普通技术人员可以直接、毫无疑义地确定"为不同时隙产生不同的正交换码"的技术特征。②

（二）法院判旨

北京高院二审判决驳回X的上诉，维持北京知产法院一审判。

1. 关于是否应当裁定准许撤回起诉

参照《民诉法解释》第338条规定，行政诉讼二审期间当事人申请撤回起诉的，裁定准许撤回起诉至少应当满足两个要件：一是经其他当事人同意；二是不损害国家利益、社会公共利益、他人合法权益。

(1)关于行政诉讼二审期间准许当事人撤回起诉的第一个要件，即经其他当事人同意。该要件旨在平衡原告与其他当事人的利益，如果二审程序中不加限制地允许原告撤回起诉，不仅可能导致被告支出的诉讼成本无法得到补偿，还可能使被告面临再次被起诉的风险，既损害了被告的程序利益，又有违

① 北京知识产权法院行政判决书（2018）京73行初1327号。

② 北京市高级人民法院行政判决书（2019）京行终1498号。

实体正义。专利确权行政诉讼具有法定的起诉期限。一般情况下一审判决作出后涉案被诉具体行政行为的法定起诉期限已届满，通常不会使得被告或其他当事人面临因原告的再次起诉而被拖入诉讼的问题；并且当事人相对固定，仅包括专利权人、无效宣告请求人和专利复审委员会三方当事人，故平衡各方当事人利益更重要地体现为基于对涉案专利效力的不同评价而导致的专利权人与无效宣告请求人之间因其他案外民事、行政纠纷而产生的利益损失，“经其他当事人同意”更多应指向专利权人或无效宣告请求人的同意。本案中，X已明确表示同意Y撤回起诉，且专利复审委员会亦明确表示其坚持第33697号专利无效行政决定的意见。故可以视为Y的撤回起诉行为已满足行政诉讼二审期间准许当事人撤回起诉的第一个要件。

(2)关于行政诉讼二审期间准许当事人撤回起诉的第二个要件，即不损害国家利益、社会公共利益、他人合法权益。专利制度的价值在于“通过公开换保护”，即专利权人通过申请专利的方式公开其技术方案，以换取特定时期对该公开技术方案的垄断权。由此，专利权必然涉及专利权人利益与社会公众利益的平衡问题，专利确权行政诉讼二审期间审查裁定当事人撤回起诉是否有损国家利益、社会公共利益、他人合法权益表现得尤为重要。如果涉案专利无效行政决定的结论为无效理由不成立而维持涉案专利有效，一审认定涉案专利无效行政决定的相关认定有错误且可能对涉案专利效力产生实质影响，则准许二审期间当事人撤回起诉的必然结果是撤销一审判决而导致涉案专利无效行政决定生效，从而会实质剥夺其他人依据该相同理由和证据宣告涉案专利无效的权利。再进一步，如果该相同理由和证据为涉案专利的技术方案存在本不应当获得授权的缺陷，则使得社会公众实施该技术方案的行为将会面临侵犯专利权的指控，进而实质影响社会公众的行为自由，并最终影响科学技术进步和经济社会发展，有悖于专利立法目的。

因此，在专利确权案行政诉讼二审期间，是否裁定准许二审期间当事人撤回起诉，除应当满足其他当事人同意的要件外，亦应当结合涉案专利无效行政决定的结论，重点审查当事人撤回起诉是否会损及国家利益、社会公共利益、他人合法权益。通常情况下，如果涉案专利无效行政决定的结论为宣告涉案专利全部无效的,只要经其他当事人同意,就应当裁定准许当事人撤回起诉;如果涉案专利无效行政决定的结论为宣告涉案专利部分无效或完全有效的,除经其他当事人同意外,还要重点审查一审判决关于涉案专利效力的认定是否存在相反结论并实质影响涉案专利效力。对于一审判决相关认定的审查结果,若对涉案专利效力无实质影响,则可以裁定准许当事人撤回起诉;若对涉案专利效力存在实质影响,不宜径行裁定准许当事人撤回起诉,而应当根据一审判决相关认定正确与否作出是否准许当事人撤回起诉的裁定。①

2. 关于涉案专利是否可享有优先权

根据我国《专利法》(2008)第 29 条第 1 款规定,确定涉案专利是否可享有优先权是应当实质审查涉案专利与作为优先权基础的在先专利申请是否属于“相同主题”,以避免专利申请人通过优先权制度将其在优先权日之后作出的发明创造引入涉案专利技术方案,而使得专利申请人不当获得在先申请日和不应有的利益。参照我国《专利审查指南》(2010)第二部分第八章第 4.6.2 条规定,涉案专利的技术方案是在先专利申请客观记载的或者所属领域普通技术人员能够从在先专利申请中直接和毫无疑义地得出的,所谓“相同主题”是指涉案专利和在先专利申请的技术方案所属技术领域、所解决的技术问题、预期的技术效果相同。由此,涉案专利和在先专利申请是否属于“相同主题”并未指向权利要求,而落脚于权利要求所保护的技术方案是否相同。②

根据我国《专利法》(2008)第 59 条第 1 款和《最高人民法院关于审理侵犯专利权纠纷案件应用法律若干问题的解释》第 2 条规定,对于涉案专利技术方案中相关技术术语的含义,应当由所属领域普通技术人员根据权利要求的记载,在阅读说明书及其附图的基础上对其作出准确的理解。③ 如果说明书及其附图对权利要求中特定技术术语的含义有明确定义,或者所属领域普通技术

---

① 北京市高级人民法院行政判决书(2019)京行终 1498 号。

② 《中华人民共和国专利法》(2008)第 29 条第 1 款、国家知识产权局《专利审查指南》(2010)第 2 部分第 8 章第 4.6.2 条。

③ 《中华人民共和国专利法》(2008)第 59 条第 1 款、《最高人民法院关于审理侵犯专利权纠纷案件应用法律若干问题的解释》(2009)第 2 条。

人员在阅读说明书及其附图的基础上可以直接、毫无疑义地得出其确定含义，则应当以该定义或该确定含义为准；否则应当结合涉案专利说明书及其附图中记载的有关内容作出符合发明目的通常解释，即根据所属领域普通技术人员普遍采用的工具书、教科书、字典、辞典、国家或者行业技术标准等，以能够解决说明书中记载的技术问题、实现说明书中记载的技术效果的通常含义为准。

本案中，涉案专利权利要求 1 的记载并未明确限定"不同时隙产生不同的正交码"是"在某一小区内为不同时隙产生不同的正交码"，且所属领域普通技术人员不能从涉案专利说明书及其附图中直接、毫无疑义地得出这一结论，再结合在先专利申请文本的记载，所属领域普通技术人员从在先专利申请文本中不能直接地、毫无疑义地得出涉案专利权利要求 1 的技术方案，故涉案专利权利要求 1 不享有相应的优先权，第 33697 号专利无效行政决定关于涉案专利享有优先权的认定有误。而涉案专利可否享有优先权显然会涉及用于评价涉案专利是否具备新颖性、创造性的现有技术范围等事项，其实质上与涉案专利是否可以获得授权相关。基于此，虽然 X 提交了书面的撤回起诉申请，但因裁定准许该撤回起诉申请将可能"损害国家利益、社会公共利益或者他人合法权益"，因而本案不具备裁定准许 X 撤回起诉申请的充分条件。[①]

（三）选出理由

本案是专利确权行政诉讼二审期间当事人撤回起诉审查的典型案例，是 2019 年中国法院 50 件典型知识产权案例之一，且是其中 3 个知识产权行政案件之一。本案的典型意义在于确立了行政诉讼二审期间裁定准许当事人撤回起诉的要件，尤其是专利确权行政诉讼二审期间当事人撤回起诉的审查标准和步骤。

1. 行政诉讼二审期间裁定准许当事人撤回起诉的要件

我国《行政诉讼法》及其司法解释没有关于二审期间当事人申请撤回起诉的规定，但根据我国《行政诉讼法》第 101 条规定，法院审理行政案件中关于终

---

① 北京市高级人民法院行政判决书（2019）京行终 1498 号。

结诉讼等没有规定的，直接适用我国《民事诉讼法》的相关规定。[①] 而我国《民事诉讼法》也没有关于二审期间当事人申请撤回起诉的规定，只是《民诉法解释》对此作出了明确规定。由于我国《行政诉讼法》只允许直接适用《民事诉讼法》的相关规定，再加上行政诉讼与民事诉讼的目的和任务有所不同，因而对于《民诉法解释》的相关规定只能参照适用。

行政诉讼二审期间裁定准许当事人撤回起诉如何参照适用《民诉法解释》的相关规定？北京高院对本案的二审判决作出了回答。《民诉法解释》第338条规定，在民事诉讼第二审程序中，当事人申请撤回起诉，经其他当事人同意，且不损害国家利益、社会公共利益、他人合法权益的，法院可以准许；准许撤回起诉的，应当一并裁定撤销一审裁判；当事人撤回起诉后重复起诉的，法院不予受理。[②] 北京高院对本案的二审判决指出，参照《民诉法解释》第338条规定，行政诉讼二审期间裁定准许当事人撤回起诉，至少应当满足两个要件：一是经其他当事人同意；二是不损害国家利益、社会公共利益、他人合法权益。

北京高院对本案的二审判决进一步指出，基于处分原则，当事人有权在法律规定的范围内处分自身的民事权利和诉讼权利。[③] 撤回起诉属于当事人处分自身诉讼权利的一种具体形式，是当事人意思自治原则在诉讼程序中的具体体现。但无论民事权利还是诉讼权利均存在相应的权利边界，而权利边界的确定通常源于不同的利益衡量。行政诉讼二审期间裁定准许当事人撤回起诉的第一个要件旨在平衡原告与其他当事人的利益，如果不加限制地允许当事人撤回起诉，不仅可能导致其他当事人支出的诉讼成本无法得到补偿，同时可能使其面临再次被起诉的风险，既损害了其程序利益，亦有违实体正义。而行政诉讼二审期间裁定准许当事人撤回起诉的第二个要件在于平衡当事人利益与其他利益的关系，即避免因裁定准许当事人撤回起诉而有损国家利益、社会公共利益或者他人合法权益。

---

① 《中华人民共和国行政诉讼法》(2017)第101条。

② 《最高人民法院关于适用〈中华人民共和国民事诉讼法〉的解释》(2015)第338条。

③ 参见张卫平：《民事诉讼处分原则重述》，载《现代法学》2001年第6期。

2. 专利确权行政诉讼二审期间当事人撤回起诉的审查标准和步骤

基于行政诉讼二审期间裁定准许当事人撤回起诉的两个要件，北京高院对本案的二审判决确立了专利确权行政诉讼二审期间当事人撤回起诉的审查标准和步骤。北京高院对本案的二审判决指出，专利确权行政诉讼具有法定的起诉期限，一般情况下一审判决作出后被诉具体行政行为的法定起诉期限已届满，通常不会发生因当事人再次起诉而使其他当事人被拖入诉讼的问题；并且当事人相对固定，仅包括专利权人、无效宣告请求人和专利复审委员会三方当事人，[①]故平衡各方当事人利益更重要地体现为基于对涉案专利效力的不同评价而导致的专利权人与无效宣告请求人之间因其他案外民事、行政纠纷而产生的利益损失，"经其他当事人同意"更多应指向专利权人或无效宣告请求人的同意。

北京高院对本案的二审判决进一步指出，专利制度的价值在于"通过公开换保护"，即专利权人通过申请专利的方式公开其技术方案，以换取特定时期对该公开技术方案的垄断权。[②] 由此，专利权必然涉及专利权人利益与社会公众利益的平衡，专利确权行政诉讼二审期间审查裁定当事人撤回起诉是否有损国家利益、社会公共利益、他人合法权益显得尤为重要。如果涉案专利无效行政决定的结论为无效理由不成立而维持涉案专利有效，一审认定涉案专利无效行政决定的相关认定有错误且可能对涉案专利效力产生实质影响，则准许二审期间当事人撤回起诉的必然结果是撤销一审判决而导致涉案专利无效行政决定生效，从而会实质剥夺其他人依据该相同理由和证据宣告涉案专利无效的权利。再进一步讲，如果该相同理由和证据为涉案专利的技术方案存在本不应当获得授权的缺陷，则使得社会公众实施该技术方案的行为将会面临侵犯专利权的指控，进而实质影响社会公众的行为自由，并最终影响科学技术进步和经济社会发展，有悖于专利立法目的。

---

① 参见管荣齐、李明德：《中国知识产权司法保护体系改革研究》，载《学术论坛》2017 年第 1 期。

② 参见管荣齐：《药品专利申请补充实验数据的审查——细胞基因公司专利驳回复审行政纠纷案》，载《中国发明与专利》2020 年第 3 期。

基于此,北京高院对本案的二审判决确立了专利确权行政诉讼二审期间当事人撤回起诉的审查标准和步骤。专利确权行政诉讼二审期间裁定准许当事人撤回起诉,除应当经其他当事人同意外,亦应当结合涉案专利无效行政决定的结论,重点审查当事人撤回起诉是否会损及国家利益、社会公共利益、他人合法权益。通常情况下,如果涉案专利无效行政决定的结论为宣告涉案专利全部无效,只要经其他当事人同意,就应当裁定准许当事人撤回起诉;如果涉案专利无效行政决定的结论为宣告涉案专利部分无效或完全有效的,除经其他当事人同意外,还要重点审查一审判决关于涉案专利效力的认定是否存在相反结论并实质影响涉案专利效力。对于一审判决相关认定的审查结果,若对涉案专利效力无实质影响,则可以裁定准许当事人撤回起诉;若对涉案专利效力存在实质影响,不宜径行裁定准许当事人撤回起诉,而应当根据一审判决相关认定正确与否作出是否准许当事人撤回起诉的裁定。①

(四)案件评释

如前所述,我国《行政诉讼法》及其司法解释没有关于二审期间当事人申请撤回起诉的规定,但除了我国《行政诉讼法》第 101 条允许直接适用民事诉讼法的相关规定以外,我国《行政诉讼法》第 62 条还规定了当事人申请撤回起诉的期限是法院对行政案件宣告判决或裁定前。② 由此,有人认为,在生效判决或裁定宣告前当事人均可以申请撤回起诉,二审期间因一审判决尚未生效而应当准许当事人撤回起诉。但是,一审和二审均是具有独立价值的诉讼程序,二审既不是必经程序又不是审判的第二阶段,③因而对我国《行政诉讼法》第 62 条不能作扩大解释,不能理解为在生效判决或裁定宣告前均可以撤回起诉,即我国《行政诉讼法》第 62 条规定不适用于行政诉讼二审期间当事人撤回起诉的审查。

在参照适用《民诉法解释》第 338 条规定时,除了行政诉讼二审期间裁定

---

① 北京市高级人民法院行政判决书(2019)京行终 1498 号。

② 《中华人民共和国行政诉讼法》(2017)第 62 条。

③ 参见高新华:《两审终审制度与行政诉讼原告诉讼权利保障》,载《常熟理工学院学报》2006 年第 5 期。

准许当事人撤回起诉的两个要件以外,还涉及一并裁定撤销一审裁判的问题。民事诉讼解决的平等民事主体之间的争议属于私权利范畴,应当充分尊重当事人的意思自治,原则上只要双方当事人同意就可以终结诉讼程序。而行政诉讼解决的是公权力侵犯私权利时对私权利的保护问题,其重点是对行政行为的合法性进行审查以监督行政机关依法行使职权,因而一审裁判对行政行为合法性的认定对类似的相关行政行为具有指引作用。再者,一审程序和二审程序之间是一种法律上的监督关系,二审程序是给予当事人的一个法律上的救济途径,对于一审裁判只有经过二审程序实体审理后发现确有错误时才能撤销,不能经双方当事人同意就直接撤销,否则会引起很大的负面效果,不利于发挥行政审判的规范指引作用。①

行政诉讼二审期间裁定准许当事人撤回起诉除了具备两个要件、一审裁判错误一并撤销以外,还涉及当事人重复起诉的问题。如前所述,《民诉法解释》第338条还规定,在民事诉讼第二审程序中,当事人撤回起诉后重复起诉的,法院不予受理。虽然行政诉讼的时效比民事诉讼时效要短,但只要在行政诉讼时效以内,行政诉讼二审期间当事人撤回起诉后就可能重新起诉,这是否构成重复起诉而不予受理呢?这不能一概而论,需要区分不同情形作出不同处理。如果行政诉讼二审期间当事人撤回起诉经其他当事人同意且不损害国家利益、社会公共利益、他人合法权益而被法院裁定准许,其一审裁判经过二审程序实体审理后发现确有错误而被一并撤销,则当事人重新起诉不构成重复起诉而应当予以受理,此外其他情形下当事人重新起诉都构成重复起诉而不予受理。

四、假冒专利行为和专利侵权行为的区分——周某波假冒专利罪案②

假冒专利行为和假冒专利罪最初规定于1992年《专利法》和1997年《刑法》。关于假冒专利行为的民事责任和行政责任,在2000年和2008年《专利法》中都作出修改完善,将假冒专利行为和专利侵权行为予以明确区分。关于

---

① 参见于红涛:《行政诉讼二审期间上诉人申请撤诉的处理》,载《人民法院报》2018年7月26日,第7版。

② 山东省聊城市中级人民法院刑事裁定书(2000)聊刑经终字第7号。

假冒专利罪的刑罚标准一直未变，但其立案追诉标准经过 2001 年、2010 年两次调整，已由最初的违法所得数额 2 万元以上和非法经营额 10 万元以上，提高到非法经营数额 20 万元以上或违法所得数额 10 万元以上。

（一）案件事实

X（原审被告人、二审上诉人）为涉嫌假冒专利犯罪的被控侵权产品（“乐凯”牌双层艺术玻璃口杯）的生产（制造）者、销售者，Y 为“双层艺术玻璃容器”实用新型专利（以下简称涉案专利）的专利权人。

Y 于 1996 年 9 月 7 日获得涉案专利权，并于 1997 年 5 月同山东阳谷玻璃工艺制品厂达成书面实施许可合同，授权许可后者实施涉案专利，生产“诺亚”牌双层艺术玻璃口杯（以下简称涉案专利产品）。X 于 1999 年 3 月成立个体性质的成都市武侯区乐凯保温制品厂，并于同年 4 月经河北开元实业有限公司授权，被许可使用其“乐凯”注册商标，开始从滕州天元瓶盖厂购进杯体，生产被控侵权产品。自 1999 年 5 月至 9 月，X 共销售被控侵权产品 3168 只，销售金额 282，366.52 元；每只被控侵权产品成本 65 元，非法获利 76，446.52 元。

X 曾于 1999 年 5 月 13 日，向国家知识产权局专利复审委员会请求宣告涉案专利无效；但国家知识产权局专利复审委员会于 2000 年 3 月 20 日作出决定，维持涉案专利有效。Y 曾向山东省专利管理局申请认定 X 侵害涉案专利权，山东省专利管理局于 1999 年 10 月 11 日作出《专利侵权咨询鉴定书》，认定被控侵权产品具备了涉案专利的技术特征，因 X 未经过 Y 许可而为生产经营目的制造、销售被控侵权产品，且不属于我国专利法所规定的专利侵权例外情形，故 X 侵犯了涉案专利权。①

山东省阳谷县人民检察院指控 X 犯假冒专利罪，山东省阳谷县人民法院（以下简称阳谷法院）经审理认为，X 在生产、销售被控侵权产品前明知 Y 拥有涉案专利权，具备假冒专利罪的主观要件；X 未经 Y 许可而实施尚在保护期内的涉案专利，且非法经营额超过 10 万元、违法所得数额超过 2 万元，具备假冒

① 山东省阳谷县人民法院刑事附带民事判决书（2000）阳刑初字第 33 号。

专利罪的客观要件;[①]X严重侵犯了国家的专利管理制度和涉案专利权,构成假冒专利罪应予刑罚。因此,阳谷法院一审判处X有期徒刑2年,并处罚金5万元;非法获利予以追缴,赃物予以没收。

X对阳谷法院一审判决不服,向山东省聊城市中级人民法院(以下简称聊城中院)提出上诉。主要上诉理由包括:(1)阳谷法院一审判决对X构成假冒专利罪的主观要件认定错误;(2)阳谷法院一审判决认定X构成假冒专利罪的客观要件自相矛盾;(3)阳谷法院一审判决认定X构成假冒专利罪的唯一证据是山东省专利管理局的《专利侵权咨询鉴定书》,该鉴定书不具有法律效力、不能作为定案依据;(4)阳谷法院对案件没有管辖权,因犯罪地、犯罪结果发生地都不在山东省阳谷县。[②]

(二)法院判旨

聊城中院认为,阳谷法院一审判决认定事实清楚、证据充分、定罪准确、量刑适当、程序合法,故二审裁定驳回上诉、维持原判。

假冒专利罪的主观构成要件是故意。本案中,X明知其假冒专利的行为侵犯Y的合法权益、损害国家专利管理制度。具体而言,X通过四川省专利管理局检索得知涉案专利被许可山东阳谷玻璃工艺制品厂实施,随后向国家知识产权局专利复审委员会请求宣告涉案专利无效,并在国家知识产权局专利复审委员会作出决定之前,未经Y许可而实施涉案专利即为生产经营目的制造、销售被控侵权产品。因此,X虽然没有明示但以行为表明其明知假冒涉案专利而为之,显然具备假冒专利罪的主观构成要件。

假冒专利罪的客观构成要件是假冒他人专利的行为。X注册成立成都市武侯区乐凯保温制品厂,就“乐凯”注册商标的许可使用与河北天元实业有限公司达成协议,从滕州天元瓶盖厂定做外形和结构与涉案专利产品相同的杯体,这一系列行为表明X恶意模仿涉案专利产品,以假乱真地生产、销售被控侵权产品,客观上实施了假冒涉案专利的行为。

---

① 《中华人民共和国专利法》(1992)第63条、《中华人民共和国刑法》(1979)第127条、《最高人民检察院关于假冒注册商标犯罪立案标准的规定》(1993)。

② 山东省聊城市中级人民法院刑事裁定书(2000)聊刑经终字第7号。

山东省专利管理局所作《专利侵权咨询鉴定书》可以作为证据使用。该鉴定书对X生产、销售被控侵权产品是否侵犯涉案专利，给出了依法合规和科学严谨的论证，且与本案其他有关证据相互印证，能够对案件事实起到证明作用，可以允许其作为证据加以使用。

阳谷县是假冒专利犯罪的结果发生地，阳谷法院对本案具有管辖权。山东阳谷玻璃工艺制品厂作为涉案专利的独占许可实施单位，通过生产、销售涉案专利产品而获取经济利益。X生产、销售被控侵权产品，不但侵犯涉案专利权，而且对该厂造成巨大经济损失。

专利制度的主要目的有二：一是保护专利权人对其发明创造的市场垄断权，任何人未经专利人许可不得实施其专利而获取非法利益；二是促进专利技术的社会公开和推广应用，推动社会经济技术不断发展进步。[①] 本案中，X明知涉案专利在保护期内，未经许可而为生产经营目的非法制造、销售被控侵权产品，属于假冒专利行为；X非法经营额282,366.52元，非法获利76,446.52元，属于假冒专利情节严重；X严重侵犯了国家的专利管理制度和涉案专利权，构成假冒专利罪。[②]

（三）选出理由

本案是我国《刑法》1997年修订后首例假冒专利罪案，也是2000年《专利法》和2001年《专利法实施细则》颁行之前，区分假冒专利行为和专利侵权行为的典型案例。

1997年《刑法》增设假冒专利罪，但当时的专利法及其实施细则没有对假冒专利行为作出具体规定。本案发生于1997年《刑法》颁行后、2000年《专利法》和2001年《专利法实施细则》颁行前，实行的是1992年《专利法》和《专利法实施细则》。根据1992年《专利法》第63条的规定，对于假冒他人专利的行为，依照1992年《专利法》第60条关于专利侵权行为的规定处理；对于情节严重的假冒他人专利的行为，追究直接责任人员的刑事责任，但因当时1997年《刑法》尚未颁行、没有设置假冒专利罪，故比照适用1979年《刑法》第127条

---

① 参见李明德：《知识产权法》，社会科学文献出版社2007年版，第180～186页。

② 山东省聊城市中级人民法院刑事裁定书(2000)聊刑经终字第7号。

关于假冒注册商标罪的规定。

对于假冒专利罪而言,虽然1997年《刑法》第216条予以明确规定,但其立案追诉标准直到在2001年最高人民检察院、公安部《关于经济犯罪案件追诉标准的规定》中才予以单独设置,①在本案发生时只能沿袭以前做法而继续比照适用《最高人民检察院关于假冒注册商标犯罪立案标准的规定》;作为犯罪客体的假冒专利行为,在本案发生时实行的1992年《专利法实施细则》中也没有具体条款规定,并因1992年《专利法》对假冒专利行为依照专利侵权行为的规定进行处理,而在司法实践中极易将这两种行为混淆并作出错误的法律适用和责任认定。

本案就是在这样的法治环境下发生并审理的,将专利侵权行为归属于假冒专利行为的范畴,将严重的专利侵权行为认定为假冒专利的犯罪行为予以追诉。本案一、二审判决均认为,X明知涉案专利在保护期内,未经专利权人Y的许可,为生产经营目的非法制造、销售被控侵权产品,侵犯了涉案专利权,属于假冒专利行为;X生产、销售被控侵权产品的非法经营额和违法所得数额,均超过本案发生时法定的立案追诉标准②,属于假冒专利情节严重;X严重侵犯了国家的专利管理制度和涉案专利权,构成假冒专利罪。③

其实,即便从1992年《专利法》来看,也能将专利侵权行为和假冒专利行为区分开。1992年《专利法》在第60条规定专利侵权行为之后,又单独设立第63条规定假冒专利行为及其犯罪,从这样的条款安排本身就应当能够推断出,专利侵权行为并非假冒专利行为,无论多么严重的专利侵权行为也不构成假冒专利罪。对假冒专利行为依照专利侵权行为的规定进行处理,并不意味着专利侵权行为属于假冒专利行为。④ 本案一、二审判决都没有对专利法有关内容作出正确理解和适用,不得不说是一种历史性遗憾。

---

① 最高人民检察院、公安部《关于经济犯罪案件追诉标准的规定》(2001)第64条。

② 《最高人民检察院关于假冒注册商标犯罪立案标准的规定》(1993)。

③ 山东省阳谷县人民法院刑事附带民事判决书(2000)阳刑初字第33号、山东省聊城市中级人民法院刑事裁定书(2000)聊刑经终字第7号。

④ 对此有不同理解,参见尹新天:《中国专利法详解》,知识产权出版社2011年版,第772页。

（四）案件评释

2000年《专利法》和2001年《专利法实施细则》颁行以后，假冒专利行为和专利侵权行为得以明确区分，假冒专利罪的立案追诉标准也不断提高。

根据2000年《专利法》第58条的规定，假冒他人专利的行为人，依法应当承担相应民事责任；同时，由专利行政管理部门责令改正和公告，没收违法所得并处违法所得3倍以下罚款，没有违法所得则处以5万元以下罚款；对于构成假冒专利罪的行为人，依法追究其相应刑事责任。① 由此可见，对于假冒他人专利的行为，2000年《专利法》第58条予以独立处理，不再像1992年《专利法》第63条依照专利侵权行为进行处理。在此基础上，2008年《专利法》第63条将没收违法所得并处罚款倍数提高到违法所得的4倍，将没有违法所得的罚款数额提高到20万元。②

不仅如此，2001年《专利法实施细则》第84条还具体列举了四种假冒他人专利的行为：(1)未经专利权人许可，在制造或销售的产品或其包装上标注专利权人的专利号；(2)未经专利权人许可，在广告或其他宣传材料中使用专利权人的专利号，使人误认为所涉及的技术是专利权人的专利技术；(3)未经专利权人许可，在合同中使用专利权人的专利号，使人误认为所涉及的技术是专利权人的专利技术；(4)伪造或变造专利权人的专利证书、专利文件或专利申请文件。③

在此基础上，2010年《专利法实施细则》第84条将假冒他人专利的行为与冒充专利的行为合并为假冒专利行为，其中新增的假冒专利行为包括：(1)专利权未被授予、被宣告无效或已终止，在产品或其包装上标注专利标识；(2)销售冒充专利产品或假冒专利产品；(3)在产品说明书等材料中将非专利或专利申请称为专利；(4)其他使公众将非专利误认为专利的混淆行为。④ 并且，2010年《专利法实施细则》第84条还规定了两种假冒专利行为的例外情形：一是专

---

① 《中华人民共和国专利法》(2000)第58条。

② 《中华人民共和国专利法》(2008)第63条

③ 《中华人民共和国专利法实施细则》(2001)第84条。

④ 《中华人民共和国专利法实施细则》(2010)第84条第1款。

利权终止后许诺销售、销售的产品或其包装上标有专利标识不属于假冒专利行为;二是对假冒专利产品不知道且能够证明其合法来源的销售行为免于罚款。①

与此相应,假冒专利罪的立案追诉标准也由比照适用1993年《最高人民检察院关于假冒注册商标犯罪立案标准的规定》,于2001年单独规定在《最高人民检察院、公安部关于经济犯罪案件追诉标准的规定》第64条,并于2010年修改为《最高人民检察院、公安部关于公安机关管辖的刑事案件立案追诉标准的规定(二)》第72条。假冒专利罪的基本立案追诉标准,由1993年的违法所得数额2万元以上和非法经营额10万元以上,于2001年提高到违法所得数额10万元以上,并于2010年进一步调整为非法经营数额20万元以上或违法所得数额10万元以上。②

经过2000年和2008年《专利法》、2001年和2010年《专利法实施细则》的修改完善,专利侵权行为和假冒专利行为已经被明确区分开,不会再以假冒专利罪对严重的专利侵权行为人科以刑事处罚,不会再出现类似本案对有关法律条款的错误理解和适用。同时,经过2001年《最高人民检察院、公安部关于经济犯罪案件追诉标准的规定》、2010年《最高人民检察院、公安部关于公安机关管辖的刑事案件立案追诉标准的规定(二)》的修改完善,本案中X非法经营额和违法所得数额均低于假冒专利罪的立案追诉标准,即便构成假冒专利行为,也达不到假冒专利情节严重的犯罪程度。

---

① 《中华人民共和国专利法实施细则》(2010)第84条第2~3款。

② 《最高人民检察院关于假冒注册商标犯罪立案标准的规定》(1993)第2~3条;《最高人民检察院、公安部关于经济犯罪案件追诉标准的规定》(2001)第64条;《最高人民检察院、公安部关于公安机关管辖的刑事案件立案追诉标准的规定(二)》(2010)第72条。

参考文献

一、著作论文

1. Adam Sussman, *Million-Card Monte：Reforming the Markush Claim Post-AIA to Save Synthetic Chemical Innovation*, John Marshall Review of Intellectual Property Law, 2013.

2. Akimitsu Hirai, *The Patentability of Inventions on Medical Activities—A Study of the Tokyo High Court Decision from April* 11, 2002, AIPPI Journal, 2003(11).

3. Guy Tritton etc., *Intellectual Property in Europe*, Third Edition, London：Sweet & Maxwell, 2008.

4. Mark A. Lemley, *Distinguishing Lost Profits from Reasonable Royalties*, 51 William and Mary Law Review 655 (2009).

5. Michelle L. Johnson, *In re Bran and the Utility Examination Guidelines：a Light at the End of the Tunnel?*, The State of New Jersey Rutgers Law Review, 1996(49).

6. *Practicing the Prior Art Is Not a Defense*, https://www.cnet.com/news/practicing-the-prior-art-is-not-a-defense/.

7. Steven L. Emanuel:《Torts》(英文版),中信出版社2003年版。

8. [美]P. D. 罗森堡:《专利法基础》,郑成思译,对外贸易出版社1982年版。

9. [美]阿瑟·R. 米勒、迈克尔·H. 戴维斯:《知识产权法概要》,中国社会科学出版社1998年版。

10. [日]特许厅:《工业所有权制度百年史》(上卷),发明协会1984年版。

11. [日]吉藤幸朔:《专利法概论》,宋永林、魏启学译,专利文献出版社1990年版。

12. [日]鸿常夫:《日本专利判例精选》,张遵逵、郝庆芬等译,专利文献出版社1991年版。

13. 高林龍「特許法第102条に基づく損害賠償について」パテント59巻1号(2006年)。

14. 飯村敏明＝設樂隆一『知的財産関係訴訟』(青林書院,2008年)。

15.《常用百科辞典》,湖北辞书出版社1991年版。

16. 最高人民法院知识产权审判庭:《最高人民法院知识产权审判案例指导》(第9辑),中国法制出版社2017年版。

17.《2013年中国法院十大创新性知识产权案件》,载《人民法院报》2014年4月22日,第3版。

18.《最高人民法院知识产权案件年度报告(2015年)摘要》,载《人民法院报》2016年4月25日,第3版。

19.《最高人民法院知识产权案件年度报告(2016年)摘要》,载《人民法院报》2017年4月26日,第3版。

20.《最高人民法院知识产权案件年度报告(2017年)摘要》,载《人民法院报》2018年4月25日,第3版。

21.《最高人民法院知识产权案件年度报告(2018年)摘要》,载《人民法院报》2019年4月25日,第2版。

22. 国家知识产权局条法司:《新专利法详解》,知识产权出版社2001年版。

23. 电学发明审查部商业方法相关发明审查教材编写小组:《商业方法相关发明专利申请的审查》,知识产权出版社 2010 年版。

24. 国家知识产权局专利复审委员会:《专利复审和无效审查决定汇编(2009)电学》(第 5 卷),知识产权出版社 2016 年版。

25. 国家知识产权局专利复审委员会:《专利复审和无效审查决定汇编(2009)电学》(第 1 卷),知识产权出版社 2016 年版。

26. 张文显主编:《法理学》(第 5 版),高等教育出版社 2018 年版。

27. 陶凯元:《中国知识产权指导案例评注》(第 7 辑),中国法制出版社 2016 年版。

28. 郃中林:《知识产权授权确权程序的改革与完善》,载《人民司法》2010 年第 19 期。

29. 宋晓明:《新形势下我国的知识产权司法政策》,载《知识产权》2015 年第 5 期。

30. 王闯:《知识产权的权利边界与裁判方法》,载《人民司法》2016 年第 22 期。

31. 霍宪丹:《大陆法系与英美法系诉讼制度之比较》,载《黑龙江省政法管理干部学院学报》1999 年第 1 期。

32. 郑成思:《侵权责任、损害赔偿与知识产权保护》,载《环球法律评论》2003 年第 4 期。

33. 梁慧星:《民法总论》(第 2 版),法律出版社 2004 年版。

34. 张卫平:《民事诉讼处分原则重述》,载《现代法学》2001 年第 6 期。

35. 李明德:《功能性权利要求及其保护范围的判断——诺基亚公司与上海华勤通讯技术有限公司侵害发明专利权纠纷案》,载《中国发明与专利》2018 年第 9 期。

36. 李明德:《关于〈专利法修订草案(送审稿)〉的几点思考》,载《知识产权》2013 年第 9 期。

37. 李明德:《关于知识产权损害赔偿的几点思考》,载《知识产权》2016 年第 5 期。

38. 李明德:《严格保护知识产权创造良好营商环境》,载《人民法院报》2018 年 4 月 27 日,第 1 版。

39. 李明德:《以〈民法总则〉推动知识产权法修订》,载《经济参考报》2017 年 6 月 13 日,第 8 版。

40. 李明德:《知识产权法》,社会科学文献出版社 2007 年版。

41. 李明德:《专利权与商标权确权机制的改革思路》,载《华中科技大学学报》(社会科学版)2007 年第 5 期。

42. 冯晓青:《专利侵权损害赔偿额初探》,载《律师世界》1997 年第 11 期。

43. 管育鹰:《专利侵权损害赔偿额判定中专利贡献度问题探讨》,载《人民司法》2010 年第 23 期。

44. 范长军:《专利侵权警告制度探析》,载《知识产权》2014 年第 3 期。

45. 李扬:《中国需要什么样的知识产权行为保全规则》,载《知识产权》2019 年第 5 期。

46. 宋鱼水等:《知识产权行为保全制度研究》,载《知识产权》2014 年第 11 期。

47. 汤宗舜:《专利法教程》(第 3 版),法律出版社 2003 年版,第 7 页。

48. 唐广良:《知识产权制度对民事立法的几点启示》,载《知识产权》2015 年第 10 期。

49. 陶凯元:《充分发挥司法保护知识产权的主导作用》,载《求是》2016 年第 1 期。

50. 王曙光:《知识产权法》,中国政法大学出版社 2013 年版。

51. 闫文军、白静文:《美国专利审查中的"最宽合理解释"》,载《知识产权》2014 年第 7 期。

52. 闫文军、罗治成:《英国专利侵权判断中的等同原则和禁止反悔原则》,载《科技与法律》2017 年第 3 期。

53. 闫文军:《日本知识产权审判情况概要》,载《电子知识产权》2005 年第 3 期。

54. 闫文军:《我国专利授权确权中的"最宽合理解释"》,载《知识产权》

2017 年第 12 期。

55. 尹新天:《中国专利法详解》,知识产权出版社 2011 年版。

56. 张平、石丹:《商业模式专利保护的历史演进与制度思考——以中美比较研究为基础》,载《知识产权》2018 年第 9 期。

57. 张清奎:《化学及药品专利审查中的热点问题回顾和展望——关于实验数据的要求及补救措施》,载《中国发明与专利》2018 年第 8 期。

58. 张清奎:《化学领域发明专利申请文件的撰写与审查》,知识产权出版社 2010 年版。

59. 张晓都:《专利实质条件》,法律出版社 2002 年版。

60. 朱理:《专利侵权损害赔偿计算分摊原则的经济分析》,载《现代法学》2017 年第 9 期。

61. 祝建军:《专利法中合法来源抗辩制度的司法运用》,载《电子知识产权》2008 年第 6 期。

62. 曾贞、关健:《浅析外观设计专利文件修改之简要说明》,载《中国发明与专利》2017 年第 5 期。

63. 陈太清:《论行政侵权的民事责任》,载《法治论丛》2010 年第 1 期。

64. 储翔:《专利侵权警告行为的正当性判断标准》,载《学术月刊》2017 年第 3 期。

65. 丁文严:《论知识产权侵权诉讼中合法来源抗辩的构成要件》,载《知识产权》2017 年第 12 期。

66. 范冠峰:《行政侵权精神损害赔偿制度的法理基础》,载《政法论丛》2004 年第 6 期。

67. 高新华:《两审终审制度与行政诉讼原告诉讼权利保障》,载《常熟理工学院学报》2006 年第 5 期。

68. 管荣齐:《发明专利的创造性》,知识产权出版社 2012 年版。

69. 管荣齐:《中国专利创造性条件的改进建议》,载《法学论坛》2012 年第 3 期。

70. 管荣齐:《专利授权原则和商标注册原则改进建议》,载《应用法学研究》,法律出版社 2012 年版。

71. 管荣齐:《我国专利实质条件的改进建议》,载《知识产权》2013 年第 10 期。

72. 管荣齐:《中国加入 TPP 的知识产权问题研究》,载《东岳论丛》2014 年第 2 期。

73. 管荣齐:《从 TPP 知识产权谈判审视医疗方法的可专利性》,载《知识产权》2014 年第 7 期。

74. 管荣齐:《中国知识产权法律制度》,知识产权出版社 2016 年版。

75. 管荣齐、薛智胜:《从 TPP 知识产权规则审视植物新品种的可专利性》,载《知识产权》2016 年第 3 期。

76. 管荣齐、李明德:《中国知识产权司法保护体系改革研究》,载《学术论坛》2017 年第 1 期。

77. 管荣齐:《新形势下知识产权司法保护体系改革研究》,载《天津大学学报》(社会科学版)2017 年第 6 期。

78. 管荣齐:《新形态创新成果知识产权保护探析》,载《科技与法律》2017 年第 6 期。

79. 管荣齐:《论非实施性专利权主体的权利和行为限制》,载《法律科学》(西北政法大学学报)2019 年第 3 期。

80. 管荣齐:《新时代中国知识产权保护国际化对策》,载《学术论坛》2019 年第 4 期。

81. 管荣齐:《中国知识产权保护的法律边界》,载《学术论坛》2020 年第 1 期。

82. 管荣齐:《现有技术抗辩与无效宣告抗辩的竞合——盐城泽田机械有限公司与盐城市格瑞特机械有限公司侵犯实用新型专利权纠纷案》,载《中国发明与专利》2018 年第 12 期。

83. 管荣齐、管萃竹:《以技术分摊规则核算专利侵权损害赔偿数额——日本本田公司等诉力帆公司等专利侵权纠纷案》,载《中国发明与专利》2019 年第 1 期。

84. 管荣齐:《专利侵权民事诉讼程序的中止——坦萨中国公司与泰安现代公司等侵害发明专利权案》,载《中国发明与专利》2019 年第 2 期。

85. 管荣齐:《专利侵权责任与违约责任的竞合——中山隆成公司与湖北童霸公司实用新型专利侵权案》,载《中国发明与专利》2019 年第 3 期。

86. 管荣齐:《专利侵权纠纷的行政处理和司法审判之间的竞合——福州海王福药公司与辽宁省知识产权局等专利行政纠纷案》,载《中国发明与专利》2019 年第 5 期。

87. 管荣齐:《现有技术抗辩的适用——朱豹诉北京居然之家公司等侵犯实用新型专利案》,载《中国发明与专利》2019 年第 6 期。

88. 管荣齐:《专利侵权的合法来源抗辩——孙俊义与郑宁侵害实用新型专利权案》,载《中国发明与专利》2019 年第 7 期。

89. 管荣齐、陈琨:《功能性特征的除外情形和限缩性解释——深圳华泽兴业公司、广州同明公司侵害实用新型专利权案》,载《中国发明与专利》2019 年第 8 期。

90. 管荣齐:《假冒专利行为和专利侵权行为的区分——周小波假冒专利罪案》,载《中国发明与专利》2019 年第 9 期。

91. 管荣齐、周阳:《专利说明书充分公开的判断——沃尔尼 · 朗伯公司与专利复审委员会等发明专利无效案》,载《中国发明与专利》2019 年第 10 期。

92. 管荣齐:《化学发明专利的马库什权利要求——北京万生药业公司与专利复审委员会等发明专利无效案》,载《中国发明与专利》2019 年第 11 期。

93. 管荣齐、李爱霞:《外观设计创造性的判断——"陆风越野车"外观设计专利无效案》,载《中国发明与专利》2019 年第 12 期。

94. 管荣齐:《发明专利创造性的判断——"加热器"发明专利驳回复审案》,载《中国发明与专利》2020 年第 1 期。

95. 管荣齐、史艺梦:《外观设计专利的保护范围——"电动伸缩门"外观设计专利侵权案》,载《中国发明与专利》2020 年第 2 期。

96. 管荣齐:《药品专利申请补充实验数据的审查——细胞基因公司专利驳回复审行政纠纷案》,载《中国发明与专利》2020 年第 3 期。

97. 管荣齐:《违反公序良俗的专利审查——“防暴注射器”专利驳回复审行政纠纷案》,载《中国发明与专利》2020 年第 4 期。

98. 管荣齐:《专利文件修改超范围的审查——“爆破作业智能管理系统”发明专利无效行政纠纷案》,载《中国发明与专利》2020 年第 5 期。

99. 管荣齐:《医疗方法的可专利性——“利用基因组测序诊断胎儿染色体非整倍性”PCT 发明专利申请驳回复审案》,载《中国发明与专利》2020 年第 6 期。

100. 管荣齐:《专利保护的法律边界——“QQ 企鹅”因恶意提起知识产权诉讼损害责任纠纷案》,载《中国发明与专利》2020 年第 7 期。

101. 管荣齐:《专利实用性的判断——“磁悬浮磁能动力机”发明专利权驳回复审案》,载《中国发明与专利》2020 年第 8 期。

102. 管荣齐:《商业模式的可专利性——“专利银行”发明专利申请驳回复审案》,载《中国发明与专利》2020 年第 9 期。

103. 管荣齐:《植物新品种的可专利性——“杂交稻培育方法”发明专利无效案》,载《中国发明与专利》2020 年第 10 期。

104. 管荣齐:《专利侵权与授权确权中技术特征的界定——“吸纳式充电装置”实用新型专利侵权案》,载《中国发明与专利》2020 年第 11 期。

105. 管荣齐:《专利侵权行为保全措施的适用——“机动车刮水器”发明专利侵权案》,载《中国发明与专利》2020 年第 12 期。

106. 郭小军:《功能性特征的专利侵权判断》,载《专利代理》2016 年第 1 期。

107. 和育东、甫玉龙:《专利相同侵权下现有技术抗辩制度反思》,载《法学杂志》2011 年第 11 期。

108. 和育东:《专利侵权赔偿中的技术分摊难题——从美国废除专利侵权“非法获利”赔偿说起》,载《法律科学》2009 年第 3 期。

109. 黄松有:《证据开示制度比较研究——兼评我国民事审判实践中的证据开示》,载《政法论坛》2000 年第 5 期。

110. 蒋瑜、姜庶伟:《试论“使用状态参考图”在我国外观设计专利制度中的定位》,载《中国专利与商标》2010 年第 4 期。

111. 李蕊:《专利行政机关不应受理已经起诉的同一专利侵权纠纷》,载《人民司法(案例)》2012 年第 2 期。

112. 李彦涛:《药品专利审查中的补充实验数据》,载《知识产权》2019 年第 9 期。

113. 刘蕾:《论专利无效宣告制度的防御功能》,载《知识产权》2014 年第 12 期。

114. 刘平、陈超:《植物新品种保护通论》,中国农业出版社 2011 年版,第 38 页。

115. 刘庆辉:《医药专利案件中补交实验数据的审查标准》,载中国知识产权杂志(网络版)2018 年 6 月 20 日,http://www. chinaipmagazine. com/news-show. asp? id = 22440。

116. 娄宁、刘银良:《马库什化合物的可专利性研究》,载《中国发明与专利》2011 年第 3 期。

117. 罗立国:《专利功能性技术特征的实质及其使用》,载《知识产权》2016 年第 5 期。

118. 罗素云:《技术类民事案件适用先行判决的正当性思辨与规则构建》,载《知识产权》2020 年第 5 期。

119. 牛文元:《中国科学发展报告 2011》,科学出版社 2011 年版,第 182 页。

120. 欧阳石文:《医药生物领域发明专利申请文件撰写与答复技巧》,知识产权出版社 2017 年版,第 65 页。

121. 秦声、曹怡勤:《浅析权利要求书应当以说明书为依据》,载《中国发明与专利》2018 年增刊第 1 期。

122. 宋健、张晓阳:《关于专利侵权诉讼中适用禁止反悔原则的几个问题》,载《法律适用》2018 年第 8 期。

123. 汤维建、许尚豪:《建立举证妨碍制度,完善证据立法》,载《证据学论坛》2004 年第 2 期。

124. 陶冠东:《专利侵权纠纷中销售者合法来源抗辩的司法认定》,载《电子知识产权》2017 年第 4 期。

125. 王利民、郭明龙:《民事责任归责原则新论——过错推定规则的演进:现代归责原则的发展》,载《法学论坛》2006 年第 6 期。

126. 王小君、高鹏友:《知识产权侵权诉讼中预防性措施强制执行的适用——以停止侵权判决、先行判决强制执行及行为保全之制度比较为视角》,载《中国律师》2019 年第 10 期。

127. 吴广海:《美国专利侵权损害赔偿中的分摊规则问题》,载《知识产权》2012 年第 6 期。

128. 熊跃敏:《日本民事诉讼的文书提出命令制度及其对我国的启示》,载陈光中、江伟主编:《诉讼法论丛》(第 7 卷),法律出版社 2002 年版。

129. 项晓娟:《创造性评判中区别特征划分尺度和技术启示的把握》,载《中国知识产权报》2017 年 10 月 18 日,第 10 版。

130. 徐家力:《现有技术抗辩的司法适用顺序》,载《暨南学报》(哲学社会科学版)2017 年第 8 期。

131. 阎涵:《"意见陈述"导致禁止反悔的限制条件》,载《中国发明与专利》2018 年第 9 期。

132. 杨志敏:《专利侵权诉讼中"公知技术"抗辩适用之探讨——中、德、日三国判例、学说的比较研究》,载《专利法研究(2002)》,知识产权出版社 2002 年版。

133. 姚建军:《销售商合法来源抗辩的成立要件》,载《人民司法》2010 年第 20 期。

134. 于红涛:《行政诉讼二审期间上诉人申请撤诉的处理》,载《人民法院报》2018 年 7 月 26 日,第 7 版。

135. 袁真富:《"毒胶囊制造专利"穿不上合法外衣》,载《东方早报》2012 年 4 月 26 日,第 A23 版。

136. 章建勤、张小娟:《浅析落入发明、实用新型专利权的保护范围的判定规则》,载《中国发明与专利》2020 年第 1 期。

137. 赵千喜:《“先行裁驳、另行起诉”制度在专利侵权诉讼中的适用——兼评〈关于审理侵犯专利权纠纷案件应用法律若干问题的解释(二)〉第二条》,载搜狐网,http://www.sohu.com/a/158417265_221481。

138. 邹碧颖:《专利法修改应引入局部外观设计保护制度》,载《中国知识产权报》2018 年 7 月 11 日,第 2 版。

二、法律规范

139. An Act to promote the progress of useful Arts(1790).

140. EPO. Guidelines for Examination in the European Patent Office(2012).

141. EPO. Guidelines for Examination in the European Patent Office(2013).

142. EPO. Guidelines for Examination in the European Patent Office(2019).

143. European Patent Convention(2000).

144. European Patent Convention(2016).

145. Germany Patentgesetz(2017).

146. The Directive 98/71 of the European Parliament and the Council of 13 October 1998 on the Legal Protection of Designs [1998] O. J. L 289/28.

147. United States Code Title 35—Patents(2015).

148. United States Code Title 35—Patents(2019).

149. USPTO. Manual of Patent Examining Procedure (2017).

150. USPTO. Manual of Patent Examining Procedure (2018).

151. USPTO. Manual of Patent Examining Procedure(2019).

152. Woodhouse [2006] E. C. D. R. 11; [2006] R. P. C. 1

153. WTO. Agreement on Trade-Related Aspects of Intellectual Property Rights(1994).

154.《国家知识产权局关于修改〈专利审查指南〉的决定》(2014)。

155.《国家知识产权局关于修改〈专利审查指南〉的决定》(2017)。

156.《欧洲专利局(EPO)审查指南(2013)》。

157.《全国人民代表大会常务委员会关于修改〈中华人民共和国专利法〉的决定》(1992)。

158.《全国人民代表大会常务委员会关于修改〈中华人民共和国专利法〉的决定》(2000)。

159.《全国人民代表大会常务委员会关于修改〈中华人民共和国专利法〉的决定》(2008)。

160.《中华人民共和国公司法》(2013)。

161.《中华人民共和国国家赔偿法》(2012)。

162.《中华人民共和国行政诉讼法》(2017)。

163.《中华人民共和国合同法》(1999)。

164.《中华人民共和国立法法》(2000)。

165.《中华人民共和国民法通则》(1986)。

166.《中华人民共和国民法总则》(2017)。

167.《中华人民共和国民事诉讼法》(2012)。

168.《中华人民共和国民事诉讼法》(2017)。

169.《中华人民共和国侵权责任法》(2010)。

170.《中华人民共和国商标法》(2001)。

171.《中华人民共和国物权法》(2007)。

172.《中华人民共和国刑法》(1979)。

173.《中华人民共和国著作权法》(2001)。

174.《中华人民共和国专利法》(1992)。

175.《中华人民共和国专利法》(2000)。

176.《中华人民共和国专利法》(2008)。

177.《中华人民共和国专利法实施细则》(2002)。

178.《中华人民共和国专利法实施细则》(2010)。

179.《最高人民法院关于民事诉讼证据的若干规定》(2001)。

180.《最高人民法院关于审理侵犯专利权纠纷案件应用法律若干问题的解释(二)》(2016)。

181.《最高人民法院关于审理侵犯专利权纠纷案件应用法律若干问题的解释》(2009)。

182.《最高人民法院关于审理专利纠纷案件若干问题的解答》(1992)。

183.《最高人民法院关于审理专利纠纷案件适用法律问题的若干规定》(2001)。

184.《最高人民法院关于审理专利纠纷案件适用法律问题的若干规定》(2015)。

185.《最高人民法院关于适用〈中华人民共和国民事诉讼法〉的解释》(2015)。

186.《最高人民法院关于知识产权法庭若干问题的规定》(2018)。

187.《最高人民法院予以废止的2000年底以前颁布的有关司法解释目录(第四批)》(2001)。

188.《最高人民检察院、公安部关于公安机关管辖的刑事案件立案追诉标准的规定(二)》(2010)。

189.《最高人民检察院、公安部关于经济犯罪案件追诉标准的规定》(2001)。

190.《最高人民检察院关于假冒注册商标犯罪立案标准的规定》(1993)。

191.北京市高级人民法院《专利侵权判定若干问题的意见(试行)》(2001)。

192.北京市高级人民法院《专利侵权判定指南》(2017)。

193.北京市高级人民法院《专利侵权判定指南》(2013)。

194.国家知识产权局《关于提请审议〈中华人民共和国专利法修订草案(送审稿)〉的请示》(2013)。

195.国家知识产权局《关于修改〈专利审查指南〉的决定》(2017)。

196.国家知识产权局《专利行政执法办法》(2001)。

197.国家知识产权局《专利行政执法办法》(2010)。

198.国家知识产权局《专利行政执法办法》(2015)。

199.国家知识产权局《专利行政执法证据规则指引(征求意见稿)》(2016)。

200.国家知识产权局《专利审查指南》(2006)。

201. 国家知识产权局《专利审查指南》(2010)。

202. 国家知识产权局《专利审查指南》(2017)。

203. 国家知识产权局《专利审查指南》(2019)。

204. 日本特許法(2019)。

205. 日本特許庁『特許・実用新案審査基準』(2015)。

206. 日本特許庁『意匠審査基准』(2019)。

207. 最高人民法院《关于审理专利侵权纠纷案件若干问题的规定(讨论意见稿)》(2003)。

208. 最高人民检察院、公安部《关于经济犯罪案件追诉标准的规定》(2001)。

209. 最高人民检察院《关于假冒注册商标犯罪立案标准的规定》(1993)。

三、裁判文书

210. American Hospital Supply Corp. v. Hospital Products Ltd. ,780 F. 2d 589,593 (7th cir. 1986).

211. Anaesthetic Supplies Pty Ltd. v. Rescare Ltd. (1994) AIPC 91 – 076, 28 IPR 383.

212. Becton-Dickinson & Co. v. Robert P. Scherer Corp. , 106 F. Supp. 665. 94 U. S. P. Q. 138(N. D. Ill. 1952).

213. Bernhard Joos v. Commissioner of Patents, 126 CLR 611 and (1972) AOJP 3431.

214. Bilski v. Kappos, 561 U. S. 593 (2010).

215. Bristol-Myers Squibb Company v. FH Faulding & Co Ltd. [2000] FCA 316.

216. Centocor Biotech, Inc. v. Abbott Labs. (E. D. Tex. Nov. 4, 2009).

217. Ex parte Brinkerhoff, 24 Dec. Comm'r 349 (1883), republished in New Decisions, 27 J. Pat. & Trademark Off. Soc'y 797 (1945).

218. Hotel Security Checking Co. v. Lorraine Co. ,160 F. 467,469 (2d Cir. 1908).

219. Ksr International Co. v. Teleflex Inc. et al., 82 U. S. P. Q. 2D 1385 (2007).

220. Livingston v. Woodworth, 56 U. S. 546 (1853); Seymour v. McCormick, 57 U. S. 480(1853).

221. Lucent Technologies, Inc. v. Gateway, Inc. (Fed. Cir. 2009).

222. Martin v. Wyeth Inc., 96 F. Supp. 689 (D. Maryland 1951).

223. Morton v. New York Eye Infirmary, 17 Fed. Cas. 879. 884(S. D. N. Y. 1862).

224. Phillips v. AWH Corp., 415 F. 3d 1303, 1316, 75 USPQ2d 1321, 1329 (Fed. Cir. 2005).

225. Podlesak v. McInnerney. 1906 Dec. Commr Pat. 265, 258.

226. State Street Bank & Trust Co. v. Signature Financial Group, Inc. 149 F. 3d 1368 (Fed. Cir. 1998).

227. Weather Eugiueering Corp. of America v. United States,614 F. 2d 281.

228. 北京市第一中级人民法院行政判决书(2009)一中行初字第 1917 号。

229. 北京市第一中级人民法院行政判决书(2009)一中知行初字第 2710 号。

230. 北京市第一中级人民法院行政判决书(2011)一中知行初字第 2403 号。

231. 北京市第一中级人民法院行政判决书(2012)一中知行初字第 2111 号。

232. 北京市第一中级人民法院行政判决书(2013)一中知行初字第 1801 号。

233. 北京市第一中级人民法院行政判决书(2014)一中行(知)初字第 10267 号。

234. 北京市第一中级人民法院行政判决书(2014)一中行(知)初字第 10512 号。

235. 北京市第一中级人民法院民事判决书(2006)一中民初字第 1518 号。

236. 北京市高级人民法院行政判决书(2010)高行终字第 1489 号。
237. 北京市高级人民法院行政判决书(2010)高行终字第 249 号。
238. 北京市高级人民法院行政判决书(2012)高行终字第 833 号。
239. 北京市高级人民法院行政判决书(2013)高行终字第 1972 号。
240. 北京市高级人民法院行政判决书(2013)高行终字第 961 号。
241. 北京市高级人民法院行政判决书(2015)高行(知)终字第 2084 号。
242. 北京市高级人民法院行政判决书(2017)京行终 1642 号。
243. 北京市高级人民法院行政判决书(2017)京行终 4293 号。
244. 北京市高级人民法院行政判决书(2017)京行终 4293 号。
245. 北京市高级人民法院行政判决书(2017)京行终 600 号。
246. 北京市高级人民法院行政判决书(2018)京行终 1121 号。
247. 北京市高级人民法院行政判决书(2018)京行终 4169 号。
248. 北京市高级人民法院行政判决书(2018)京行终 6295 号。
249. 北京市高级人民法院行政判决书(2019)京行终 1498 号。
250. 北京市高级人民法院民事判决书(2018)京民终 470 号。
251. 北京知识产权法院行政判决书(2015)京知行初字第 2069 号。
252. 北京知识产权法院行政判决书(2015)京知行初字第 2699 号。
253. 北京知识产权法院行政判决书(2015)京知行初字第 5694 号。
254. 北京知识产权法院行政判决书(2016)京 73 行初 3302 号。
255. 北京知识产权法院行政判决书(2016)京 73 行初 4497 号。
256. 北京知识产权法院行政判决书(2016)京 73 行初 4921 号。
257. 北京知识产权法院行政判决书(2017)京 73 行初 1548 号。
258. 北京知识产权法院行政判决书(2017)京 73 行初 3261 号。
259. 北京知识产权法院行政判决书(2018)京 73 行初 1327 号。
260. 北京知识产权法院民事判决书(2017)京 73 民初 357 号。
261. 广东省高级人民法院民事判决书(2015)粤高法民三终字第 663 号。
262. 广东省高级人民法院民事判决书(2017)粤民终 1173 号。
263. 广东省高级人民法院民事判决书(2019)粤民终 407 号。

264. 广东省深圳市中级人民法院民事裁定书(2017)粤03民初236号。

265. 广东省深圳市中级人民法院民事判决书(2017)粤03民初632号。

266. 广州知识产权法院民事判决书(2015)粤知法专民初字第589号。

267. 广州知识产权法院民事判决书(2016)粤73民初746号。

268. 国家知识产权局专利复审委员会第106537号复审请求审查决定。

269. 国家知识产权局专利复审委员会第116200号复审请求审查决定。

270. 国家知识产权局专利复审委员会第117012号复审请求审查决定。

271. 国家知识产权局专利复审委员会第13255号专利无效宣告审查行政决定。

272. 国家知识产权局专利复审委员会第18161号无效宣告请求审查决定书。

273. 国家知识产权局专利复审委员会第20033号无效宣告请求审查决定书。

274. 国家知识产权局专利复审委员会第25637号无效宣告请求审查决定书。

275. 国家知识产权局专利复审委员会第29146号无效宣告请求审查决定书。

276. 国家知识产权局专利复审委员会第29410号无效宣告请求审查决定书。

277. 国家知识产权局专利复审委员会第29537号无效宣告请求审查决定书。

278. 国家知识产权局专利复审委员会第33697号无效宣告请求审查决定书。

279. 国家知识产权局专利复审委员会第36489号无效宣告请求审查决定书。

280. 国家知识产权局专利复审委员会第37894号无效宣告请求审查决定书。

281. 国家知识产权局专利复审委员会第38429号无效宣告请求审查决

定书。

282. 国家知识产权局专利复审委员会第 66095 号复审请求审查决定。

283. 国家知识产权局专利复审委员会第 68294 号复审请求审查决定。

284. 国家知识产权局专利复审委员会第 73780 号复审请求审查决定。

285. 海南省海口市中级人民法院民事判决书(2009)海中法民三重字第 2 号。

286. 湖北省高级人民法院民事判决书(2012)鄂民三终字第 86 号。

287. 湖北省高级人民法院民事调解书(2009)鄂民三终字第 42 号。

288. 湖北省武汉市中级人民法院民事判决书(2008)武知初字第 144 号。

289. 湖北省武汉市中级人民法院民事判决书(2011)武知初字第 467 号。

290. 江苏省高级人民法院民事裁定书(2018)苏民再 47 号。

291. 江苏省高级人民法院民事判决书(2009)苏民三终字第 0260 号。

292. 江苏省高级人民法院民事判决书(2016)苏民终 161 号。

293. 江苏省南京市中级人民法院民事判决书(2014)宁知民初字第 135 号。

294. 江苏省苏州市中级人民法院民事裁定书(2018)苏 05 民初 1453 号。

295. 江苏省苏州市中级人民法院民事判决书(2018)苏 05 民初 1459 号。

296. 辽宁省高级人民法院行政判决书(2011)辽行终字第 16 号。

297. 辽宁省高级人民法院民事判决书(2013)辽民三终字第 79 号。

298. 辽宁省沈阳市中级人民法院行政判决书(2010)沈中行初字第 28 号。

299. 辽宁省知识产权局专利侵权纠纷处理决定书辽知执字(2009)1 号。

300. 山东省高级人民法院民事裁定书(2015)鲁民三终字第 220 号。

301. 山东省高级人民法院民事判决书(2017)鲁民终 1290 号。

302. 山东省高级人民法院民事判决书(2019)鲁民再 468 号。

303. 山东省济南市中级人民法院民事判决书(2012)济民三初字第 395 号。

304. 山东省济南市中级人民法院民事判决书(2017)鲁 01 民初 148 号。

305. 山东省聊城市中级人民法院刑事裁定书(2000)聊刑经终字第 7 号。

306. 山东省阳谷县人民法院刑事附带民事判决书(2000)阳刑初字第 33 号。

307. 上海市第二中级人民法院民事判决书(2003)沪二中民五(知)初字第

225 号。

308. 上海市第二中级人民法院民事判决书(2004)沪二中民五(知)初字第89 号。

309. 上海市高级人民法院民事判决书(2018)沪民终8 号。

310. 上海知识产权法院民事判决书(2016)沪73 民初841 号。

311. 上海知识产权法院民事判决书(2016)沪73 民初859 号。

312. 中国发明专利"爆破作业智能管理系统"(200510043965. X)授权公告的和申请公开的权利要求1。

313. 中国发明专利"具有低矫顽磁力特性的偏磁元件的磁力式电子货品监视用标识器"(97197519. 1)权利要求书、说明书。

314. 中国发明专利"鲨鱼鳍式天线"(200710019425. 7)审查信息。

315. 中国发明专利"用于在移动通信系统中发送和接收随机化小区间干扰的控制信息的方法和装置"(200880007435. 1)权利要求书。

316. 中国发明专利"用于治疗或预防高血压症的药物组合物的制备方法"(ZL97126347. 7)权利要求书、说明书。

317. 中国发明专利申请"磁悬浮磁能动力机"(201010147700. 5)公开的说明书。

318. 中国实用新型专利"磁式自动启闭落水器"(93230173. 8)权利要求书。

319. 中国实用新型专利"全密封式地漏排水器"(200420066117. 1)权利要求书。

320. 中国实用新型专利"吸纳式充电装置"(201520103318. 2)权利要求书、说明书。

321. 中国实用新型专利"一种复合件自动接头装置"(201420660550. 1)申请信息、公布公告。

322. 中国实用新型专利"一种火力发电厂凝汽器真空维持系统"(201220064029. 2)审查信息、权利要求书。

323. 中国外观设计专利"电动伸缩门"(欧雷克斯豪华型Ⅰ)(200930005896. 2)

简要说明。

324. 中国外观设计专利“音箱”(Xzeit 迷你企鹅型)(200830254103.6)审查信息。

325. 中国注册商标“第 1915548 号”商标信息。

326. 最高人民法院行政裁定书(2016)最高法行申 789 号。

327. 最高人民法院行政裁定书(2018)最高法行申 647 号。

328. 最高人民法院行政判决书(2016)最高法行再 41 号。

329. 最高人民法院行政判决书(2010)行提字第 5 号。

330. 最高人民法院行政判决书(2014)行提字第 17 号。

331. 最高人民法院行政判决书(2014)行提字第 8 号。

332. 最高人民法院行政判决书(2016)最高法行再 19 号。

333. 最高人民法院行政判决书(2018)最高法行再 131 号。

334. 最高人民法院行政判决书(2019)最高法行再 268 号。

335. 最高人民法院民事裁定书(2012)民申字第 18 号。

336. 最高人民法院民事裁定书(2014)民申字第 1036 号。

337. 最高人民法院民事裁定书(2016)最高法民申 633 号。

338. 最高人民法院民事裁定书(2017)最高法民申 1826 号。

339. 最高人民法院民事裁定书(2018)最高法民申 1018 号。

340. 最高人民法院民事裁定书(2018)最高法民申 4149 号。

341. 最高人民法院民事裁定书(2018)最高法民申 4543 号。

342. 最高人民法院民事裁定书(2019)最高法知民终 5 号。

343. 最高人民法院民事判决书(2011)民提字第 306 号。

344. 最高人民法院民事判决书(2013)民提字第 116 号。

345. 最高人民法院民事判决书(2018)最高法民再 8 号。

346. 最高人民法院民事判决书(2019)最高法民再 348 号。

347. 最高人民法院民事判决书(2019)最高法知民终 2 号。

图书在版编目(CIP)数据

专利诉讼前沿判例精解 / 管荣齐，管萃竹著. -- 北京：法律出版社，2021
(天大法学文库 / 孙佑海主编)
ISBN 978-7-5197-5342-9

Ⅰ. ①专… Ⅱ. ①管… ②管… Ⅲ. ①专利权法-民事诉讼-案例-中国 Ⅳ. ①D923.425

中国版本图书馆 CIP 数据核字(2021)第 024926 号

天大法学文库 | 专利诉讼前沿判例精解 ZHUANLI SUSONG QIANYAN PANLI JINGJIE | 管荣齐　管萃竹 著 | 策划编辑 似　玉 责任编辑 似　玉 装帧设计 鲍龙卉

出版 法律出版社
总发行 中国法律图书有限公司
经销 新华书店
印刷 中煤(北京)印务有限公司
责任校对 朱海波
责任印制 吕亚莉
编辑统筹 法律应用出版分社
开本 710 毫米×1000 毫米　1/16
印张 15.75
字数 230 千
版本 2021 年 3 月第 1 版
印次 2021 年 3 月第 1 次印刷

法律出版社/北京市丰台区莲花池西里 7 号(100073)
网址/www.lawpress.com.cn
投稿邮箱/info@lawpress.com.cn
举报维权邮箱/jbwq@lawpress.com.cn
销售热线/400-660-8393
咨询电话/010-63939796

中国法律图书有限公司/北京市丰台区莲花池西里 7 号(100073)
全国各地中法图分、子公司销售电话：
统一销售客服/400-660-8393/6393
第一法律书店/010-83938432/8433　西安分公司/029-85330678　重庆分公司/023-67453036
上海分公司/021-62071639/1636　深圳分公司/0755-83072995

书号：ISBN 978-7-5197-5342-9　**定价**：68.00 元
(如有缺页或倒装，中国法律图书有限公司负责退换)